기독교 윤리로 보는 현대사회

이종원

숭실대학교 철학과, 장로회신학대학원, 연세대학교 연합신학대학원에서 수학한 후 숭실대학교 철학과에서 기독교윤리로 철학박사학위를 취득하였다. 숭실대학교 교수로 재직하였으며, 현재 한일장신대학교 신학부 교수로서 기독교윤리를 가르치고 있다.

저서로는 『성서 다시보기』(공저, 숭실대학교 출판부), 『기독교 생명윤리』(북코리아), 『가치가 이끄는 삶』(공저, 동연)이 있고, 역서로는 『히포크라테스와 생명윤리』(공역, 북코리아)가 있다.

기독교 윤리로 보는 현대사회

2011년 9월 5일 초판 1쇄 발행
2014년 8월 20일 초판 2쇄 발행

지은이 | 이종원
펴낸이 | 이찬규
펴낸곳 | 북코리아
등록번호 | 제03-01240호
주소 | 462-807 경기도 성남시 중원구 사기막골로 45번길
        14 (우림2차) A동 1007호
전화 | 02-704-7840
팩스 | 02-704-7848
이메일 | sunhaksa@korea.com
홈페이지 | www.북코리아.kr
ISBN | 978-89-6324-117-3 (93230)

값 17,000원

기독교 윤리로 보는
현대사회

이종원 지음

북코리아

머리말

현대사회는 너무나 빠르게 변모하고 있다. 과학기술의 획기적인 발전으로 인해 우리를 둘러싼 삶의 환경은 너무나 급속도로 바뀌고 있다. 또한 포스트모더니즘의 영향으로 인하여 전통적인 가치관은 붕괴되고 있다.

이러한 변화는 개인윤리를 강조하던 기존의 입장에서 벗어나 사회 윤리적 방법론을 요구한다. 한 개인의 도덕적 행위와 결단도 중요하지만 그보다 더욱 폭넓게 사회 정책과 제도 및 사회 구조의 문제점을 인식하고 이를 해결하는 것이 바람직하다는 것이다. 또한 시대적 · 사회적 변화와 거기에 따르는 상황과 콘텍스트의 변화를 고려에 넣고 다루어야 한다.

이에 대한 대표적인 경우가 님비현상(NIMBY: Not in my backyard)이나 핌 피현상(PIMFY: Please in my front yard)이다.[1] 한 개인이 아무리 도덕적이고 선하

---

1) 님비현상은 장애인 시설, 교도소, 화장터, 쓰레기 소각장 등과 같은 사회적 혐오시설을 내 이웃에는 둘 수 없다고 보고 이러한 시설이 거주 지역에 들어오면 결사반대하는 현상이다. 반면 수익성 있는 사업이나 시설들은 서로 유치하겠다고 지나치게 경쟁을 보인다. 이러한 현상은 지방자치시대가 열리면서 더욱 과열화되고 있다. 호남고속철도 노선을 놓고 대전시와 충청남도가 대립한 것이나 삼성의 승용차 공장의 유치를 기대했던 대구시민들이 부산 신호공단으로 결정되자 삼성제품 불매운동에 들어갔던 것도 대표적인 핌피현상이라 할 수 있다.

더라도 집단 속에 들어가게 되면 집단의 이익을 위해 이기심의 노예가 되어 버린다. 이러한 문제를 해결하기 위해서는 한 개인의 도덕적 심성이나 결단에 호소하기 보다는 사회적 구조나 제도적 차원에서 해결하는 것이 더 효과적이다.

이는 이미 라인홀드 니버가 『도덕적 인간과 비도덕적 사회(*Moral Man and Immoral society*)』에서 지적하였다. 개인윤리와 사회윤리 사이에는 엄격한 구별이 있다고 니버는 보았다. 니버는 이 책의 서문에서 개인의 도덕과 국가나 민족 같은 사회적 집단의 도덕은 당연히 구별되어야 한다고 강조한다. 왜냐하면 인간의 도덕성은 개인 대 개인의 관계에 있어서 비교적 잘 드러날 수 있지만, 집단 대 집단의 관계에 있어서는 드러나기가 매우 어렵기 때문이라고 하였다.[2)]

그런 점에서 사회윤리는 사회적 시스템이나 구조와의 관련에서 윤리적 문제를 다루게 된다. 사회 공동체의 조직과 사회 정책의 형성에서 파생되는 선, 옳음, 당위의 문제를 다룬다. 또한 사회윤리는 개인과 사회 사이의 관계를 다룬다. 개인의 도덕적 의식이나 도덕성이 사회 또는 사회적 시스템의 도덕성이나 비도덕성과 뗄 수 없는 관계를 가지고 있다는 점을 다룬다.

개인윤리는 도덕적 진리나 목적의 실현과 달성, 또는 도덕적 문제의 해결을 개인의 도덕성 곧 개인 의지의 자유와 결단을 중시한다.[3)] 개인윤리 중 대표적인 것이 칸트의 선의지(善意志)라 할 수 있다. 칸트에 따르면, 선의지는 그것이 수행하는 혹은 성취하는 결과에 의해서가 아니라 그리고 또 어떤 계획된 목적의 달성에 의해서가 아니라, 오직 의욕에 의해서,

---

2)   Reinhold Niebuhr, *Moral Man and Immoral society* (New York: Charles Scribner's Sons, 1960), xi-xii.

3)   고범서, 『사회윤리학』(서울: 나남, 1993), 39.

다시 말해서 그 자체로서 선하며, 그 자체로 어떤 하나의 경향성, 아니 모든 경향성 전체를 위해서 성취될 수 있는 일체의 것보다 비교가 되지 않을 정도로 훨씬 더 높게 평가되어야 한다.[4]

칸트의 동기중심적인 의무론적 윤리는 한 개인의 도덕적 결단과 행위에 지대한 영향을 미쳤다. 그런데 개인윤리는 개인의 순수한 내적 동기에만 집중하기 때문에 두 가지 문제점을 지니게 된다.

첫째, 개인윤리는 도덕이 가지고 있는 현실적 결과와 사회적 측면을 고려하지 않는다. 오늘날은 여러 가지 사회 문제가 복잡하게 얽혀 일어나는 경우가 많기 때문에 개인적인 측면만 강조해서는 사회 안에서의 다양한 윤리 문제를 제대로 해결할 수가 없다.

둘째, 개인윤리는 도덕 문제의 원인을 개인에 맞추고 개인적인 차원에서 그 해결책을 찾는다. 그런데 개인윤리는 한 개인의 도덕적 결단과 윤리적 선택을 강조하지만 개인적 차원을 넘어서는 사회문제에 대해서는 아무런 영향력을 미치지 못한다. 그 대표적인 예가 미국의 남부 개신교 근본주의자들의 경우에서 잘 드러났다. 이들 개신교 근본주의자들은 개인적인 죄에 대해서는 매우 엄격하면서도 사회정의에 대해서는 매우 등한시하고 무관심하였다. 특히 미국의 남부지방은 흑인 노예제도의 본산지임에도 그들은 노예제도의 비인도성에 대해서는 전혀 언급하지 않았다고 한다. 이는 노예제도를 죄로 규정하면 노예제도 위에 건설된 남부의 사회제도가 위협을 받기 때문이었다.[5] 그리하여 그들은 보편적인 인류 사랑에 기초한 기독교 신앙의 근본의미를 저버리고 자신들의 사회적 특권을 보장하고 사회제도를 유지하기 위한 이데올로기로 이용

---

4)   같은 책, 39.
5)   고범서, 『개인윤리와 사회윤리』(서울: 한국신학연구소, 1978), 180.

하는 결과를 빚게 되었던 것이다. 이러한 잘못은 오늘을 사는 우리들에게도 있을 수 있는 일이다. 이로 볼 때 한 개인의 결단과 선의지는 사회의 구조와 조직에 대해서는 아무런 영향력이 없으며, 사회 문제에 대한 근본적인 해결은 사회 제도와 사회 조직의 차원에서 접근할 필요성을 인식하게 된다.

사회윤리는 예측할 수 있는 사회적 결과를 현실적으로 문제삼고 이에 대한 해결을 추구하는 윤리적 방법이다. 사회윤리는 도덕 행위나 도덕 문제의 근본 원인을 개인 차원을 넘어 사회 차원에서 문제 삼고, 이러한 문제에 대한 해결책을 사회 정책이나 사회 제도의 차원에서 모색하려고 한다.

사회는 개인의 선악과는 독립된 그 자체의 구조와 제도에 의해서 움직이기 때문에 개인의 선과 도덕적인 결단이 사회 전체의 변화에 직접적으로 영향을 끼치지는 못한다.[6] 특히 그릇된 제도 하에서는 개인의 도덕성은 빛을 발하지 못한다. 심지어 그릇된 제도가 그대로 유지되는 한, 그것에 타협하지 않고 올바르고 참되게 살려는 개인은 희생자가 될 수밖에 없을지도 모른다. 따라서 사회 문제는 개인 윤리의 차원을 넘어서 사회 정책이나 제도에 집중하면서 잘못된 사회체제의 개선이나 개혁을 통하여 사회 문제를 해결하는 것이 바람직하다. 사회 정책이나 제도 또는 체제가 잘못되었다면 잘못된 사회구조는 속히 제거하고, 새로운 정책이나 제도를 만들어 문제를 근본에서부터 해결하여야 한다.[6]

사회윤리적 접근방법의 특징은 다음과 같다. 첫째, 사회윤리는 정치적 방법을 사용하여 윤리적 문제를 다룬다. 사회윤리는 도덕적 문제

---

6)   같은 책, 199.

의 해결 또는 도덕적 이념이나 가치의 실현을 정책이나 제도 또는 체제에 의해서 추구하기 때문에 정치적 방법의 특징을 지닌다. 라인홀드 니버는 이러한 접근방법을 '정치적 방법들(political methods)' 또는 '정치적 전략들(political strategies)'이라고 불렀다.[7] 이러한 과정에서 강제성 또는 강제력(coercion)을 사용하기도 한다.

둘째, 사회윤리는 사회적 상황과의 관련성에 기초하여 윤리 문제를 다룬다. 사회윤리는 사회적 상황, 시대적 변화와도 유기적 관계를 가진다는 점을 주목하면서 다룬다.

셋째, 사회윤리는 사회적 규범과의 관련성에서 윤리 문제를 다룬다. 사회적 규범은 사회적 과정의 산물이며, 사회를 통합하고 질서를 유지하는 기능을 한다. 따라서 사회윤리학은 사회적 과정 속에서 사회적 규범이 형성되는 과정과 메커니즘을 분석하여 밝혀야 하며, 사회의 통합과 질서유지를 위해 사회적 규범이 갖는 기능을 규명하여야 할 과제를 갖는다.[8]

사회는 사람들의 유연한 집합체가 아니라 그 고유의 목적을 위해 질서를 유지하는 가운데 공동적 기능을 하는 관계의 체계적 형태 곧 사회시스템이다. 사회를 하나의 시스템으로 유지하는 사회적 통합에는 두 가지 방법이 있는데, 하나는 타율적 방법이고, 또 하나는 자율적 방법이다. 타율적 방법은 강제력에 의해 사회 통합을 이루는 방법이고, 자율적 방법은 사회공유의 가치에 대한 사회 구성원들의 자발적인 신봉과 실현의지를 통해 사회통합을 이루는 방법이다. 이로 볼 때 타율적 사회통합 보다는 자율적 사회통합이 바람직하며, 자율적 사회통합에 의한 방법이 장

---

7)   고범서, 『사회윤리학』, 48.
8)   같은 책, 53-54.

기적이고 지속적인 사회통합에 더 바람직하다. 이를 위해서 강제력은 부득이하게 사용될 수 없겠지만 강제력을 최소화하는 것이 바람직하다. 강제력을 최소화하기 위해서는 사회 공유의 가치를 규범화하고, 그러한 개인들로 하여금 이러한 규범을 실천하도록 독려함으로 자연스럽게 체질화하도록 해야 한다.

또한 집단과 집단 사이의 이해관계에서 집단적 이기주의(collective egoism)로 인해 개인의 도덕적 능력이 약화되거나 완전히 무력화될 가능성도 주목할 필요가 있다. 사회윤리는 이러한 다양한 문제점을 깊이 인식하면서 보다 거시적이고 장기적인 차원에서 문제해결을 위해 접근하는 방법이다.

이 책에서는 현대사회에서 경험하게 되는 다양한 논의들을 기독교 사회윤리적 시각에서 담아보려고 하였다. 제1부에서는 기독교 현실주의와 권력의 문제를 고찰하였는데, 1장에서는 기독교 사회윤리학자인 라인홀드 니버의 윤리사상을 기독교 현실주의적 관점에서 고찰하여 보았다. 그리고 2장에서는 권력의 윤리적 문제를 푸코와 루터, 틸리히의 관점에서 접근함으로써 권력에 대한 협소한 시각에서 벗어나 진정한 권력은 소통에 있다는 점을 강조하였다. 그리고 3장에서는 하버마스의 핵심사상인 의사소통의 합리성을 고찰하면서 현대 사회가 경험하는 다양한 분열과 갈등은 진정한 소통을 통해 극복됨을 강조하고자 하였다. 1장의 라인홀드 니버의 기독교현실주의는 본교 철학과의 논문집인 『사색』 16집(2000)에, 그리고 2장의 권력의 윤리적 문제는 『사색』 19집(2003)에 실렸던 글을 새롭게 다듬었다.

제2부에서는 환경문제와 사이버 문화의 도전을 고찰하였다. 환경

문제는 아무리 강조해도 지나치지 않을 듯싶다. 최근 일본의 강진과 쓰나미로 말미암아 수많은 사람들이 생명을 잃고 삶의 터전마저 잃었다. 이보다 더욱 충격적인 것은 일본 후쿠시마의 원자로가 연쇄적으로 폭발하면서 방사능 유출로 인한 대기오염이 심각한 상태에 있다는 사실이다. 1986년 옛 소련의 체르노빌 원전 사고는 국제원자력사고고장등급(INES)상 최고 등급인 7등급이었고, 1979년 미국 스리마일섬(TMI) 원전 사고는 5등급이었다. 이번 일본의 원전사고는 어느 정도 규모의 사고가 될 것인지에 대해 전세계인에게 초미의 관심사가 되고 있다. 인류의 유익을 위한 과학기술이 오히려 인류의 생존을 위협하고, 생태계까지 광범위하게 치명적인 폐해를 끼치는 원치 않은 비참한 결과를 빚게 되었다. 이러한 현상들은 과학기술을 자칫 인간중심적인 목적으로 도구화하거나 왜곡시킬 때 자주 빚어지는 참혹한 결과이다. 이미 엘 고어가 『불편한 진실』에서 경고하였듯이 환경문제는 우리가 심각하게 자각하고 생태균형을 회복하지 않으면 상상할 수 없는 대재앙으로 우리의 생존뿐 아니라 우리의 후세대를 포함하여 생태계 전체를 위협할 것이라는 것이다. 1장의 내용은 『철학탐구』 19집(2006)에 발표하였던 것을 다듬었다. 그리고 2장에서는 사이버 문화의 도전을 다루면서 책임윤리를 통한 상호 존중의 문화를 새롭게 정착시킬 것을 제안하였다. 『사색』 20집(2004)지에 실렸던 글을 다듬었다.

　　제3부에서는 인종차별과 외국인 노동자 문제, 그리고 우리 사회의 성적 소수자인 동성애 문제를 다루었다. 1장에서는 미국에서의 흑인 차별을 역사적 배경으로 고찰하고 인종차별의 원인은 기득권자의 편견과 선입견에 기초하고 있음을 밝히고 인종차별을 해결하기 위한 다양한 노력들을 비판적으로 검토하면서 기독교 사회윤리적 관점에서 해결책을

모색하였다. 1장은『사색』18집(2002)에 실렸던 글을 새롭게 다듬었다. 2장에서는 외국인 노동자의 윤리문제를 다루면서 현실적인 해결책을 모색하였다. 2장의 내용은 본교 기독교학과의 학술지인『기독교학저널』1집(2006)에 실었던 글을 다듬었다. 3장의 동성애의 윤리적 문제는 동성애에 대한 찬·반 양론을 고찰하면서 윤리적 관점에서 동성애를 어떻게 바라볼 것인지 고찰하면서 교회가 동성애를 어떻게 대해야 할 것인지 논의하였다.『기독교신학논총』64집(2009)에 실렸던 글을 책의 구성에 맞춰 새로운 내용을 추가하면서 새롭게 구성하였다.

4부에서는 전쟁과 테러리즘의 윤리적 문제를 다루었는데, 먼저 테러리즘이 도덕적 정당성을 얻을 수 있는지에 대해 논의하였다. 현 시대는 민족 간 인종 간의 갈등과 분쟁으로 인해 전쟁과 폭력으로 얼룩져 있다. 특히 테러리즘은 국제사회에 새로운 위협이 되고 있다. 국제적으로 위협이 되고 있는 이슬람 테러리즘의 근본적인 원인과 테러리즘의 사상적 배경이 되는 지하드를 고찰하였고, 이와 연관시켜 정당전쟁론을 논의하였다. 정당전쟁론은 전쟁을 정당화하기 위한 이론이지만 현실적으로 수많은 윤리적 문제점을 지니기에 전쟁을 정당화하는 시도 자체가 불가능함을 피력하였다. 따라서 미국에 의한 대테러전쟁은 정당화될 수 없으며, 지구촌의 공존과 상생을 위해서는 성서적 가치관에 따라 평화를 모색하는 것이 바람직하다는 점을 강조하였다. 4부의 내용은『철학탐구』22집(2007)과『철학탐구』23집(2008), 그리고『기독교사회윤리』15집(2008)에 실렸던 논문들을 책의 구성에 맞게 재배열하고 필요에 따라 새로운 내용을 추가하여 새롭게 구성하였다. 아무쪼록 이 책의 논의들이 현대 사회를 좀 더 깊이있게 이해하고, 우리가 사는 세상을 보다 아름답고 행복하게 만드는데 귀한 통찰력을 제공하는 계기가 되기를 기대해 본다.

이 책이 나오기까지 참으로 많은 분들의 기도와 사랑 그리고 격려가 있었다. 늘 기도로 용기를 주시면서 목회자로서 본을 보이신 부모님과 아낌없는 격려를 베풀어주신 장인어른과 형제 자매들에게 감사드린다. 그리고 필자의 글을 기꺼이 출판해 주신 북코리아의 이찬규 사장님께도 감사한 마음이다. 필자와 함께 원고를 꼼꼼히 읽으면서 수고한 사랑하는 아내와 늘 밝고 건강하게 자라가는 두 딸 수인과 수진에게 깊은 감사의 마음을 전한다.

2011년 8월
상도동 연구관에서
이종원

Contents

Contents

Contents

기독교 현실주의와 권력

1장

라인홀드 니버와 기독교 현실주의

① 서론

　　라인홀드 니버는 미국이 낳은 가장 위대한 신학자일 뿐 아니라 미국 정치 사상사에 크게 영향을 미친 사상가이다. 니버는 신앙적 결단에서 출발하여 현실에 깊숙히 들어가 그 현실을 통찰하고 성서와 기독교 전통을 연구하면서 그의 윤리사상을 형성하여 나갔다. 그는 성서적 인간 이해에서 출발하여 현실문제에 대한 다양한 경험과 현실에 대한 깊은 통찰을 기반으로 사상을 형성하여 사회와 정치에 많은 영향을 끼쳤다. 니버의 이러한 현실주의적 접근은 1930년대 후반부터 60년대 전반에 이르기까지 미국의 신학계와 정치계를 주름잡을 정도로 막대한 영향력을 끼쳤다.[1]

니버는 철저한 성서적 인간이해를 근거로 하여 인간에 대한 이해를 시도하며, 현실적이고도 구체적인 접근을 통하여 해결점을 찾는 기독교 현실주의적인 입장을 가지는데, 이러한 기독교 현실주의는 니버의 윤리사상의 특징을 잘 나타내고 있다.

　　니버는 1892년 미주리주 라이트시티에서 출생하여 자유주의 전통에서 성장하였다. 니버는 아버지로부터 독일 루터교회의 경건과 정통주의적 분위기에서 자라났다. 그러나 장성한 후에는 두 가지 요소에서 전환점을 가지는데, 예일대학에서 자유주의 신학을 접한 것과 디트로이드시에서 체험한 사회적 부조리와 인간의 실존상황의 문제성이었다.[2] 당시 디트로이드는 자동차산업의 중심지로서 자동차생산이 대규모로 확장되어 가고 있었다. 자동차 생산의 거의 절반을 차지했던 포드는 디트로이드에서 정신적으로나 사회적으로 큰 영향력을 행사하고 있었고, 운수업에서 일대 변혁을 주도했던 것이다.[3] 포드는 고용인들을 통하여 엄청난 이익을 보고 있었고, 권력의지가 아무런 제어장치도 없이 풀어짐을 목격하면서 니버는 인간본성에 대한 낙관적인 견해를 수정하고 자신의 사상을 재정립하게 되었다. 니버는 포드의 힘과 권력이 작용함으로써 발생하는 여러 가지 부조리와 사회적 부정의를 목격하게 되면서 근본적으로 개인의 도덕적 품성의 결여로 인하여 생긴 개인윤리적 차원이 아닌, 기득권을 가진 자가 그렇지 못한 자에게 행하는 사회윤리적 차원의 악행을 절실하게 느꼈던 것이다.[4]

---

1)　　현영학, 「라인홀드 니버의 삶과 사상」, 『기독교사상』, 1981년 8월, 126.
2)　　이종성, 『신학적인간학』(서울: 대한기독교출판사, 1979), 156.
3)　　김기순, "라인홀드 니버의 도덕적 인간과 비도덕적 사회," 『빛과 소금』, 1986년 3월, 145.
4)　　같은 책, 145.

니버는 당시 사회 정치적인 상황을 분석하면서, 당면한 사회적, 정치적 문제에 대한 해결책을 기독교현실주의적인 입장에서 제시하였다. 그의 이러한 분석은 탁월하였고, 제반 문제들에 많은 영향을 끼쳤다.

이 장에서는 니버의 기독교 현실주의가 기초하고 있는 니버의 인간이해를 고찰함으로써 기독교 현실주의가 갖는 다양한 국면들, 즉 정치적 현실주의, 윤리적 현실주의, 신학적 현실주의의 특징과 그 한계들을 고찰하고, 이 모든 부분들을 포괄하면서도 하나로 귀착시키는 니버의 기독교 현실주의를 새롭게 조명해 보고자 한다.

② 니버의 인간이해

1 니버의 성서적 인간이해

인간은 항상 그 자신이 가장 이해하기 어려운 문제였다고 니버는 그의 저서 『인간의 본성과 운명』의 서두[5]에서 지적하면서, 인간의 본성에 대한 깊은 이해는 인간이 처한 현실을 이해하는 근거가 될 뿐만 아니라 인간이 갖고 있는 근본적인 문제에 대한 해결의 실마리가 된다고 보고 있다.

니버는 고전적인 인간이해가 갖는 인간에 대한 지나친 낙관론과

---

5)   Reinhold Niebuhr, *The Nature and Destiny of Man* (New York: Charles Scribner's sons, 1964), 1.

비관론으로 나타나는 두 극단을 극복하는 현실주의적인 인간이해를 성서를 토대로 제시한다. 정통적 기독교는 인간이 죄인이라는 측면을 일방적으로 강조하는 반면 하나님의 형상의 측면을 소홀히 함으로써 하나님의 형상으로서 인간이 갖는 창조적 능력을 무시한다. 그리하여 현실에 있어서 인간의 도덕적 성취가 가지는 상대적 가치를 무시하며 보다 나은 사회정의 실현을 위한 노력조차 포기하는 문화적 패배주의에 빠지고 만다.[6] 반면 진보적 기독교는 인간이 죄인이라는 부정적 측면을 소홀히 하거나 무시하고, 하나님의 형상이 갖는 적극적, 창조적 측면만을 지나치게 강조한다. 그리하여 인간의 이성적 능력과 종교적 능력을 극대화하여 역사 속에서 완전한 이상사회를 건설할 수 있다는 유토피아주의에 빠지고 만다.[7]

그러나 니버는 예리한 현실주의적 통찰력으로 정통적 기독교와 진보적 기독교의 오류를 극복한다. 니버는 성서적 인간관에 기초하여 인간의 모습을 하나님의 형상, 피조물, 그리고 죄인이라는 세 가지 국면으로 제시한다. 니버는 인간을 하나님의 형상, 피조물, 죄인 등으로 보고, 인간의 합리적 능력과 자기초월의 능력을 인정하면서 그것을 넘어서 있는 어떤 것, 즉 초월적 규범의 필요를 함께 강조하였다. 이 초월적 규범이 이성에 제한을 두고 하나님을 찾게 하여 자기를 우상으로 섬기려는 오류를 피할 수 있게 한다고 보았다.

첫째, 인간은 하나님의 형상대로 창조됨으로써 자기초월의 위대성과 무한한 가능성을 갖게 되었다. 그로 말미암아 인간은 궁극적인 것에 대하여 관계를 가지게 되며 자유하게 되는 무한성을 지향한다. 즉 인

---

6)   고범서, 『개인윤리와 사회윤리』(서울: 한국신학연구소, 1978), 251.

7)   같은 책, 252.

간이 하나님의 형상으로 창조되었다는 근거에서 인간은 초월성과 창조적 가능성을 갖는 존재가 되었다는 것이다. 니버는 인간은 상대적으로 '보다 나은 것'을 성취할 수 있는 창조적이고 적극적인 능력이 있음을 지적함으로써 정통적 기독교의 함정인 문화적 패배주의를 극복한다.[8]

둘째, 인간은 피조물이라는 의존성과 유한성을 가지고 있다. 따라서 인간의 실존은 필연성의 조건 위에 서게 된다.

셋째, 인간은 자신의 의존성과 유한성을 필연적 사실로 인식하기를 거부한다. 인간은 이미 죄로 인하여 원상태는 왜곡되었음에도 자기 초월성에 대한 자만심을 갖는다. 이것이 바로 죄인으로서의 인간의 모습(original sin 原罪)이다. 인간이 성취한 문화 속에는 그것이 아무리 높은 수준의 문화라고 할지라도 그것은 죄로 물들어 있다는 사실을 발견한다. 인간은 피조물로서 유한성과 제한성을 가질 뿐 아니라, 인간의 모든 활동과 성취에 죄가 물들어 있다는 사실을 지적함으로써 진보적 기독교의 함정인 유토피아주의를 극복한다.

따라서 인간은 자신의 유한성과 자연성 및 역사의 상대성을 이해하고 그 자각의 단계에 있어서도 죽어야 할 유한한 존재라는 것을 인식하게 된다. 그리고 죄의 근원은 인간이 존재의 유한성과 의존성을 거절하는 데 있다. 인간은 하나님의 형상으로서 자유와 무한한 가능성으로 창조되었지만 피조물로서의 의존성과 유한성을 가진 복합적인 존재라는 것이다.

여기에 니버의 윤리관이 지닌 이중성이 있다. 니버는 죄인으로서의 인간실존에 대한 분석과 현실적인 모든 요소들을 고려하여 현실에 적

---

8)   같은 책, 254.

용하려고 함으로써 윤리적 가능성에 대한 안목을 드러낸다. 이 점은 기독교 사회윤리학자로서 니버의 탁월성을 드러내는 특징이다.

② 니버의 현실주의적 인간이해

니버는 성서적 인간이해에서 그치지 않고 사회적인 영역, 즉 사회윤리의 차원으로 확장하고 있다. 그는 인간의 본성과 역사에 대한 이해를 기초로 사회적 현실 속에서 인간의 도덕성과 이성의 역할과 함께 사회의 여러 권력의 실체와 행위, 상호작용 관계를 다룬다. 니버는 철저한 기독교적 지성을 지님과 동시에 철저히 현실주의자였다. 니버는 기독교 세계관을 기초로 현실을 분석하고 현안이 되는 문제들을 풀어 가는데 온 힘을 쏟아 부었다.[9] 니버는 성서적 인간관으로 인간의 죄성을 분석하고, 죄인인 인간이 사회라는 집단에서 어떤 모습으로 나타나는지, 그리고 그러한 인간들의 집단인 사회에 정의를 구현하려면 어떤 대책이 필요한지를 기독교적 시각에서 고찰하였다.[10]

니버는 성서적 인간관에 기초하여 인간의 도덕성이 사회를 선하게 이끌지 못할 뿐 아니라 사회악을 해결하지도 못한다고 보았다. 그러므로 사회집단에는 사랑이 필요하지만 정의를 더욱 필요로 하며, 정의의 힘을 통하여 사회평등 혹은 집단균형을 성취할 수 있다고 보았다.

전통적인 인간관은 인간의 죄와 사회악을 강조하여 인간의 현실적인 노력을 포기하는 문화적 패배주의를 가져온 반면, 진보적인 낙관주

---

9)   William G. Crystal. 안영혁, 『청년 라인홀드 니버』(서울: 엠마오, 1992), 6.
10)   김용주, 『라인홀드 니버의 윤리사상』(서울: 성광문화사, 1988), 90.

의는 인간성에 대한 신뢰와 사회적 진보를 지나치게 신뢰하는 유토피아주의에 빠진다. 이에 대하여 니버는 기독교를 기반으로 현실주의적 접근을 시도하는 기독교현실주의로서 전통적인 인간관과 현대의 진보적인 낙관주의 모두를 극복하고 있다.

니버는 아우구스티누스를 최초의 위대한 "현실주의자"로 보고, 아우구스티누스의 자기애와 자기중심주의를 근거로 하여 권력의 실체에 대한 현실주의적 입장을 취하고 있다. 니버의 기독교 현실주의는 현 사회의 모든 구성요소와 그 갈등과 긴장 관계 모두를 고려하는 현실주의적 입장을 가진다.

③ 정치적 현실주의

▌1 정치적 현실주의의 특징

니버사상의 특징은 변증법적이다. 그는 엄격하게 개별적인 요소들을 정의내리기보다는 복합적인 전체와 연관되는 생각들을 함께 연결시켰다. 니버의 특징은 배제되는 개념들을 언급함으로써 명확하게 하고, 제거되는 입장들을 열거하여 설명한다는 점에서 변증법적이다.

니버가 '아우구스티누스의 정치적인 현실주의'에 관한 소론 서두에서 형이상학적 현실주의와 정치적 현실주의를 다음과 같이 구분하고 있다.

정치적이며 도덕적인 이론에 있어서, "현실주의"란 사회적이고 정치적인 상황에서 기성 규범에 저항하는 모든 요인들 — 이기심이나 권력과 같은 요소들 — 을 고려하는 경향을 나타낸다. 반면에, '이상주의'는 개인의 경우든 집단의 경우든 이기심보다는 도덕 규범과 이념에 대한 충성으로 특징지워진다.[11]

이상주의자들은 사회적 현실에 대하여 환상적인 생각을 가지기 쉽고, 보편적으로 정당성을 지니고 있는 이념이나 규범에 대하여 저항하는 힘이 인간의 삶 속에서 작용하고 있다는 사실을 무시하거나 그것에 대하여 무관심하는 특징을 가진다.[12] 이러한 이상주의적 경향을 가지는 부류는 이성과 양심의 확대로 평화를 추구하려는 도덕주의자나, 사회과학자, 종교적 이상주의자들에게서 찾을 수 있다.[13]

ⓐ 도덕주의자

도덕주의자는 이성과 양심의 확대로 평화를 추구하는데, 유일하고 견고한 평화는 이익과 이익, 권리와 권리를 이성적으로 그리고 자발적으로 조정하는 데서 온다고 주장한다. 이들은 이기심에 대한 이성적인 견제와, 다른 이들의 이익에 대한 이성적인 양해를 통해서만 가능하다고 믿는다. 그러므로 도덕주의자는 사회적 예지의 신장과 도덕적 선의의 증대 외에 아무 것도 사회 문제에 영구적인 해결책이 될 수 없다고 믿는다.

---

11)   Reinhold Niebuhr, *Christian Realism and Political Problems* (New York: Charles Scribner's Sons, 1953), 119-20. Robin W. Lovin, *Reinhold Niebuhr and Christian Realism* (New York : Cambridge University Press, 1995), 3-4 재인용.

12)   Reinhold Niebuhr, 지명관, 『기독교현실주의와 정치사상』(서울: 현대사상사, 1973), 124.

13)   김용주, 『라인홀드 니버의 윤리사상』, 82-83.

ⓑ 사회과학자

　교육자들과 사회과학자들과 심리학자들은 교육에 의해서 이성의 능력을 강화시키고, 이기적인 요소를 순화시키면 사회문제를 해결할 수 있다고 본다. 존 듀이는 "우리가 가진 지식과 기술을 동원하여 협동적이고 풍요하고 안정된 생활에 유익이 되도록 사회적 성과들을 통제하게 되면, 우리는 우리의 사회 지식이 뒤떨어져 있다고 불평하지 않게 될 것이다."[14]라고 주장하였다.

ⓒ 종교적 이상주의자

　개인의 구원을 통한 개개인의 인격적 변화가 바탕이 되어 사회의 변화를 기대하며, 그런 점에서 사회문제에는 직접 관여하지 않는다.

　그러나 이러한 이상주의적 경향은 지나치게 비현실적인 접근이라는 점에서 한계를 갖게 된다. 니버는 합리주의적이건 종교적이건 이들 도덕주의자들은 모든 인간집단의 행동이 야수적이라는 사실에 대한 이해를 결여하고 있으며, 모든 집단 관계에 있어서 내재하는 사욕과 집단적 이기심의 힘에 대한 이해를 결여하고 있다고 비판한다. 이들은 집단적 이기주의가 얼마나 완강히 저항하는지를 알지 못하기 때문에 불가피하게 비현실적이고 혼란된 정치에 빠지는 것이다. 인간 상상력의 제한성, 이성이 편견과 격정에 쉽게 굴복하는 일, 그리고 특별한 집단행동에 있어서의 비합리적 이기주의의 끈질김 등으로 사회적 투쟁은 인간역사 안에서 아마도 그 종말에 이르기까지 불가피하다는 사실을 이들 이상주의자들은 알지 못하고 있다고 니버는 비판한다.[15]

---

14)　John Dewey, *Philosophy and Civilization*, 329. 같은 책, 83-84 재인용.

15)　Reinhold Niebuhr, *Christian Realism and Political Problem*, 123. 같은 책, 85 재인용.

'현실주의'라는 의미는 근본적으로 '이상주의'에 대한 부정적인 평가에서 나타난다. '현실적'이 되는 것은 제반 상황들이 제시하는 실재성들을 모두 고려하는 것이다. 그 어느 요소도 간과되어서는 안되며, 각기 사건과정에서 일어나는 실제적인 영향을 반영하도록 모든 판단의 무게가 고루 할당되어야 한다. 정치적인 현실주의의 이러한 공식화는 우리가 정치적인 행위를 결정하기 위해서 오직 도덕적 주장에만 의존하지 않아야 하며, 사건의 과정을 결정하기 위해서 도의적인 권고의 능력을 과대평가하지도 않아야 한다. 2차 대전과 뒤이은 긴장된 10여 년 동안에, 이러한 니버주의적인 권고는 민주주의의 도덕이상주의와 국제 정치의 야수적인 실제성 사이에 붙잡혔던 정치 지도자와 외교관들에게 강력한 영향을 가졌다.

20세기 초 사회복음주의자들과 신학자들은 새로운 사회적 기독교의 시대가 산업도시에서 삶의 미숙한 현실을 변형시킴으로써 그리고 기독교가 제시한 사랑을 적용함으로써 국제적 평화가 도래할 것이라는 확신이 있었다. 또한 과학지식의 진보는 이전에는 할 수 없었던 방법으로 영구적인 평화가 실행될 수 있을 것이라고 약속했다.

그러나 니버에 의하면, 기독교적이면서 과학적인 것이 될 것이라는 사회적 재건에 대한 이러한 사회복음운동의 주장은 감상적인 경건성이며, 근본적인 혼동의 결과로 보고 있다. 예수의 윤리는 사회적 윤리를 제시할 수 없다는 것이 기독교 현실주의의 중요한 포인트가 된다. 예수의 윤리는 모든 인간 삶의 당면한 도덕문제 ― 즉 여러 가지 경쟁하는 파당과 세력들 간의 조정과 같은 문제 ― 를 다루지 않는다. 예수의 윤리는 정치와 경제의 연관성에 대해서 언급하지 않으며, 심지어 가장 친숙한 사회적 관계성에서조차도 존재하고 존재해야 하는 힘의 필연적인 균형

에 대해서도 말하지 않는다.[16]

정치적 현실주의는 정치적인 문제들에 대한 순수한 도덕적 해결의 한계에 대한 인식이며, 사회적, 정치적, 경제적인 분쟁들을 형성하는 실재성에 대한 주목을 요구한다. 이러한 실재성들이 감추어지는 방법에 대해 주목해야 당면한 사회적 문제에 보다 더 근접하게 접근할 수가 있다는 것이다. 도덕적 이상에 대한 정치적 강제를 과대평가하지 말아야 한다는 것은 단순하지 않으며 또한 자주 이상에 대하여 언급하는 것은 더 많은 제한과 이기적 관심들을 감추며, 정의추구가 권력의 무자비한 행사를 가면으로 가릴 것이라는 사실에 주목해야 하는 것이다. 이러한 점에서 은닉의 메커니즘은 너무 영향력이 있어서 그것을 자주 사용하는 자들은 그들 자신들조차도 속인다. 역설적으로 기만을 잘 간파할 것 같은 자도 도덕적 이상주의의 희생물이 되는 것이다.

니버는 사회적 현실성에 있어서 심리학적 강제력(forces)에 주목하였으며, 기독교 현실주의는 이러한 사회적 심리학적 분석의 비평적인 도구들을 결합시키며 그것들을 모든 그룹들과 계층들에 끊임없이 적용시킨다. 니버의 "의심의 해석학"은 막스주의자와 프로이드주의자의 양쪽 해석으로부터 끌어오지만, 그들 중 어느 것과도 양립하지 않는다. 니버의 분석은 신학적인 통찰력에 근거하였기에, 지속적으로 사회적 분쟁에서 모든 당파에 그의 비판을 적용시키고 있다. 이러한 점에서 현실주의자는 정치적인 상황 속에서 발생하는 모든 요인들을 취하여 고려한다.[17]

---

16) Reinhold Niebuhr, *An Interpretation of Christian Ethics* (New York: Haper & Brothers Publishers, 1935), 39.

17) Robin W. Lovin, *Reinhold Niebuhr and Christian Realism*, 9.

② 정치적 현실주의의 한계

이기주의는 정치에서 충만하다. 니버의 현실주의는 노골적으로 우리가 그러한 사실을 직면할 것을 요구하지만, 그는 이기심만이 실제로 존재한다고 믿지는 않았다. 현실주의는 이기심을 고려해야 하는데, 이러한 실재성은 실제로 있는 규범에 대항하는 실재성에 대한 것이다.

니버를 경직된 정치적 현실주의자들의 한 부류로 취급하는 경향이 있었는데, 이는 니버에 대한 오해의 결과였다. 경직된 정치적 현실주의자들은 '가치들', '선함', '규범'의 실재성을 부인한다. 이러한 경직된 현실주의는 견고한 욕망의 대상과 그것들을 만들고 통제하는 물질적 관계성들이 정치에서 영향을 미치는 실재로만 존재한다고 주장한다. 특별히 도덕 개념들은 개인적 의식에서는 실재성을 가질지 모르나, 그것들이 권력과 이익의 실재성 자체의 반영이기 때문에, 실제에 있어서는 실천적인 안내를 제공하지 못하며, 결국 이러한 추상적 개념으로서는 아무 것도 얻을 수 없게 된다.

니버가 주목하는 정치적인 현실성은 '성립된 규범들'과 그것들에 저항을 제공하는 '이기주의와 권력의 요소' 모두를 포함한다. 도덕적 표준들과 이상들은 우리의 주의를 더욱 특별한 이익의 충돌을 지닌 채로 정치적 삶 속에 현존하는 인간의 열망으로 돌린다.

하지만 당면한 이해관계의 대립을 설정하고 힘의 견제와 균형을 취하는 정치적 현실주의적 접근만으로는 당면한 사회문제를 해결할 수 없다. 정치적 현실주의보다 더 폭넓은 접근이 필요한 것이다. 정치적 상황에서 무시할 수 없는 인간의 보다 깊은 도덕적, 이상적 면들도 있는 것이다. 그런 점에서 우리는 도덕적 현실주의를 함께 고려해야 한다.

④ 도덕적 현실주의

　　도덕적 현실주의자는 인간에게 있어 감정과 상관없이 객관적으로 존재하는 요소들이 있다고 전제하고 있다. 즉 인간에게는 행위자의 태도와 무관한 인간의 본성이 있다. 즉 인간에게 이성과 같은 합리적인 면이 있다는 것이다. 이러한 합리적인 면을 잘 조절하면 힘의 균형과 사회평화를 도모할 수 있다는 것이다. 또한 의무를 부과하여 사회문제를 해결할 수도 있다. 그러나 이러한 도덕적 현실주의적 해결은 잠정적이며 일시적인 해결책 밖에 되지 않는다.

　　현실생활에서의 도덕은 상대적이다. 현실생활에서의 도덕은 완전할 수가 없고 상대적임을 면할 길이 없다. 그럼에도 현실에서의 도덕은 상대적이지만 상대적이기 때문에 중요하지 않고 소홀히 해도 무방한 것은 아니다. 상대적임에도 불구하고 인간의 행복과 불행, 나아가서는 생과 사를 좌우하는 결정적인 중요성을 가진다.

　　정치적 현실주의자는 도덕 진술들이 사실이 무엇인가에 대하여 주장하도록 나타나는 것을 부인할 필요는 없지만, 사람들은 그 주장들이 참이나 거짓인 점에서 이것이 의미있는 것이라는 것을 부인할 수 있다. 정치적 현실주의자들에게 있어서 "정의는 무죄한 사람이 다른 사람들에 의해서 저질러진 범죄를 위하여 징벌받지 않아야 한다는 것을 요구한다"라고 법정에서 언급된 진술은 사실이다. General Mortor 회사의 회의실에서 언급된 "정의는 모든 사람이 각 사람의 노동자가 공장에서 일한 시간만큼의 비율로 지불받아야 한다"는 진술은 거짓이다. 이러한 점에서 정치적 현실주의자는 인식론자(cognitivist)라고 볼 수 있다. 사람은 도덕 진술들이 사실이거나 거짓일 수 있음을 명백히 믿지만 또한 참과 거짓의 적절한 표준(criteria)이 사회 속에 있다는 것이다.

이와는 대조적으로 도덕적 현실주의자는 도덕진술이 참이거나 거짓이거나, 화자나 화자의 공동체가 도덕적인 진술의 적절한 사용에 대해서 가지는 사상들이 독립적으로 존재하는 일의 언급에 의존하는 것을 붙들고 있다. 그리하여 도덕적 주장은 아무도 믿지 않을지라도 참일 수 있다. 한 예로, 만약 도덕 주장의 참이거나 거짓됨이 하나님이 명령하였던 것에 의존한다면, 즉 하나님이 어느 누구도 노예로 있지 말라고 명령하였다면, 비록 모든 사람들이 노예제도를 유지하는 사회에서 그것이 도덕적으로 옳다고 믿는다 할지라도, 노예를 포함하고 있는 노예제도는 잘못이다.

정치적 현실주의와 도덕적 현실주의 사이의 중요한 차이점이 있는데, 정치적 현실주의는 주장들이 사람들이 믿는 것과 어떻게 연관되는지 주로 관심을 두며, 도덕적인 현실주의는 이러한 신앙과는 분리된 도덕적 진리에 관심을 두고 있다.

도덕적 현실주의는 윤리적 자연주의의 변형이다. 도덕적 현실주의자들의 경우, 궁핍은 자연적인 특성들을 특징짓는 인간의 복지를 좀먹는 영향을 갖게 되기 때문에 악이라고 말할 수 있다. 궁핍의 상황에 반대해서 행동하는 것은 옳고, 궁핍을 생기게 하거나 퍼뜨리는 것은 옳지 않다. 그러나 우리가 그러한 행위들에서 옳음과 잘못됨의 어떤 비자연적 특성을 직관적으로 알기 때문이 아니라, 궁핍의 상황들이 그것들이 갖는 자연적 특성들을 가지기 때문이다.

기독교 현실주의가 자연법 전통과 공유하는 부분은 올바른 행위는 인간 본성에 따른 행위라는 확신이다. 선한 사람은 그들을 파멸시키기보다는 인간이 갖고 있는 능력을 계발하는 방법으로 행동한다. 기독교 현실주의는 도덕적인 삶은 자연에 따라서 사는 삶이라는 자연법의 넓고 기본적인 약속에 동의한다. 개인들과 사회들은 이러한 요구들을 무시하려고 할 때 도덕적으로 실패하게 되며, 그들의 도덕적인 체계들과 정치적인 기구들이 믿을만하게 인간의 삶의 가능성들과 한계들을 대표하지 못할 때 더욱 큰 위험에 서게 된다.

분명한 것은 각 개인의 도덕적 삶에서 이상주의의 요소와 사회의 삶에 대하여 규범적으로 생각하는 모든 시도에서 유토피아적인 요소가 있다는 것이다. 사회복음운동의 감상주의에 대한 라인홀드 니버의 비판과 자기기만에 대한 그의 감수성은 그를 이러한 도덕적 이상에 신중하게 만드는 도덕적 십자군운동에 귀속시킨다. 그러나 인간 경험의 사실에 대한 그의 주목은 그로 하여금 그것들을 고려대상으로부터 제거시키도록 허락하지는 않는다.

인간의 본성, 즉 이성으로 제시되는 합리성만으로 사회문제의 해결은 불가능하다. 사회문제는 첨예한 이해관계의 대립에서 발생하기 때문에, 사려깊게 고려하는 이성도 이해관계의 노예가 되어 한편으로 치우칠 수 있는 가능성이 있다. 따라서 이성이나 본성을 넘어선 종교적 이상이 요구되는 것이다. 여기서 기독교 현실주의가 취하는 한 국면인 신학적 현실주의가 필요하게 된다. 니버는 "불가능한 윤리적 이상의 적절성"을 주장한다. 기독교 현실주의는 특히 집단과 국가의 도덕적인 신중함에서 이러한 이상에 대한 호의적인 역할을 규정하는 것이다.

　　니버는 윤리가 가지는 상대적 측면과 아가페의 사랑이 가지는 이
상적이고 이념적인 측면에 대한 분명한 이해를 가졌다. 아가페의 사랑이
가지는 이상적인 측면과 그리스도의 도래와 더불어 선포된 완전한 이상
국가인 하나님의 나라가 지닌 이상적인 측면이 바로 신학적 현실주의가
가지는 특징이다.

　　예언적 기독교는 총체적이고 궁극적인 인간의 상황에 대해서 그
것이 가지고 있는 통찰력으로 인해 모든 사람이 직면하지 않으면 안되
는 당면한 도덕적 사회적 상황들을 더욱 복잡하게 만든다. 도덕적 생활
의 관행은 상대적으로 선한 것과 상대적으로 악한 것과 '면밀하게 계산
된 적음과 많음'으로 구성되어 있다. 일반적인 관계에서의 인간적 행복
은 약간 많고 약간 적은 정도의 차이와 자아가 삶에 들어가고 이웃의 이
익을 이해하는 상상적 통찰력의 여러 가지 다른 정도들 사이의 약간 많
고 약간 적은 자유에 의해서 결정된다.[18]

　　"약간 많고 약간 적은"이라는 표현은 현실 생활에서의 도덕적 상
대성을 드러내는 매우 적절한 표현이다. 인간은 도덕적으로 완전하고 이
상적인 것을 열망하고 추구하지만, 현실적으로는 상대성을 면하지 못한
다. 상대적이기에 약간 더하고 약간 덜한 차이가 많다. 심할 경우에는 덜
악한 것을 선택하지 않으면 안되는 경우도 있다. 이러한 상대적 차이가
인간의 행-불행에 매우 심각한 영향을 끼치기 때문에 면밀한 계산이 요

---

18)　　R. Niebuhr, *An interpretation of Christian ethics*, 103.

구되는 것이다.[19]

니버의 신학은 항상 실천적인 표현을 추구하고 있는데, 사회 윤리
는 이러한 표현이 취하는 방법이다. 그는 절대적인 기독교 윤리인 아가
페의 사랑과 상대적인 사회 윤리인 정의를 화해시키려고 하였다. 신학과
사회윤리를 결합함에 있어서 그는 신학윤리를 사회적 영역으로 끌어들
였다.[20] 이러한 점이 니버의 현실주의적인 접근의 특징이다.

하나님의 의지와 본성에 실재하는 사랑이 있다. 각 개인은 그들
의 현재 삶의 방식에 대한 선택이 있으면, 그들은 다양한 방식으로 이러
한 가능성을 자유롭게 주장한다. 니버는 "한 개인은 충동과 열망의 내적
연합을 세워야 하며 그것은 다른 자아들과 다른 연합에 조화롭게 관계를
이뤄야 한다"고 했다. 전체사회 생활에서 주장과 반대주장의 이러한 과
정은 일련의 인식된 권리와 정의의 기준에서 합의점을 찾고 대부분의 사
람들이 다른 사람들에 반해 그들의 주장을 사용하는 것이 그러한 분석이
된다. 위임이 취하는 한 형태는 하나님은 사랑이시며, 사랑은 정의를 요
구한다는 믿음이다. 정의와 사랑은 우리가 우연히 갖는 생각 이상의 현
실성을 갖는다는 것이다.

역사적으로 자각된 것은 아니더라도 좀 더 본질적인 현실성 속에
서 도덕적 행위자들이 이상(理想)에 의무감을 느끼기 때문에, 삶의 질서
를 이루는 것으로서 모든 진실한 도덕적 행위는 당위를 세우려 한다. 그
래서 기독교인들은 비록 역사상 이상이 순수한 형태로 인식되었던 곳이
없다는 것을 알지만, 사랑의 이상은 하나님의 의지와 본성 속에 실재한
다고 믿는다. 그리고 기독교인이 의무감을 느끼는 것은 이러한 현실성을

---

19)　고범서, 『사회윤리학』, 225–226.

20)　Bob E. *Patterson, Reinhold Niebuhr* (Texas: Word Books Publisher, 1977), 17.

가지기 때문이다.

　　이 점에서 니버는 신학적 현실주의와 도덕적 현실주의를 연결시킨다. 하나님에 대한 언급은 단순한 감정의 표현이거나 개인의 헌신의 행위가 아니다. 신학적 주장은 인식적(cognitive) 내용을 지닌다. 어떠한 주장은 옳거나 그를 수 있다. 그런데 우리가 그러한 현실성에 연관성을 가지는 개념들, 이론들 그리고 증거와는 독립된 현실성을 적절히 표현하기 때문에 하나님에 대한 사실 언급은 참인 것이다.

　　도덕적 주장은 자신의 열망을 주장하는 절대적 방식이 아니라는 것이 바로 도덕적 현실주의의 핵심이다. 도덕적 주장은 인간 생활, 개인과 사회에 있어서 근본적인 필요와 제한에 대한 지식에 기초를 둔다. 도덕적 원칙들은 우리의 기호와 상관없이 우리가 반드시 지지해야만 하는 목적과 의도를 동일화함으로써 서로 다른 요구와 가치 사이에 일어나는 분쟁을 해결한다. 도덕적 현실주의자가 자연스럽게 의심을 갖는 것은 목적과 의도의 조화가 계속적으로 수행될 수 있는가 그리고 각 개인의 궁극적 관심이 즉각적으로 더욱 가치를 두는 관계, 계획, 헌신의 하나가 아닌 인생과 인생의 궁극적 조화에 있을 것인가 하는 신학적 주장이다. 도덕적 현실주의자는 인생의 법칙이 사랑인 신학적 현실주의자의 확증에 부합하지 않고도 도덕적 진리를 확증할 수 있다.

　　니버는 기독교와 유대교의 예언적 신앙을 합리적 종교(rational religion)와 신비주의(mysticism)와 대조시켰는데, 합리적 종교는 하나님에 대한 지식을 다른 지식을 알아가는 것처럼 다루며, 신비주의는 하나님을 역사를 초월한 이해할 수 없는 신비로 위치 지운다.[21] 기독교 신앙은 하

---

21)　　Robin W. Lovin, *Reinhold Niebuhr and Christian Realism*, 22.

나님을 우리 자신의 경험의 현실성과 연관시키는 신화와 상징으로 언급하고 있다. 그런데 신화적 표현은 항상 불완전하고 부분적이라는데 어려움이 있다. 따라서 합리적 일관성의 표준으로 본다면 이러한 신화적 표현은 지식으로서는 항상 실패할 수밖에 없다. 그럼에도 불구하고 신화는 신화를 만드는 사람(the myth-maker)의 이성이 완전할 수 없음에도 하나님 안에서는 일관성있게 이해되게 된다.

이런 의미에서 신화만은 비일관성의 사실들을 거부하지 않으면서 일관성과 의미의 영역으로서 세상을 묘사할 수 있다. 그 세계는 그 안에 있는 모든 사실이 의미의 핵심적 자원과 연관되어 있기 때문에 일관성이 있다. 그러나 신화는 즉각적인 이성적 연합의 견지에서는 서로 모든 것들을 연결시키는 불완전한 필연성(abortive necessity) 아래 있지 않기 때문에 합리적으로는 일관성이 없다.[22]

신화에서 중요한 특징은 편협한 구조나 문자적 의미가 아니라 우리가 흔히 사실로 인정하는 합리적 일관성의 형태에 대한 역설적인 관계임이 분명하다. 신화는 이미 알려진 사실의 문자적 표현으로서 일관적인 것은 아니지만, 신화는 무지, 불확실성, 갈등이 그 사실 자체를 비일관적으로 제공하는 세상의 양상을 다룬다.

현재의 갈등을 넘어서는 해결의 가능성을 지적함으로써, 신화는 비록 그러한 사실들에 대한 진술로서 주장할 수는 없지만, 사실의 세계보다 더 일관성이 있는 세계를 드러낸다.

기독교에서 진리인 것은 어느 정도의 잠정적이고 피상적인 속임수

---

22)   R. Niebuhr, *An interpretation of Christian ethics*, 26.

를 포함하는 상징으로만 표현될 수 있기 때문이다. 그래서 기독교 신
앙의 모든 변증자가 바울의 말을 자신의 것으로 만드는 것은 당연하다.
우리는 속임수로 진리를 가르친다. 우리가 거짓말하는 자 같으나, 진
실되다.[23)

요점은 기독교인들이 하나님에 관해 만든 도덕적 주장에로 확장
된다는 것이다. 하나님의 정의에 대한 요구를 말하는 것은 사실 특별한
경우에 제공할 수 없는 독특성과 확실성과 함께 정의를 요구한다. 사랑
이 삶의 법칙이라고 말하는 것은 우리가 증명할 수 없는 인간의 목적의
연합을 말한다. 그러나 이러한 전제는 우리가 적절한 근거를 부여할 수
있는 부분적 통찰력과 다루기 어려운 갈등에 부과하는 도덕적 삶의 근거
보다 훨씬 진실하다.
니버는 도덕성은 의미있는 세계를 요구한다고 말함으로써 하나
님의 실재성에 대한 사랑의 궁극적인 도덕법을 연관시킨다. 사랑으로써
신적인 본성의 절정에 달하는 신학적 현실주의에서, 도덕적 해결책은 모
든 인간의 목적들을 획일화하고 신적인 본성 그 자체의 단일성과 사랑에
순응하는 삶과 더불어 삶의 조화에 관심을 둔다는 점이다. 이것은 불가
능한 이상이다. 우리가 결코 완전하게 성취할 수 없다는 의미에서 뿐 아
니라, 우리가 이성에 의해서 완전히 취할 수 없다는 의미에서 불가능한
이상인 것이다. 사람들 사이의 어떤 특정한 분쟁이 사랑의 법에 따라서
해결하기 쉽다고 비록 우리가 확인하더라도, 우리는 그러한 상황에 대한
사랑의 요구에 대하여 사랑의 법으로써 직접적으로 주장할 수는 없다.

---

23)   Reinhold Niebuhr, *Beyond Tragedy: Essays on the Christian Interpretation of History,* 3. Robin W. Lovin,
        Reinhold Niebuhr and Christian Realism, 23 재인용.

이러한 궁극적 도덕성의 의미에서 니버의 관심은 근사한 도덕적 선택들이 영향을 미치는 방법에 중심을 두고 있다. 사랑의 기독교적 이상은 직접적으로 일상적인 도덕적 선택들을 인도할 수는 없다. 왜냐하면 이러한 결정들과 관계된 경쟁하는 관심들은 신중한 균형을 갖지 못하기 때문이다. 직접적으로 그것을 적용하는 시도는 우리 자신의 덕에 대한 혼란이거나 환상일 때이다. 니버는 이러한 윤리적 이상들을 도덕적이고 정치적인 선택의 '규정적 원리들'로 말하고 있다. 일상적인 경험에서 만날 가능성이 없는 이상들은 그 선택들이 반드시 실패하게 되는 한계를 정함으로써, 특별한 방향으로 선택을 이끌어들임으로써 일상의 도덕적 선택들을 형성한다. 도덕적 이상들에 대하여 니버는 사랑에 초점을 맞추고 있는데, 특히 그가 하나님의 선함의 지고한 표현으로 간주하는 자기 헌신적 사랑 또는 아가페에 초점을 두고 있다.

그러나 '규정적 원리'는 정의와 공평성과 마찬가지로 일반적인 도덕 사상의 규범적인 역할을 설명하는 것으로 나타난다. 사랑의 법은 최소한의 사회적 표준에까지 개입되어 있으며 최소한의 표준을 더 높은 표준으로 만듦으로써 관계를 더욱 드러나게 한다. 평등은 정의의 규정적 원리이며 평등의 이상 속에 사랑의 법이 반영되어 있다.

1 사랑과 정의

니버는 성서에서 제시하는 아가페의 이상적인 윤리적 의미와 기능을 예리한 통찰력을 가지고 밝히지만 그러한 사랑을 정치와 경제라는 상대적이고, 이해관계가 사정없이 대립하고 충돌하는 삶의 무대로 적용시킨다는 점에서 특징을 지닌다. 이러한 현실주의적인 접근은 당시 미국의 실용주의적이고 현실적인 학문적 경향과 밀접한 연관성을 가지고 있다.

니버는 사랑의 법이 현실적 사랑 또는 넓게는 현실적 도덕에 대해서 두 가지 기능을 한다고 주장한다. 그 하나는 사랑의 법의 심판적 기능이다. 사랑의 법은 현실에서의 모든 사랑의 성취, 즉 도덕적 성취는 사랑의 법에는 미치지 못하는 것이라고 유죄선고를 한다. 니버는 평등은 사랑의 법의 합리적인 정치적 형태이지만 초월적인 면을 가지고 있다고 보면서 "평등은 실현되어야 한다. 그렇지만 그것은 결코 완전하게 실현되지 않을 것"이라고 했다.

다른 하나는 사랑의 법이 가지는 근거와 완성의 기능이다. 사랑의 법은 현실의 모든 상대적인 윤리적 사랑과 도덕적 성취의 근거이며 또한 그것들을 아가페의 사랑으로 향해서 끌어올리는 역할을 한다.[24]

인간의 현실적 삶은 이익, 즉 이해관계의 충돌이다. 니버는 이같

---

24)   같은 책, 229-230.

은 이해관계의 충돌을 "충돌하는 이해관계" 또는 "경쟁하는 이해관계의 불가피한 충돌"로 표현한다. 현실적 삶에서 이해관계의 충돌은 불가피하지만 그것을 사랑과 정의의 실현에 의해서 극복해 나가야 하는 것으로 보았다.

니버에게 있어서 아가페는 예수 그리스도가 보여 준 십자가의 사랑이다. 이 사랑이 인간 실존의 전체적인 의미를 조명시켜 주고 또한 사회에서 책임있는 삶을 살게끔 통찰력을 제공한다. 이러한 사랑의 본성은 희생적이고 이익에 관심을 두지 않으며 계산하지도 않는 것이며, 인간 삶의 중심이요 원천이 되는 하나님께 복종하는 가운데 삶에서 조화를 이루는 것이다. 사랑은 자발적인 희생으로 이웃의 유익을 구하는 것이다.[25]

니버는 아가페와 정의를 분리된 것으로 생각하지 않았다. 정의는 단순한 이익의 계산으로서가 아니라 아가페와 변증법적 관계를 통해 제시된다. 정의는 사랑과 완전히 분리시키는 이원론적 이해가 아니라 좀 더 밀접한 관계를 가함으로써 변증법적 긴장 관계를 가질 뿐만 아니라 역동적 관계를 갖는다. 그런 점에서 정의는 하나의 고정된 체제가 아니라 부단히 상승하는 역동적 과정이다.[26] 따라서 정의는 사랑으로 말미암아 정의가 되고 사랑은 정의로 말미암아 구체성을 가지게 되는 것이다. [27]

---

25) 맹용길, 『기독교 윤리사상』(서울: 대한기독교출판사, 1991), 251-252.
26) 고범서, 『개인윤리와 사회윤리』, 279.
27) 맹용길, 『기독교 윤리사상』, 255-256.

❷ 불가능의 가능성

성서에서 제시하는 아가페의 사랑은 현실에서 완전하게 실현할 수 없는 불가능한 윤리적 이상이다. 그러나 현실에서 우리는 불가능한 아가페의 사랑을 상대적으로 실현할 수 있다. 니버는 아가페 사랑의 상대적 실현 혹은 성취는 "근사적"이라는 말로 표현했다. 근사적 실현의 대상인 아가페의 사랑과 정의의 공동체인 하나님의 나라는 비록 역사적 현실 속에서는 완전하게 실현될 수는 없지만 현실의 모든 상대적인 윤리적 성취는 그것에 의해 이끌리고 그것들로 향하기 때문에 불가능한 가능성이라고 표현한다.[28]

사랑의 이념은 정의에 대한 관계에 있어서도 한편으로는 정의를 심판하며, 다른 한편으로는 정의를 보다 높은 수준으로 끌어 올려 정의의 실현을 하나의 역동적 과정으로 변화시킨다. 정의의 실현을 이렇게 역동적인 상승과정으로 만드는 것이 바로 사랑이 지니는 심판과 구원의 이중적인 기능인 것이다.

❸ 기독교 현실주의의 새로운 전망

니버는 집단과 집단의 이해관계가 서로 심각하게 대립하는 사회 정치적 영역에서 도덕이나 종교가 극히 제한된 영향 밖에 미치지 못한다는 것을 통찰하고 이에 대한 해결책으로 기독교 현실주의적 입장을 취하

---

28)   고범서, 『사회윤리학』, 227.

고 있다. 사회의 부정의는 언제나 힘의 불균형에서 생기므로 사회정의를 실현하기 위해서는 힘의 균형을 유지해야 한다. '힘은 힘에 의해서 도전되어야' 하므로 힘의 견제와 균형이 강조된다.

　　니버의 기독교 현실주의는 기독교 신앙이 추구하는 초월적인 하나님의 나라와 역사적 현실 사이의 변증법적 통일을 추구하였다. 한편으로는 초월적인 영원한 세계를 추구하면서도 다른 한편으로는 영원한 것을 역사적 현실 속에서 상대적이지만 구체적이며 현실적으로 실현하려고 하였다. 이러한 니버의 기독교 현실주의는 그의 인간관을 그대로 반영하고 있다. 인간은 자아를 초월하는 창조성을 가진 존재이면서 동시에 유한성을 가진 파괴적인 존재이기도 하다는 것이다.

　　니버에게 있어서 기독교 현실주의란 정치적 현실주의, 도덕적 현실주의, 신학적인 현실주의의 결합물로 볼 수 있다. 이러한 현실주의적 입장들 중에서 어느 하나의 현실주의적 입장만이 최종적이지 않고, 서로 긴밀한 관계로 연결되어 완성된다. 기독교 현실주의가 주장하는 도덕적 진리는 상황에 작용하는 강제력의 모든 것에 대한 주목에 의존하며, 인간 본성에 의해 부과된 한계에 의존하며, 사랑에 의해서 열려진 가능성에 의존한다. '정의에 대한 사람의 능력은 민주주의를 가능하게 만든다. 그러나 사람의 부정의에 대한 경향성은 민주주의를 필요하게 만든다.'

　　기독교 현실주의자는 대항하는 힘들을 화해시키기 위해서 사회적으로 실재하는 다양한 강제력과 갈등의 요소들을 하나님의 능력 안에 있는 희망과 알맞게 조절해야 한다. 이기심과 권력을 무시하는 단순한 해결이 가능할 수 없는 것과 마찬가지로, 현실적 목적을 달성하는 새로운 분배를 위한 가능성에는 단순한 한계가 있을 수 없다. 기독교 현실주의는 현재의 갈등으로부터 양쪽에 놓인 가능성들을 본다. 정치적이고 신학적인 현실주의의 결합에서, 다른 가능성들을 저울질할 수 있는 규칙은 없다. 여기에서 요구되는 점은 다양한 요소들 모두가 신중하게 고려되어야 하며, 이러한 고려에 기초한 행위의 과정은 끊임없이 더욱 체계적인 선택을 취하게 된다는 점이다.

이러한 자기비판과 비판적 사고의 결합인, 정치적 현실주의와 신학적 현실주의를 함께 취하는 것은 당면한 사회문제들에 대해서 더욱 적절한 이해를 제공하고 있다. 기독교 현실주의자에게 있어서, 정의와 역사의 이해는 인간의 갈등을 유발하고 인간의 열망들을 안내하는 가치들에 대한 하나님의 관계성에 대한 이해로부터 나온다.

니버는 기독교가 명확하고 구별되는 사상들의 묶음으로서가 아니라 항상 사상과 행위의 더 즉각적인 형태들을 초월하는 가능성들의 중심으로서 인간역사에서 살아남을 것이라고 보았다. 인간의 삶에서 명료하고, 구별되고, 결정적인 것은 그 당시만 있고 사라지게 된다. 지속되는 것은 실제 경험의 비일관성에 대한 적용될 수 있는 유연성과 모호성을 가진다. 위대한 진리는 신화적 표현을 요구하며, 현대 세계에서 그것들을 명료하게 표현하는 자들은 항상 "아직 진리를 속이는 자들로서" 나타날 것이다. 여기에 기독교 현실주의가 가진 모호성이 있다. 이것은 신화적 사고와 연관성을 가진다. 그러나 신화는 단순히 빈 그릇은 아니다. 신화는 한정적 방법으로 우리의 사고를 그리며, 보다 특정한 도덕적 선택을 위한 '규정적인 원리'로서 봉사한다. 사랑은 보편적으로 행위의 확실한 규범에 대하여 도전하지만, 사랑은 우리로 하여금 우리 앞에 실제로 있는 선택들에 대한 심판을 내릴 수 있게 한다. 니버는 사회에서 완성을 추구하기보다는 역사가 다할 때까지 접근치를 이룩하려는 현실주의적 입장을 취한다.

니버의 기독교 현실주의는 확신과 비판 양면에 서 있다. 기독교 현실주의는 그 자신의 시각에 대하여 절대적인 주장을 피력하지 않았기에 비판적이다. 신앙은 이기심에 의해서 파괴될 수 있으며, 감상적인 경건성으로 달래거나 열광적인 과잉으로 유혹하게 될 수 있다. 니버는 그러한 오류들을 도덕적이고 정치적인 진리를 찾기 위한 우리의 가장 신실한 노력들이라고 보았다. 기독교 현실주의는 현실 문제에 대한 다른 해석들보다 다양한 문제를 지니고 있는 역사적 상황들에 보다 적절하고도 적용가능한 해석의 틀을 제시하고 있다.

⑦ 결론

니버는 자기애와 자기중심주의를 근거로 하는 권력의 현실을 이해함으로써 권력을 가진 집단의 독재 가능성과 지배자의 이기심에 의한 전제의 위험을 인식하면서 현실주의를 긍정하였다. 그러나 동시에 현실주의가 냉소주의나 허무주의 내지 감상주의로 빠질 가능성도 예견하였다.

니버의 현실주의적 입장은 소극적인 면에서 사회과학자들이 지나치게 과학적 방법론에 의존하는 경향이 심했다는 점을 지적하고, 이데올로기로 채색된 사회를 단순화하고 복잡한 역사의 현실을 무시하는 과오를 범했다고 비판하였고, 적극적인 면에서는 기독교 신앙과 사회적 정치적 제 요소들을 고려하여 종합해 보려고 시도했다는 점에서 의의가 있다.

니버는 정치단체는 권력단체이고 권력은 권력에 의해 도전되어야 한다는 사실을 강조하면서, 사회와 국가 생활에 있어서 집단적 이기심에 대한 깊은 관심을 가졌다. 개인이건 집단이건 자아는 사회 역사적 상황 속에서 제한성과 초월성을 동시에 가지며 똑같이 파괴적으로나 창조적으로 작용할 수 있는 가능성을 사회 및 역사적 현실 속에서 인식하려고 하였다. 이 점에서 니버의 기독교 현실주의는 인간과 사회를 통해서 그 객관적 현실구조를 깊이 들여다보면서 현실문제와 상황에 접근하였다.

우리는 니버의 기독교 현실주의에 대하여 비판과 동시에 확신을 갖게 된다. 니버는 아가페를 사회적 차원에서 근사적으로 접근하며, 사회정의의 실현을 위하여 사회적인 역학관계를 권력의 견제와 균형을 통해 접근하였는데, 이러한 니버의 기독교 현실주의는 아직도 많은 시사점을 던져 주고 있다고 판단된다. 아가페의 사랑을 현실에 적용하고 예언자적인 통찰을 시도한 니버의 사상은 오늘도 우리 사회의 현실 문제를 분석하고 그 해결책을 모색하는 데 대하여 새로운 통찰과 지침을 제시해 주고 있다.

권력의 윤리적 문제

① 권력, 무엇이 문제인가?

　　인간은 홀로 존재할 수 없는 관계적 존재이다. 이러한 사회적 관계에 기초하여 인간은 삶을 지속한다. 사회관계에서 이루어지는 인간의 행위들은 다양한 관계를 통해 드러나게 된다. 이러한 인간관계의 국면들은 권력의 형태로 나타나게 된다. 클라크는 이러한 인간관계의 모습을 권력과 관련지어 다음과 같이 말하고 있다.

　　권력의 문제는 인간 자신의 환경과의 관계뿐만 아니라 자기 자신과의 관계에 있어서, 인간 상호 간의 관계에 있어서, 그룹간의 관계에 있어서 그리고 또 국가 간의 관계에 있어서 근본적이며 널리 확산되어 있다. 권력은 인간생활의 모든 양식 속에 두루 스며들어 있다. 따

라서 권력은 인간의 생활에 있어서는 피할 수 없는 것이다.[29]

　인간관계에 있어서 권력이 행사될 경우, 권력은 타인의 반대에도 불구하고 자신의 의사를 관철시킬 수 있는 능력으로 해석된다.[30] 권력은 다른 사람들과의 관계에서 발생하게 되는데, 러셀은 권력을 의도된 효력의 산출로 정의하였다.[31] 권력의 행사는 상대방의 의사를 자기의 의사에 복종시키는 강제력을 수반하는데, 강제력이 수반되는 권력의 행사에는 반드시 그것을 뒷받침하는 정당화(legitimacy)의 작업이 요구된다. 이러한 측면에서 볼 때, 권력관계는 명령과 복종의 관계로 형성된다. 명령하는 쪽은 주로 권력을 행사하는 위치에 있는 반면 복종하는 쪽은 주로 권력행사의 대상이 된다.[32]

　왈쩌는 정치 영역에서의 권력의 본질을 논하면서 두 가지 가능성을 제시한다. 하나는 권력은 사용방법을 가장 잘 알고 있는 사람이 소유해야 한다. 다른 하나는 권력의 결과를 가장 먼저 즉각적으로 경험하여 알고 있는 사람에 의해 소유되고 최소한 통제되어야만 한다고 주장한다.[33]

　권력의 일반적인 특징 중 하나는 숨겨진 상태 즉 잠세태로 있다는 것이다. 권력이 의도하는 결과가 저항으로 인하여 위태로운 처지에 놓이게 되면 언제라도 현실적인 폭력(force)을 동반하면서 왜곡된 형태로 드러

---

29)　Kenneth B. Clark, *Pathos of Power*, 70-71, 김기순, "권력의 의의와 역할", 미간행 숭실대학교 박사학위논문, 1984. 34 재인용.

30)　Gehard E. Lenski, *Power and Privilege* (New York: McGraw-hil book company, 1966), 44. 김기순, "권력의 의의와 역할", 27 재인용.

31)　B. Russell, Power, 35. Harold D. Lasswell & Abraham Kaplan, *Power and Society* (New Haven: Yale University Press, 1950), 75 재인용.

32)　같은 책, 23.

33)　Michael Walzer, 정원섭 외, 『정의와 다원적 평등』(서울: 철학과현실사, 1999), 444.

날 가능성이 크다.

그런데 권력을 이러한 관계적인 양상에 두고서 지배하는 측면에서의 권력의 행사와 지배를 받는 편에서의 복종으로 보게 된다면 권력의 본질적인 측면을 왜곡시키게 된다. 사회적인 관계에서 권력이 비록 잠세태로 있을지라도 지배하거나 군림할 수 있는 영향력을 가지고 있다는 것은 분명 왜곡된 권력의 형태를 이미 갖고 있는 것으로 볼 수 있다. 따라서 권력을 지배하고 통제하는 국면에서 이해하게 될 때 권력에 대한 더 깊은 존재론적인 측면을 무시할 가능성이 많으며, 권력의 부정적이며 제한적인 기능에만 주목하게 될 가능성이 크다.

이 장에서는 권력을 단순히 지배하고 복종하는 사회적 관계에 기초하기보다는 권력에 대한 보다 폭넓은 이해를 가져야 권력으로 인하여 파생되는 다양한 현실적인 사회문제들을 보다 깊이 있게 접근하면서 효과적으로 해결할 수 있을 것이라고 본다. 또한 이러한 폭넓은 이해를 통하여 권력에 대한 부정적이고 왜곡된 이해를 탈피하여 보다 건설적이고 창조적인 권력의 긍정적인 기능에 주목할 수 있을 것이다. 이러한 이해를 위해 먼저 미셸 푸코, 마르틴 루터, 폴 틸리히의 권력에 대한 이해를 중심으로 권력의 존재론적인 측면들을 부각시키고, 소통으로서의 권력의 의미와 역할에 대해서 고찰하고자 한다.

② 전통적인 권력이해

일반적으로 권력을 이해할 때 정치권력을 가장 먼저 염두에 두게 된다.[34] 이러한 생각은 권력이 동반하는 강제력 때문으로 생각된다.[35] 강제력을 사용하거나 아니면 합리적인 대화를 통해 원하는 합의점을 이끌어 내거나 설득을 사용하든지 간에, 권력은 개인이든 집단이든 간에 자기의 의사를 상대방에게 부과하여 그들의 복종을 얻어낼 수 있는 위치에 있게 될 모든 가능성을 포함한다. 그러나 권력은 단순한 가능성으로 남지는 않는다. 상대방의 저항을 받게 되면 곧바로 그 저항을 물리치기 위하여 물리적인 힘, 즉 강제력을 발휘하게 되는데 그러한 힘을 우리는 완력(force), 폭력(violence) 혹은 강제력(coercion)이라고 한다. 이러한 힘은 한갓 숨겨진 가능성으로서의 힘에 그치지 않고 이미 노출되고 실현된 힘이라 할 수 있다. 또한 그것이 어떤 조직 속에서 합법적으로 발휘될 때 언제나 권위의 형태로 작용하게 된다.

러셀은 권력을 전통적 권력, 혁명적 권력, 노골적인 난폭한 권력으로 구분하였다. 전통적인 권력은 습관의 힘을 자기 편에 끌어들이며, 거의 언제나 반항은 사악한 것을 의미하는 종교적 또는 준 종교적인 신념과 결부되어 있다. 혁명적인 권력은 프랑스의 공포정치가 대표적인 경우이다. 러셀은 전통이나 동의에 입각하지 않는 권력을 난폭한 권력으로 구분짓고, 난폭한 권력은 군사적인 특징을 지니며 대내적으로 폭정의 형태이거나 대외적으로 외국을 정복하는 형태를 취하는 것으로 보았다.[36]

---

34) 쉬벨리(Shively)는 정치는 항상 다른 사람들 위에 군림하는 권력의 행사를 포함한다고 말한다. 권력은 어떤 수단을 사용하든지간에 처음 원하던 바를 다른 이로 하여금 하도록 만드는 그 사람의 능력이라고 보았다. 정치는 한 사람이 강제력을 통하거나 아니면 확신이라는 수단을 통하거나 그가 원하는 것을 다른 이로 하여금 하게 만드는 것이다. W. Phillips Shively, *Power and Choice : an introduction to political science* (New York: McGraw-Hill, 1993), 6.

35) 권력을 행사할 때 다양한 종류의 수단이 사용될 수 있다. 가령, 돈, 호의나 감동, 신체적 강제 또는 법적인 형태의 수단들이 사용될 수 있다. 그 외에도 중요한 정보, 승리의 미소, 강력한 동맹, 판결, 절망 등과 같은 방법들이 사용될 수 있다.

36) Bertrand Russell, 이극찬, 『권력론』(서울: 법문사, 1982), 39-40.

러셀은 한 사회가 가지는 권력은 그 사회의 구성원 수와 경제적 자원과 기술적 능력에 달려 있을 뿐 아니라 그 사회가 갖는 신념에도 달려 있다고 보았다.[37]

그런데 지배하고 군림하는 형태로서의 권력은 자칫 잘못하면 권력에 대한 보편적이며 근원적인 이해에 이르지 못한다. 권력을 단순히 지배하고 군림하는 차원에서만 이해한다면 권력의 왜곡된 이해에 머무르고 만다. 이러한 왜곡된 형태의 권력은 집중하려는 경향이 있을 뿐만 아니라 또한 집중되도록 요구된다. 그런 점에서 집중되지 아니한 권력은 엄밀한 의미에서 권력이 아니다. 권력은 권력의 중심인 하나의 핵으로 모든 다른 요소들이 향하여 모였을 때 강력한 힘을 발휘하게 되기 때문이다. 그러나 집중된 권력은 부패하는 경향이 있으며, 절대 권력은 절대적으로 부패하는 경향이 있다.

따라서 바람직한 권력의 이해는 권력의 왜곡된 형태를 극복하는 차원에서 새롭게 이해되어야 한다. 올바른 권력의 이해는 권력의 효율적인 분산에 관심을 두게 된다. 집중되는 권력의 효율적인 분산은 올바른 권력 사용을 위해 반드시 필요한 과정이다.

권력의 효율적인 분산을 위하여 견제와 균형의 원리가 제시되었다. 몽테스큐는 권력의 효율적인 분산을 위해서 삼권분립의 이론을 주장했다. 라인홀드 니버는 사회정의의 근사적 접근에 대한 대안으로 권력의 견제와 균형을 주장했다. 니버는 그의 권력론을 다음과 같이 피력하였다.

권력은 도덕적으로 중립적 개념이다. 인간생명의 본래적 생명력일

---

37)   같은 책, 149.

따름이다. 권력은 인간의 원죄와의 관계에서 이해된다. 니버는 권력을 사회조직과 단결을 위하여 꼭 필요한 것으로 이해하고 사용한다. 사회정의란 결국 권력의 평등한 분배 이외에 다른 것이 아니다.[38]

그러나 권력에 대한 이러한 이해는 권력의 부정적이고 파괴적인 기능에 초점을 두고 있는데, 어떻게 하면 권력을 부패하지 않도록 하느냐하는 문제에 집중되어 있다. 이러한 이해는 권력이 실제로 표출된 상태에 주목하면서 현실적인 측면에서 권력문제를 다루고 있다. 그런데 이러한 실천적인 측면에서의 이해는 권력이 발생하는 보다 심층적이며 존재론적인 차원을 간과하고 있다. 따라서 권력의 부정적인 기능을 제거하고 보다 건설적인 차원으로 이해하기 위해서 권력에 대한 존재론적인 분석이 필요하다.

③ 푸코의 권력론

1 권력의 편재성

권력에 대한 전통적인 이해는 정치권력을 대표하는 것으로 이해하는데 반해, 미셀 푸코는 권력이라는 틀을 가지고 모든 사회현상을 설

---

38)   김기순, "권력의 의의와 역할", 168-169.

명하고 있다는 점이 특징이다.

푸코는 모든 사회현상을 권력관계로 이해한다. 일반적으로 권력은 배제하고, 억압하며, 검열하고, 호도하는 부정적인 모습을 띠는데, 이러한 부정적인 묘사는 권력에 대한 편협한 이해라고 본다. 권력은 사회구조 전체를 둘러싸고 있고, 그 구조 안에 내재하는 생산적 그물망으로 간주되어야 한다. 즉 권력은 어떤 대상을 지식을 통해 배제하고 억압하는데 그치지 않고, 적극적으로 개인을 구성하고, 대상들을 생산하며, 주체에 관한 지식을 산출하는 것이다.[39]

푸코에게 있어서 권력은 소유 혹은 어떤 능력이 아니다.[40] 푸코는 권력은 이제 더 이상 개인 혹은 계급의 소유물로 이해되어서는 안 되며, 권력은 단순히 획득하고 장악될 수 있는 상품이 아니다. 권력은 어디에나 펼쳐져 있는 그물망과 같은 편재성(ubiquity)을 갖고 있다.[41] 권력은 사회(social body)와 같은 넓이를 가진다. 그 그물망의 조직 사이에는 기본적인 자유와 공간은 없다. 권력의 관계들은 다른 종류의 관계들과 함께 짜여져 있다. 이러한 관계들은 금지와 처벌의 단순한 형태를 취하지는 않지만 복합적인 형태들이다.[42]

푸코는 권력을 임시적인 것으로 이해하는데 반대하고, 권력은 깊이와 넓이에 있어서 편재해 있다고 본다. 권력은 어떤 점에서는 보편적으로 접근할 수 있는 것이다. 권력은 지식과 관련하여 억압적이지 않고

---

39) 윤평중, 『푸코와 하버마스를 넘어서』(서울: 교보문고, 1990), 155.

40) Madan Sarup 외, 임헌규, 『데리다와 푸코 그리고 포스트모더니즘』(서울: 인간사랑, 1992), 81.

41) 같은 책, 82.

42) Michel Foucault, Gordon Colin ed, *Power/Knowledge : selected interview and other writings*, 1972~1977 (New York: Pantheon Books, 1980), 142.

생산적인 것이다.[43)]

　　권력의 편재성에 독특한 관심을 두고 있는 푸코의 권력에 대한 이해는 18세기를 기점으로 나타나게 된 사상에 주목하면서 시작된다. 18세기는 유럽에서 경제적으로 산업화 사회가 시작되는 시기이며, 사상적으로는 인본주의 사상이 나타나게 된 시기이다. 이 상황에서 더 이상 기존의 군주에 대한 권력이론으로는 설명될 수 없는 사회 현실에 직면하게 되는데, 그 결과 이러한 사회에서의 권력은 대단히 세밀하게 분리되고, 각기 다른 권력 효과를 전달하는 다양한 모습의 편재된 권력모델이 필요하게 되었던 것이다. 이러한 편재된 권력이 사회적 상황과 이에 따르는 특수한 지식의 출현, 그리고 권력의 의지가 어우러짐으로써 권력의 온전한 효과를 발생시키게 된다. 이러한 상황에서 발생된 권력이 바로 규율적 권력이다.

　　법적 근거를 가지고 권력을 행사했던 군주의 권력과는 달리, 규율적 권력은 끊임없이 감시체계를 구축하고 코드화해서 통제했다. 푸코는 이러한 감시체제의 전형적인 형태를 원형감옥구조(panopticon)로 제시한다. 감시와 처벌에서 푸코는 파놉티콘을 권력이 나타나게 되는 일종의 암시적인 모델로 제시한다. 파놉티콘은 생산 질서 안에서의 증기엔진과 비교할 만한 권력의 질서 안에 있는 기술적인 발명이다.[44)] 이 원형감시체제는 죄수의 일거수일투족을 끊임없이 주시할 수 있는 구조이므로 감시탑에 감시자가 없더라도 죄수들은 이를 알 수 없기에 늘 감시당한다고 느낀다. 이러한 효과적인 권력행사는 감옥에서 뿐 아니라 환자를 간호하는 병원, 학생을 교육하는 학교, 광인을 감독하고, 노동자를 감시하는 사회

---

43)　Kyle A. Pasewark, *A Theory of Power*, 52.

44)　Michel Foucault, Gordon Colin ed, *Power/Knowledge*, 17.

기관으로까지 확대되었다는 것이다.[45] 푸코는 이러한 권력이 부르조아 사회가 개발한 권력의 새로운 모습이며, 이러한 감시적 권력을 바탕으로 산업자본주의가 가능할 수 있었다고 보았다.

② 권력과 지식

푸코는 권력이 강력한 이유는 인간의 욕망이나 지식의 차원에서 효과를 발휘할 수 있기 때문이라고 보았다. 권력은 지식과의 연계를 통하여 쾌락을 유도하고 지식을 형성하며, 담론을 만들어내는 생산적인 기능을 한다. 지식은 권력의 결과를 유발시킨다. 지식이 없이 권력이 행사되는 것은 가능하지 않고 권력을 창출하지 않는 지식이란 불가능하다.[46] 이 점이 바로 권력과 지식을 연결시키는 푸코의 권력에 대한 새로운 해석이다.

푸코에 따르면 권력은 어디에나 존재한다. 만약 권력이 일정한 곳에 머물러 있고, 어떤 한 곳으로부터 나온다고 하는 생각은 그릇된 분석에 기초해 있다. 권력은 부정하는 혹은 억압하는 방식으로 위에서부터 늘 행사되어지는 것이 아니라 열린 관계의 다발이다. 권력은 제도, 구조 혹은 어떤 사람이 부여받은 힘이 아니라 어떤 일정한 사회에 존재하는 복잡한 전략관계인 점에서 모든 사회관계는 권력관계인 것이다.[47]

푸코의 권력해석은 권력에 대한 건설적인 방향과 그에 대한 본질

---

45) Michel Foucault, 박홍규 역, 『감시와 처벌』(춘천: 강원대출판부, 1993), 260-261.

46) Madan Sarup 외, 임헌규 역, 『데리다와 푸코 그리고 포스트모더니즘』, 81.

47) 같은 책, 95.

적인 기준을 제공하고 있다.[48] 푸코는 권력을 지배나 외적 규제로서 정의하는 것을 거부하고, 권력을 새롭게 정의내렸다. 푸코에 따르면 권력은 바로 삶의 비-외부적 영역들의 어떤 관계에 도달하는 것이며 정치를 초월하는 것이다. 권력은 단순히 억제의 수단이 아니라 보다 더 생산적인 현상인 것이다. 이로 볼 때 푸코의 권력이론은 현존 특히 육체적인 현존의 관계를 구체화하며, 권력은 편재하는 것이라는 점에 주목하였다.[49]

그러나 푸코의 권력론에는 몇 가지 한계점이 있다. 푸코는 한편으로는 공간과 권력 사이의 구분과 다른 한편으로는 시간과 자유의 주체 사이를 날카롭게 구분하였는데, 이러한 대립은 권력의 제한 속에서 종결된다. 또한 푸코는 지배의 권력을 부정적으로 판단하였다. 권력에 대한 긍정적인 가치화는 권력의 공간성이 주체의 시간성의 의미 있는 창조에 의해서 적절하게 견제되어지는 조건에 의해서만 허용될 수 있다는 것이다.[50]

푸코는 권력의 편재에 대해 새로운 통찰력을 제공하였고, 권력과 지식의 연관성에 주목하면서 권력의 새로운 가능성을 열어주었다. 그럼에도 불구하고 권력에 대한 존재론적인 차원에 주목하지 못한 한계를 보이고 있다. 푸코의 권력론이 갖는 한계를 극복하기 위해서는 권력에 대한 보다 심층적인 존재론적 이해가 요구된다.

---

48)   Kyle A. Pasewark, *A Theory of Power*, 55.
49)   같은 책, 236.
50)   같은 책, 53-54.

④ 마틴 루터의 권력론

루터는 성찬에 있어서의 떡과 포도주에 현존하는 그리스도의 육체적인 편재성이라는 차원에서 권력이 발생된다고 주목하였다.

1 효력으로서의 권력

루터는 성찬사건에게 권력이 발생된다고 보았다. 루터가 주목한 성찬의 의미는 세 부분으로 나뉘어진다. 성찬은 표시(상징), 의미(중요성) 그리고 믿음으로 구성된다. 표시(sign, zeychen)는 외적이고, 육체적이고, 물질적인 형태로, 성찬 고유의 것이다. 성만찬의 표시는 빵과 포도주의 형태이다. 표시가 외적이고 외형적이기 때문에 어떤 면에서는 공허하다. 그러므로 성찬의 의미와 믿음이 동반되는 것이다. 의미 또는 중요성(meaning or significance, bedeutung)은 외부로부터 내부로의 변형의 효과를 준다. 의미는 내적이고 영적이다. 내적인 것으로서 성찬의 의미는 외적인 성찬적 행위를 지속한다. 믿음(faith, 신앙)은 이러한 의미를 지속하기 위해 요구되어진다. 이러한 성례적 의미가 나의 것이 되는 것은 성찬에 참여함을 통하여 얻는 효력이다.[51]

루터는 성례전적 권력을 성례전의 사역과 개인의 믿음이 만나는 교차점에서 일어난다고 보았다. 성찬이 믿음으로 받아들여질 때, 실제적으로 하나님에 의해 약속되었던 선물은 성찬을 받는 자에 의해서 주어지

---

51)　같은 책, 57-59.

고 소유되게 된다. 성찬이 성찬을 받는 자를 강력하게 만드는 것은 바로 그 사람의 먹고 마실 '가치(worthiness)'에 있는 것이다.

② 권력의 두 방향

성찬에 참여한 효력의 결과는 두 가지 방향으로 일어난다. 하나는 개인적이고 내부적인 변화이며, 또 다른 하나는 외향적이고 외부적인 변화이다. 성찬의 결과로 일어나는 개인적, 내적인 변화는 외부로 미치게 된다. 권력은 내면화되어 성찬을 받는 이의 믿음을 강화하고 성장시킨다. 그러나 이것이 최종 목적은 아니다. 내면적 권력은 다른 이들을 사랑하는 외향성으로 이끌려져야 한다. 즉 개인적이고 내부적인 변화로 일어난 권력은 외향적으로 다른 이들에게로 나아가야 한다. 이러한 외부로 향하는 권력은 타인들의 복리를 위해서 타인들에게 주어지게 되는데, 이러한 권력이 바로 '다른 사람들에게로 변화된' 권력인 것이다.

권력의 현시는 외적인 말씀과 요소들이 만남으로서 받는 자의 내면을 향하여 확장된다. 권력은 이러한 만남에서 나타난다. 그러나 권력은 이러한 만남에서 완성되는 것은 아니다. 이렇게 볼 때 권력은 두 가지 방향에서 이끌려진 의미와 믿음의 경계에서 생겨난다고 볼 수 있다. 한편으로는 성찬이 신앙과의 만남에서 일어나며, 다른 한편으로는 신앙이 이웃과의 만남에서 권력이 산출된다. 외면적인 성례는 권력을 만드는 내면으로 이끌려지며, 곧 바로 내면적인 신앙은 외적인 세계로 향하게 된다. 내면과 외면의 경계에서 나타나는 이러한 권력은 양방향에서 목적(telos)을 갖는다. 이러한 성찬 권력의 기반은 그의 약속을 만찬에서 효력 있게 만드는 하나님의 주권이다.

❸ 권력의 보편성

　　루터는 통치가 권력에 있어서 전체가 아닌 오직 한 부분임을 인정한다. 루터는 정치적 권력을 넘어서는 권력의 존재를 받아들임으로써 정치이론으로부터 떠난다. 정치권력은 외면에서 시작되어 외면에 머물러 있다. 이렇게 볼 때 정치권력은 오직 부정적으로만 작용한다. 정치권력은 칼의 권력이며, 칼의 권력은 권력 자체를 침해하려고 시도하는 자들을 힘으로 굴복시킨다. 타락이 없으면, 권력은 불필요하게 될 것이다. 권력은 권력에 대한 다른 주장을 통제하려는 한에서만 존재한다.[52]

　　루터의 사상에서 추론될 수 있는 권력의 정의는 루터의 성례전적 사상에서 강조되었던 주권의 국면과 그의 성례전 이론에 포함되었던 권력의 과정과 산출에서의 강조점 모두를 포함시킬 수 있다. 성례전 권력은 새로운 창조의 한 종류라고 볼 때, 정치 권력은 단순히 타락에 대한 극단적인 응답이다. 만약 주의 만찬과 루터의 말씀 해석의 기준에 관한 정치학 사이에 불가피한 갈등이 없다면, 권력과 관련하여 날카로운 대립만이 남게 될 것이다.[53] 따라서 보다 더 존재론적인 틸리히의 권력론이 요구되는 것이다.

---

52)　같은 책, 125.
53)　같은 책, 129.

⑤ 폴 틸리히의 권력론

1 존재의 권력

폴 틸리히는 권력(power)[54]에 대해서 존재론적인 해석을 시도한다. 틸리히는 존재를 "존재의 권력(power of being)"으로 표현하면서 존재에 있어서의 권력의 역할을 강조한다. 그가 존재를 "존재의 권력"이라고 했을 때, 그 권력은 모든 생명체가 끊임없이 자신을 실현해 가는 추진력이다.[55] 그가 '존재'라는 말 앞에 '권력'을 붙인 것은 존재가 정지된 상태에서 이미 실현된 자기 동일성을 계속해간다는 생각을 떨쳐버리고 싶었기 때문이다.

틸리히에 따르면, 존재가 자기 존재를 지속시킨다는 것은 자기에게 순간마다 닥쳐오는 도전, 즉 '비존재'의 위험을 극복함으로써 자기를 새롭게 긍정해나가는 '자기긍정'의 과정이다. 그러면서도 그 존재는 비존재의 도전에 의하여 자기존재를 말살당함이 없이 그 도전을 극복함으로써 오히려 자기를 확대시켜 가는 것이다. 이때의 비존재의 위험은 자기의 존재 내부에도 있고, 그 외부에도 있으며 어디에나 편재하는 자기 존재의 파괴가능성이다. 이런 의미에서 권력이란 내적 외적 부정의 가능성

---

54) 틸리히가 제시하는 power는 힘, 또는 권력이라고 해석된다. 틸리히의 관점에 따라 존재의 힘이라고 하는 것이 더 자연스럽겠지만, 권력에 대한 전체적인 논의를 위한 용어의 통일을 위해 힘이라는 말 대신에 권력으로 표기한다.

55) Paul Tillich, *Love, Power and Justice : ontological analyses and ethical applications* (New York: Oxford University Press, 1954), 36.

에도 불구하고 존재가 자기를 긍정해 가는 '자기긍정'의 과정이다.[56] 즉
권력이란 삶의 역동적 자기긍정의 과정이다. 존재가 권력인 것처럼 생으
로서의 인간존재 역시 권력인 것이다. 인간 각자는 잠재적 가능성을 가
지고 있는 존재이며, 인간에게 삶이란 곧 그러한 잠재적 가능성의 실현
인 것이다.[57]

　　틸리히는 유기적 영역에서뿐만 아니라 무기적 영역에서도 각 존
재는 '중심(centre)'을 가지고 있다고 본다. 어떤 존재가 중심을 더욱 많이
가지고 있으면 있을수록 그 존재는 권력을 더 많이 나타낸다고 본다.

🄶 권력의 존재적 근거

　　틸리히는 권력과 강제력의 관계를 다음과 같이 존재적인 입장에
서 밝히고 있다.

　　현실적 권력에는 강제적인 요소가 있다. 그러나 이것은 하나의 요
소에 불과하다. 만일 권력이 이 요소로 감축되어서 정의의 형식과 사
랑의 본질을 상실하면 강제적 요소는 자기 자신과 그것에 근거를 둔
정치를 파괴한다. 권력의 존재론적 뿌리의 규명만이 권력과 강제력
사이의 관계가 가지고 있는 애매성을 극복할 수 있다.[58]

---

56)　같은 책.
57)　고범서, 『사회윤리학』, 306.
58)　Paul Tillich, *Love, Power and Justice*, 8.

만일 권력이 사랑의 원리에 따라서 규제를 받지 않는다면, 부정적이고 파괴적으로 작용할 수밖에 없다. 권력이 상대적이기는 하지만 사랑의 실현을 추구하지 않고 단순한 강압이나 강제성으로만 작용한다면 권력은 그것이 행사되는 대상을 파괴해 버리는 적나라한 폭력이 됨은 물론이요, 권력 자신까지 파괴해 버리고 만다. 또한 정의가 없는 권력 역시 무자비한 폭력으로 변해버릴 것이다. 따라서 강제력을 동반하는 권력은 그것을 적용하는 인간에게 있어서 그의 본질적 자아를 실현하도록 강제성을 가하는 한에서 허용될 수 있는 것이다.[59]

틸리히는 권력과 사랑 그리고 정의의 관계가 얼마나 긴밀하게 연결되어 있어야 하는지를 잘 보여주고 있다. 틸리히에 따르면 사랑과 정의는 권력이라는 존재론적 바탕 위에서 긴밀하게 연결되어 있다는 것이다.

틸리히는 권력의 존재론적 바탕을 제시하면서도 동시에 권력의 존재론적 개념과 이론적인 윤리 사이에 연결을 제공한다.[60] 존재는 현존하는 모든 것의 기준을 구성한다. 존재의 권력은 최고의 표준이며 존재는 그 자체로 참이고 규범이다.[61]

틸리히에 따르면 영적인 권력이 가장 위대하고 궁극적인 권력이다. 이러한 영적인 권력의 근거는 바로 하나님인 것이다. 틸리히에게 있어서 '하나님은 존재 자체'라는 주장의 의미는 신이 바로 '존재의 권력'이라는 것이다. 그런 점에서 존재의 궁극적인 근거는 바로 하나님이다. 하나님이 모든 존재의 근거임과 동시에 존재하게 하는 궁극적인 힘인 것이다.

---

59) 고범서, 『사회윤리학』, 299.

60) Kyle A. Pasewark, *A Theory of Power*, 236-237.

61) Paul Tillich, *The Socialist Decision*, 3, 13, 18, 같은 책, 238 재인용.

❸ 권력과 이성

존재의 권력이 현존을 낳는다. 세상은 이해될 수 있는 이성(logos)을 가질 수 있다. 그러나 그러한 이성은 권력에 의해서 조건 지어져야 한다. 존재론적이며 도구적인 현시에 있어서 이성은 권력 안에 포함된다. 객관적으로 권력의 행사는 합리적 구조를 갖는 존재를 산출한다. 주관적으로는 합리적 구조에 대한 지식은 권력을 통하여 생성된 목적에 주어진 존재에 의존한다.[62]

권력을 필요로 하는 이성의 내적인 목적은 권력에 있어서 더 충만한 참여이다. 모든 다른 존재들과 같이 이성은 그 자신의 성취를 추구한다. 이성은 자신을 성취하기 위하여 권력을 추구해야만 한다. 역설적으로 이성의 비판적 권력은 고양되게 된다.

성취된 권력은 효력의 의사소통이며, 그러나 그 자체 목적으로서의 지배의 산출은 효력의 의사소통이 없는 왜곡된 권력이 된다. 권력의 산출로부터 나오고 거기에 의존하는 이성은 권력의 왜곡을 비판할 권리와 의무를 갖는다. 왜냐하면 이성이 권력에 참여하기 때문에, 이성은 효력의 소통에서 권력의 성취를 추구하기 때문이다. 권력은 권력이기 때문에 타당하다. 권력은 단순히 타락의 불행한 결과로서보다는 창조의 한 면으로서 확고하게 위치 지어져 왔다.[63]

권력이 억압하거나 강제하는 도구로 사용된다면 권력의 왜곡된 사용의 결과로 볼 수 있다. 권력이 보다 긍정적이고 건설적인 기능으로 사용되기 위해서는 권력이 기반을 두는 존재론적인 근거가 확고해야 하

---

62) 같은 책, 260-261.
63) 같은 책, 270.

며, 이로부터 권력이 효력의 소통이 되는 긍정적인 기능이 드러나게 된다.

⑥ 소통으로서의 권력

새로운 권력에 대한 이해는 효력의 소통으로서 이루어지는 권력이다. 이것은 권력의 부정적 기능보다는 건설적이고 창조적인 권력의 기능에 기초해 있다. 효력의 소통으로서의 권력에 대한 근거는 바로 신의 존재론적인 본성에 근거를 둔다. 권력은 존재 자체이며 신은 이러한 권력을 발생시키는 본체인 것이다. 신은 창조물과 살아있는 소통을 할 때 사랑하게 된다.[64] 창조적인 사랑의 능력의 본체는 신이며, 신으로부터 모든 권력이 발생된다.

루터는 창조와 보존의 논의에서 권력(힘)의 두 측면을 이야기한다. 첫째는 하나님의 주권으로서 하나님의 주권적인 영역으로부터 나오는 권력이다. 둘째는 효력의 소통으로서의 권력이다. 이 두 가지 권력 중에서 신의 주권적인 측면이 더욱 본질적이며 우월한 것이다. 루터에게 있어서 권력의 개념은 목적론적이며 뚜렷한 방향성을 가지고 있다.

권력은 잠세태와 현실태를 가지고 있다. 형이상학에 있어서의 권력은 잠세태의 형태를 가지는 반면에, 정치에 있어서 권력은 잠세태와 현실태 모두를 포함하며 실제로는 잠재적인 저장소에서 나온 권력에 의해 실행되는 모든 것을 포함한다. 현대의 권력에 대한 이해는 권력의 현

---

64)   Kyle A. Pasewark, *A Theory of Power*, 197.

실태에 중점을 두는 사상과 권력의 잠세태에 중심을 두는 사상으로 구별된다.

달(Robert Dahl)은 권력을 다른 이의 행위에 대한 '통제'로 대체시킨다. 루케스(Steven Lukes)는 현실태의 범주 안에 달(Dahl)의 권력에 대한 전제에 동의하고 있다. 권력은 받는 자들에게 부과하는 행위자의 효력의 현실성인데, 받는 자들의 관심과는 정반대되는 것이라고 규정한다. 러셀은 권력을 "의도된 효력의 산출"로 정의한다. 이러한 현실성으로서의 권력에 대한 이해는 바로 강제요, 지배인 것이다.[65]

반면에 권력의 잠세태에 비중을 두는 학자로는 막스 베버와 탈콧 파슨스와 한나 아렌트와 메리 달리 등이 있다. 베버는 권력은 사회적 관계성 안에 있는 한 사람의 행위자가 저항에도 불구하고 그 자신의 의지를 실행할 수 있는 위치에 있게 되는 가능성이거나 또는 그 자신의 의지를 다른 사람의 행위에 부과하는 가능성이라고 규정한다. 파슨스(Talcott Parsons)는 권력의 핵심 의미는 사람의 능력에 대한 언급이거나 또는 효과적으로 이루어지게 될 집중성이라고 언급되는데, 특히 그 목적들이 인간적인 저항이나 반대와 같은 종류에 의해서 방해될 때라고 정의한다. 달리(Mary Daly)는 활동적인 가능성은 변화를 촉진시킬 능력이라고 규정한다.[66] 그러나 이러한 권력의 이해는 한편으로 치우친 이해로 보인다. 권력을 잠세태나 현실태로 다루는 것은 몇 가지의 문제점을 갖는다. 첫째로 권력은 "강력한" 것으로서 지시된 존재나 존재들의 집단에 포함된다는 것이다. 하나의 존재는 다소간 다른 이보다 권력을 많이 가지며 권력의 양의 비교는 독립적인 실재들의 권력을 비교하는 것이 된다는 것이다. 둘

---

65) 같은 책, 208.
66) 같은 책.

째로, 잠세태와 현실태의 범주는 정확하게 구별되지 않는다는 점이다.[67]

한나 아렌트(H. Arendt)는 잠세태와 현실태는 권력에 대한 보다 나은 이해의 구성을 통하여 극복되어야 함을 강조한다. 아렌트는 잠세태로서의 권력을 고려하고 있음에도 잠세태는 내적인 속성이 아니라 '나타남의 공간'의 잠세태라고 본다. 행위하고 말하는 사람들 사이의 잠재적 현상 공간인 공론 영역을 존재하게 하는 것이 권력이라고 보았다.[68] 그런 점에서 권력은 공적이고 외적인 영역을 위한 상태이지만 권력은 실제적일 수 없기에 지배와 동의어는 아닌 것이다.

권력에 있어서 잠세태와 현실태 모두를 고려할 때 진정한 권력의 이해에 접근하게 된다. 효력의 소통으로서의 권력의 개념은 존재 영역들의 다양성과 연결된다. 권력은 효력의 소통의 내적이고 외적인 경계선상에서 발생한다. 이러한 점에서 권력은 내적이고 외적인 면에서 모두 연결된다. 그렇다고 해서 존재들의 한 부분 즉 존재의 '내부' 또는 '외부' 어느 곳에 위치하고 있다고 말할 수는 없는 것이다. 권력은 내부와 외부 또는 그들의 경계에서 효력의 만남으로 발생하는 것이다.[69]

권력은 그저 단순하게 발생하는 것이 아니라 목적을 가지고 그 경

---

67) 같은 책, 209.

68) H. Arendt, 이진우, 태정호 공역,『인간의 조건』(서울: 한길사, 2000), 262. 아렌트는『폭력의 세기』에서 권력과 폭력을 구별 지음으로써 폭력에는 정당성이 없음을 밝히고 있다. "권력은 결코 정당화(justification)를 필요로 하지 않으면서, 정치 공동체의 현존 자체에 내재한다. 권력이 필요로 하는 것은 정당성(legitimacy)이다. 권력은 언제든지 사람들이 모이고 제휴하여 행동할 때 생겨나지만, 그 정당성은 나중에 뒤따라올 어떤 행동에서가 아니라 오히려 최초의 모임에서 유래한다. 정당성은 도전받을 경우, 과거에 대한 호소에 기초하지만, 반면에 정당화는 미래에 위치하는 목적과 관련이 있다. 폭력은 정당화될 수 있지만, 결코 정당성을 가질 수 없다. 폭력의 정당화는 그 의도했던 목적이 미래 속으로 더 멀어질수록 설득력을 상실한다. 아무도 정당방위에서의 폭력 행사를 문제 삼지 않는데, 왜냐하면 위험이 분명할 뿐만 아니라 눈앞에 있고, 그 수단을 정당화하는 목적이 가까이 있기 때문이다." H. Arendt, 김정한 역,『폭력의 세기』(서울: 이후, 1999), 84-85.

69) 같은 책, 213.

계에서 효력의 소통으로서 발생되는 것이다. 이러한 효력의 소통으로서의 권력에 대한 이해는 루터의 성만찬 신학에 기초하고 있다.[70] 효력의 소통으로서의 권력은 정치영역으로 발전한다. 권력에 있어서 정치적 힘은 효과적인 소통에 있어서 이상적인 효력의 소통으로 정의될 수 있다.

　　루터에게서 제시되는 권력은 '선물'로서 그 성격이 드러난다. 이러한 이해는 권력의 수용자에 대한 효과적인 소통을 포함한다. 권력은 상호소통인 것이다. 이러한 효력의 소통이 없는 주권적인 권력은 왜곡된 권력이며 자신을 위한 지배의 실현으로 전락하게 된다. 또한 경계로서의 권력의 위치는 권력이 경계에서 만나는 실재들에 의해서 소유되는 것이 아님을 함축한다.

　　권력은 내적이지도 외적이지도 않으므로 소유될 수가 없다. 경계에서 파생되는 권력은 소유 불가능한 것이고 저장될 수가 없는 것이다. 아렌트가 제시하듯이, 권력은 단지 발생하고 사라지며 다시 발생하기 위해 다른 실례를 기다리게 되는 것이다. 이러한 권력은 더 폭넓고 강렬한 효력의 소통을 증가시킬 수 있다.

---

70)　루터는 성만찬에서 그리스도가 어떻게 떡과 즙에 임하는가를 고찰하면서 부활 승천하신 예수 그리스도가 우주 안에 내재하고 있다고 본다. 그리스도의 신비적인 몸(mystical body)이 우주 안에 편재하고 있다가 떡과 즙을 봉헌하면 봉헌되는 순간 떡과 즙 속에 떡과 즙이 된다. 그러나 떡과 즙은 그대로 떡과 즙이다. 그러나 성찬을 받는 자가 떡과 즙을 먹으면 예수 그리스도와 공존한다. 그리스도의 몸이 떡과 포도주 속에, 함께, 아래, 주위에 그리고 위에 임재한다. 루터는 봉헌된 떡과 즙을 중요시하였지만 성찬을 받을 때에 떡과 즙을 통한 성찬의 권력이 그 효력으로서 발생하게 된다는 것이다. Justo L, Gonzalez, 서영일, 『종교개혁사』(서울: 은성, 1989. 59-64. 이형기, 『종교개혁신학사상』(서울: 장로회신학대학출판부, 1988), 111-116.

　　권력은 지배의 구조로 나타날 때 왜곡되고 부정적인 기능을 할 수밖에 없지만 효력의 소통으로서 나타날 때 권력은 건설적인 기능을 수행할 수 있게 된다. 권력은 본질적으로 존재적인 요소를 갖고 있으며 존재하는 모든 곳에 권력이 함께 존재한다. 이것이 바로 권력이 갖는 편재성이다. 이러한 존재론의 근거는 바로 하나님의 전능함과 밀접한 연관성을 갖는다. 이러한 근거가 주어질 때에 권력들 사이의 투쟁은 창조적인 정의나 '영적인 힘'과 밀접한 연관성을 갖는 사랑으로 극복하게 된다.

　　따라서 효력의 소통으로서의 권력에 대한 정의는 권력을 지배와 동일시하는 것을 극복할 뿐 아니라 권력에 대한 편중된 이해도 극복하게 된다. 거센 저항에도 불구하고 자신의 의지를 관철하려는 의지로 권력을 이해하게 될 때 권력의 통제에 보다 깊은 관심을 두게 된다. 절대적으로 부패할 수밖에 없는 권력을 제어하기 위해 권력의 견제와 균형에 더 큰 관심을 두게 되는데, 이러한 이해는 온전한 권력에 대한 이해의 걸림돌이 된다. 왜냐하면 이러한 이해는 권력을 위한 이해라기보다는 권력을 통제하고 반대하기 위한 이해가 전제되기 때문이다. 따라서 이러한 권력에 대한 이해는 바람직한 목적에 부합하지 않을뿐더러 권력의 건설적이고 창조적인 역할과도 상반된다.

　　따라서 권력에 대한 온전한 이해는 효력의 소통으로서 발생되는 권력에 대한 존재론적 이해이다. 권력은 흩어진 존재들이 만나서 자연스럽게 형성되는 것이며, 이러한 만남의 경계에서 권력이 생성된다. 이러한 권력의 이해가 바로 효력의 소통으로서의 권력이다. 이로 볼 때 효력의 소통으로서의 권력에 대한 이해는 권력의 왜곡된 사용과 지배적인 한계들을 극복하는 대안으로 제시되기에 충분하다고 판단된다. 이러한 효력의 소통은 권력의 편재성에서 그 근거를 찾을 수 있으며, 권력이 본래적으로 갖고 있는 근원적인 목적과도 부합하게 기능할 수 있다.

3장

의사소통의 합리성

① 들어가는 말

현대사회는 의사소통의 합리성을 매우 중요시한다. 대화 당사자 사이에 합리성이 전제될 수 없다면 어떤 형식의 대화이든지간에 오래 지속될 수 없을뿐더러, 대화를 통해 상호 이해에 이르거나 상호 간의 협의를 이끌어 낼 수도 없기 때문이다. 의사소통의 합리성은 하버마스가 체계화하여 발전시킨 매우 중요한 개념이다.

하버마스는 철학을 더 이상 철학으로서 파악하는 것이 아니라 비판으로서 이해하면서 철학과 비판을 동일시한다.[71] 그는 철학을 과학적

---

71) 하바마스에게 있어서 비판이란 반성적 조정에서 경험을 의식하게 하는 것이며, 그러한 경험을 의사소통에 있는 언어에서 찾게 하는 능력이라 할 수 있다. 비판을 사유 전체의 중심점으로 삼고자 하는 것은 비판을 요구하는 철학적 반성 때문이다. 이때의 반성은 예술적 차원에서의 이해나 이해시킴의 반성이 아니고, 행위적 의사소통을 가능케 하는 확신과 설득으로서의 반성을 의미한다. 백승균,

이론이 아니라 비판적 이론(kritische Theorie)으로서 정립하면서, 삶의 실천문제와 관련된 이론적 탐구의 모델을 희랍철학의 Theoria와 호르크하이머의 비판이론에서 찾는다.[72] 철학이 비판이 될 때, 지금까지의 철학이 전문적으로 해오던 분야들보다 훨씬 더 광범위한 역할과 과업이 주어지게 된다고 생각하였다.

하버마스가 염두에 두었던 철학은 바로 과학들과 대화하면서 폭넓게 영향을 미치는 철학적 사유를 말하며, 실천적 의도를 가진 과학의 이론이었다. 이러한 실천적인 과학이론은 언어와 밀접한 연관성을 가지면서 제시되었는데, 하버마스는 언어에 대하여 보편 화용론과 형식 화용론을 분석하면서 의사소통적 합리성을 제시하였다. 그는 인간이성의 기능을 합리성의 차원에서 긍정적으로 평가하면서, 주체로서 대상을 객체로 평가하고 판단하는 것이 아니라 상대를 또 하나의 주체로서 인식함으로써 패러다임의 전환을 시도하였다. 이러한 패러다임의 전환을 통하여 인식된 상호 간의 간주관성 속에서 상호이해를 지향하는 의사소통적 합리성이 이루어진다. 이러한 상호이해적 관계로 맺어지는 의사소통에는 권력이 작용하게 된다. 의사소통의 합리성에서 적용되는 권력은 기존의 권력에 대한 이해보다는 상호이해를 기반으로 한다는 점에서 좀 더 건설적이라고 평가될 수 있다.

하버마스에 따르면 두 가지 종류의 사회적 행위가 있다. 첫째는 성공 지향적 사회행위이며, 둘째는 이해 지향적 사회행위이다. 성공 지향적 사회행위는 크게 도구적 행위와 전략적 행위로 나눌 수 있다. 성공 지향적 행위는 대상이 무엇이든지 간에 그것을 도구화하여 조종, 지배하려

"하버마스의 담론이론과 진리이념", 이진우 편, 『하버마스의 비판적 사회이론』, 문예출판사, 93.

72)　이삼열, "하버마스에서 본 철학의 자기상" 장춘익 외, 『하버마스의 사상』, 153.

는 관심 때문에 대상을 물상화, 비인격화하는 경향을 피할 수 없다. 반면 이해 지향적 행위는 강압적인 제약이나 지배없이, 개방성과 자유가 보장된 인격을 지닌 주체들 간의 의사소통 행위를 의미한다.

이 장에서는 하버마스의 비판철학이 기반으로 하는 언어분석을 토대로 의사소통행위이론을 고찰하고자 한다. 그리고 의사소통행위이론을 통해 드러나는 하버마스의 권력에 대한 이해를 고찰하면서 그 한계점을 분석하고 한나 아렌트의 권력론이론과 연관시켜 고찰하고자 한다.

② 하버마스의 비판철학

"철학이 존재에 묶여 있는 한, 스스로 객관주의에 빠지고 만다. 철학은 비판이 될 때에라야 비로소 과학과 자신의 객관주의를 벗어날 수 있다."[73]

하버마스는 학문의 논리적 방법적 규칙과 인식관심 사이에 연관성을 찾을 수 있는 세 가지 과학을 설명한다. 기술적 관심에 의해 유도되는 경험적 · 분석적 과학, 실천적 관심에 의해 인도되는 역사적 · 해석학적 과학, 그리고 해방적 관심에 의해 정립되는 비판적 과학이다.[74] 하버마스의 인식관심은 특정한 계급이나 계층의 차원에 머무르지 않고 인류

---

73)   J. Habermas, "Erkenntnis und Interesse." *Technic und Wissenschaft und Ideologie.* 1968, 159, Ibid, 160 재인용.

74)   윤평중, 『푸코와 하버마스를 넘어서』, 교보문고, 1990, 97.

76   기독교 윤리로 보는 현대사회

라는 종의 보편적인 관심으로 이해되고 있다.

경험적 분석적 과학은 기술적으로 이용가능한 지식의 생산을 목표로 하며, 객관화된 과정에 대한 기술적 제어라는 관점에서 대상을 파악하는 경향이 있다. 또한 관찰과 실험을 통한 가설의 증명을 중시하고, 사상(事象)을 설명할 수 있는 법칙들의 계량적 정확성을 목표로 삼는다. 이러한 경험적 분석적 과학은 대상의 기술적 제어라는 인식관심에 의해 지배되고 있다는 것이다. 기술적 관심과 경험적 분석적 과학 자체는 그 고유의 영역 안에서는 완전한 정당성을 주장할 수 있으나, 실증주의의 오류는 이것을 모든 종류의 지식에 적합하다고 주장하는데 있다. 고전적 논리실증주의의 예에서 보듯이, 이러한 태도는 잘못된 과학주의와 통일 과학에의 요구를 낳게 된다.

역사적 해석학적 과학에서는 학문이 타당성의 의미를 기술적으로 처리하는 관계 체계에서 수행되지 않는다. 형식화된 언어와 경험 차원도 아직 분리되어 있지 않다. 왜냐하면 이 학문 영역에서의 이론이란 연역적으로 형성되지 않기 때문이며, 조작의 결과에 따라서 경험들이 조직되지도 않기 때문이다. 기술적 관심과 합목적적 행위가 주도하는 경험적 분석적 과학에서는 도구적 합리성이 중시되는데 비해, 실천적 관심에 의해 이끌려지는 역사적 해석학적 과학에서는 자유로운 의사소통과 상호이해가 중시되므로 두 과학의 기본경향은 아주 상이한 모습을 드러낸다.

자연과학과 기술은 부정적이고 파괴적인 정치 사회적 목적을 위해서 쓰일 수 있다. 마찬가지로 역사적 · 해석학적 과학도 오용되면 의사소통의 왜곡과 잘못된 권력을 합리화시키는데 사용될 수 있다. 특정한 삶의 구조에 깊이 뿌리박고 있는 역사적 · 해석학적 과학은 열려진 의사소통과 개방된 주관성을 유지하려는 실천적 관심을 지닌다. 하버마스는 비판적 과학에서 체현되는 해방적 관심이 기술적 관심과 실천적 관심의 한계를 극복할 수 있음을 주장한다.

> "자기 성찰에 있어서 지식 자체를 위한 지식이 비로소 자율과 책임의 관심과 일치하게 된다. 자기 성찰의 추구는 곧 해방의 역동성이다. 이성은 이성의 관심에 충실하며, 판명한 자기 성찰의 추구라는 해방적 인식관심에 복종한다."[75]

하버마스는 기술적 관심과 실천적 관심이 억압과 왜곡으로부터 해방을 추구하는 해방적 관심에 의해 이끌어져야 한다고 본다. 이러한 하버마스의 시도는 의사소통행위에 관한 이론에서 더욱 구체화된다. 해방적 관심의 변증법적 기능을 되살리기 위해서 의사소통의 합리성이나 생활세계 등의 개념들을 가지고 분석한다.

하버마스는 의사소통의 합리성을 제시함으로써, 인간의 의사소통 능력 일반을 규정짓고 있는 보편적 조건들을 해명하려 하였다. 그리하여 철학적 해석학의 편협한 자기 이해를 극복함과 동시에 비판이론을 현대에 알맞게 재구성하고 그 규범적 근거를 든든하게 정립하려 하였다.

---

75) J. Habermas, *Knowledge and Humen Interests*, 197, 윤평중, 『푸코와 하버마스를 넘어서』, 100 재인용.

③ 하버마스의 의사소통행위이론

하버마스의 의사소통행위이론은 화자와 청자 사이에서 이해를 그 목표로 한다. 의사소통에 내재하는 상호비판의 구조에 의존해서 과거의 형이상학적 독단이나 자의적 주관성에서 벗어나 비판적 사회이론의 보편적 근거를 찾을 수 있다고 본다. 이러한 보편적 근거는 바로 합리성에 있다.[76] 하나의 행위가 실현하고자 하는 목적을 실제로 달성하면 합리적인 행위가 되며, 이러한 행위가 바로 합목적적 행위이다. 이때 그 행위와 연관되는 대상이 객체, 즉 자연이나 사물일 경우 그 행위는 '도구적 행위'가 되며, 그 대상이 인간일 경우에는 '전략적 행위'가 된다.

그러나 인간의 행위에는 이처럼 성취를 지향하는 수단적 내지 전략적 행위 뿐 아니라 순수하게 이해를 지향하는 행위들도 있다. 자신의 목적을 성취하려고 대상을 이용하려는 수단이나 전략적인 의도가 배제된 순수한 상호관계를 지향하는 행위들도 있다. 전략적 행위나 합목적적 행위는 다른 행위자 또는 대상에 대해서 목적의 성취를 지향한다면, 주관과 주관 사이의 상호이해를 지향하는 행위는 의사소통행위 혹은 상호이해 지향적 행위라고 볼 수 있다. 의사소통능력을 소지한 행위자들은 상호 간에 제기된 비판에 열려 있는 타당성을 주장하는데, 이들은 이러한 타당성을 기초로 합의에 이르게 되며 그 합의는 행위자들에게 '합리적 동기'를 부여하고 또한 강제 없는 구속력을 갖게 된다.

---

76) 합리성은 자연을 객관화하여 설명하는 능력, 인간의 자기보존을 위한 체계적 기획에 따라 자연을 변형하고 지배할 수 있는 능력을 의미한다. 한자경, "하버마스의 의사소통적 합리성", 이진우 편, 『하버마스의 비판적 사회이론』, 56.

■ 하버마스의 보편 화용론

하버마스는 언어에 주목하는데, 언어에서의 의미 자체보다는 언어가 발화되었을 때의 의미가 강조된다. 하버마스는 주관주의적 의식철학으로부터 벗어나서 일상언어에 의거한 의사소통행위를 가능케 하는 규범이나 규칙이 언어 속에 이미 내재하고 있음을 밝힌다. 상호이해를 지향하는 한에서 그 행위 속에 내재한 보편적, 언어적 속성들을 분석한다. 더 이상 비판이 불가능하게 된 사회이론에 언어적 의사소통에 의한 규범적 기초를 제공함으로써 비판적 사회이론을 재정립하고자 했던 것이다.[77]

하버마스의 보편 화용론은 가능한 모든 대화상황에 나타나는 일반적 구조를 체계적으로 재구성하려 한다. 있을 수 있는 모든 의사소통의 조건을 합리적으로 재구성함으로써, 성공적인 대화 상황에 필연적으로 전제되는 요소들을 밝히고, 말이 갖는 보편적 효력의 근거를 해명하려 한다. 이러한 해명을 위해서 하버마스는 오스틴(J. Austin)과 설(J. Searle)의 언어행위이론을 기반으로 한다.

"언어적 의사소통의 단위는 일반적으로 생각되는 것처럼 상징이나 단어 또는 문장이 아니다. 나아가 상징 · 단어 · 문장의 사례도 언어적 의사소통의 단위가 될 수 없다. 언어 행위를 수행하는데 있어서의 상징 · 단어 · 문장의 생산 또는 발화야말로 언어적 의사소통의 단위이다."[78]

---

77) 김창호, "하버마스의 체계와 생활세계" 장춘익 외, 『하버마스의 사상』, 180.
78) John Searle, *Speech Acts*, 윤평중, 『푸코와 하버마스를 넘어서』, 109 재인용.

언어행위이론은 언명의 실행적 측면에 주목한다. 오스틴은 말의 수행행위를 다음의 세 가지로 분석한다. ① 발화 행위(locutionary act)-무엇을 의미론적으로 의미있게 말하는 행위, ② 발화수반 행위(illocutionary act)-약속이나 서술과 같이 무엇인가를 말하는데 수행되는 행위, ③ 발화효과 행위(perlocutionary act)-누군가를 설득하거나 남이 어떤 것을 믿게끔 하는 무엇인가를 말하는 수단으로써 수행되는 행위이다.[79]

설에 따르면, 말함으로써 무엇인가를 하게 되는 측면이 바로 언어행위의 발화 수반력(illocutionary force)이다. 발화 수반력은 말하는 사람과 듣는 사람 사이에서 말하는 사람이 의도한 상호적인 인간관계를 성립시키는 능력이다. 즉 말하는 사람은 듣는 사람이 받아들이거나 거부할 수 있는 일종의 제안을 하는 것이다. 가령 "이 방은 덥다"라고 말할 때, 상대방이 나의 말을 이해하고 구체적인 행동을 옮길 수도 있지만, 개의치 않을 수도 있다.

오스틴과 설은 언어 행위의 성공과 실패는 발화 수반력에 달려 있다고 보았다. 하버마스는 "듣는 사람이 발화된 문장의 뜻을 이해할 뿐만 아니라 동시에 말하는 사람이 의도한 상호 관계 속에 진입하는" 상황을 언어행위가 성공하는 것으로 보았다. 설에 의하면, 제도적으로 제한되어 있지 않은 언어행위가 수용되는데 있어서, 네 가지 조건들을 규정하는데, 명제내용, 예비적 규칙, 본질적 규칙, 진지성의 규칙이다.[80]

의사소통행위에 참여하는 사람들은 제기된 효력주장을 검증하면서 상호이해와 합의라는 목표를 지향한다. 효력주장의 검증은 의사소통적 합리성의 핵심인데, 착취와 지배가 없는 해방된 삶의 정형이 우리들

---

79) Rick Roderick, 김문조 역,『하버마스의 사회사상』, 118.
80) 윤평중,『푸코와 하버마스를 넘어서』, 110-111.

의 의사소통 행위 안에 구조적으로 내재한다는 것이다. 의사소통행위에서는 참가자 누구나 스스로의 행위로써 보편적인 효력주장을 제기하고 그것이 자유롭고 공정하게 검증될 수 있다는 것을 암묵리에 전제한다. 이 전제 없이는 의사소통이 성립되지 않는다. 하버마스가 제시하는 네 가지 유형의 타당성 주장은 이해가능성, 진리성, 성실성, 정당성이다.

첫째, 이해가능성은 화자가 발언한 것이 이해가능한가라는 요구인데, 나머지 세 가지 타당성 요구의 기본전제라고 볼 수 있다. 둘째, 진리성은 그 발언을 구성하는 명제들의 내용이 참인가라는 진술의 진리성이다. 셋째, 성실성은 화자의 주관적 표현이 진실한가라는 표현의 진실성을 요구한다. 넷째, 정당성은 화자의 규범적 발언이 승인된 규범적 맥락 속에서 정당한가라는 언어행위의 정당성(적합성)의 요구이다. 이 네 가지 효력주장에 대하여 자유로운 상호 검증과 조사가 가능할 때에만, 의사소통행위는 성공적으로 이루어질 수 있을 것이며 모든 억압과 왜곡으로부터 자유롭게 의사소통이 진행될 수 있을 것이다.

대화에서 중요한 것은 일방적인 이해가 아니라 대화 당사자 사이의 상호이해이며, 이는 구체적인 대화행위를 통해서 실현가능하다. 실제 대화 상황에서 두 가지 차원에서 상호작용이 이루어지는데, 첫째는 말하는 내용의 교환이며, 둘째는 대화를 통해 이루어지는 대화 당사자들 간의 관계와 관련된 것이다.[81]

이런 점에서 볼 때, 의사소통행위의 합리성이란 상호작용의 구조 안에 무의식적으로 짜여 들어간 역학관계를 제거하는 것을 의미한다. 그러한 역학관계는 사람들 사이의 의사소통을 이용하여 충돌을 의도적으

---

81)   김선욱, 『정치와 진리』(서울: 책세상, 2001), 89.

로 해소시키는 것을 방해하며, 논쟁을 합의 하에 조정시키는 것을 막기 때문이다. 여기서 합리적인 이성을 가진 대화자 서로 간에 문제된 효력 주장들이 다만 가상적으로만 검증되고 있는 구조적으로 왜곡된 의사소통의 상황을 극복하는 것을 뜻한다.[82]

② 하버마스의 이상적 담화상황

하버마스는 이해 지향적 행위 곧 의사소통 행위가 이루어지기 위해서는 이상적 담화상황이 전제되어야 함을 강조한다. 즉 의사소통을 통해 진정한 합의에 도달하기 위해서는 이상적 담화 상황 속에서만 이루어질 수 있다는 것이다.

하버마스는 대화 당사자들이 자유롭게 문제된 효력주장을 서로 검증하며, 상호 간의 합의에 도달하려 노력하는 이상적 담화상황을 가정한다. 이상적 담화상황이란 모든 대화자들은 자유롭게 증거와 논증들을 검토하며, 모든 대화자들에게 공평한 토론과 참여의 기회가 보장되는 상황이다. 이성적 인간은 이성적인 토론을 추구하고자 하는 경향이 있으며 이것은 담화의 보편적 성격인 것이다.

"나와 너, 나와 그들 사이의 균형관계가 순수한 상호주관성을 가져온다. 대화가 무제한적으로 교환되기 위해서는 어느 발화자들에게도 특권이 주어지면 안 된다. 의사소통행위의 모든 참가자들에게 모든 정보와 지침 · 주장 · 규약들이 공평하게 배분될 때 순수한 상호 주관성이 성

---

82) Habermas, "Historical Materialism and the Development of Normative Structures", in *Communication and the Evolution of Society*, 119-120, 윤평중,『푸코와 하버마스를 넘어서』, 123 재인용.

1부. 기독교 현실주의와 권력 **83**

립된다. 이러한 균형관계가 존재하는 한, 의사소통 자체의 구조로부터 파생되는 문제점이 의사소통을 굴절시키지는 못할 것이다."[83]

　　이상적 담화상황은 언어 상황의 조건들 속에서 도달할 수 있는 모든 합의가 그 자체로 진정한 합의가 될 수 있는 상황이다.[84] 이것은 담론에 참여한 사람들이 의사소통의 방해, 강제, 지배에서 완전히 자유로운 상태이며, 체계적으로 왜곡된 구조로부터 완전하게 해방된 상태이며, 담론에 참여한 모든 사람들이 균등한 기회를 가지는 상태를 의미한다.

　　기회균등은 이상적 담화상황을 보증하기 위하여 결정적으로 다음 세 가지의 중요한 내용을 갖는다. 첫째, 담론에 참가하는 모든 사람이 언제든지 원할 때, 대화의 개시, 질문, 답변, 주장을 통해 대화를 지속할 수 있는 동등한 기회를 갖는 것을 의미한다. 둘째, 모든 참가자가 해석, 주장, 추천, 설명, 정당화할 수 있는 기회를 갖는다. 셋째, 모든 참가자들이 그들의 태도, 감정이나 의도를 표현하는데 동등한 기회를 갖는다. 그렇게 할 때 행동의 규범이나 평가의 규범이 일방적으로 적용되었을 때 초래되는 특권을 미리 배제할 수 있기 때문이다.

　　이러한 이상적 담화상황이 전제될 때 진정한 의사소통의 합리성이 이루어질 수 있다. 그러나 이러한 이상적 담화상황은 이 말이 함축하고 있듯이 하나의 이념이며 이상이다. 이상적 담화상황이 현실적으로 온전히 충족되는 것은 불가능하다. 그럼에도 이상적 담화상황은 담화에 참여하는 당사자들에게 상호 전제되는 피할 수 없는 기대이며 가정이다.

---

83)　Habermas, "Toward a theory of communicative competence," *Inquiry* 13(1970), 371. 윤평중, 『푸코와 하버마스를 넘어서』, 115 재인용.

84)　이상화, "대화에 대한 실천철학적 고찰 : 하버마스의 의사소통능력이론을 중심으로," 크리스찬 아카데미, 『대화의 철학』(서울: 서광사, 1992), 314.

또한 이러한 이상은 구조적으로 왜곡되어 있는 의사소통을 비판하는 근거를 제공한다는 점에서 의미가 있다. 따라서 이상적 담화상황은 단순한 경험적 현상의 차원에 머물러 있거나 우리의 상상의 소산만은 아니다. 실제적인 상호주관성이 비록 왜곡되어 있더라도, 모든 언어는 궁극적으로 진리를 지향하기 때문에 이상적 담화상황의 표준은 가능한 모든 언어 구조에 필연적으로 내재해 있다. 이러한 점에서 하버마스의 의사소통행위이론에서 제시되는 이상적 담화상황은 그 이상적 성격에도 불구하고 비판의 규범적 척도를 마련하려는 교정적 기능의 측면에서 보장된다.

하버마스는 이상적 담화상황을 전제하고 그 상황을 최대한 확보하면서 담론을 나누게 될 때 타당성을 입증하기 위한 네 가지의 담론원칙을 제시하는데, 이는 담론의 기초원칙이라 볼 수 있다. 첫째, 이해가능성의 주장: 발언된 것이 언어학적, 문법적으로 이해가능한가? 둘째, 진술의 참됨의 주장: 그 발언을 구성하는 명제가 갖는 내용이 참인가? 거짓인가? 셋째, 표명의 진실성의 주장: 그 의도의 명시적 표현이 진실성이 있는가? 넷째, 언어 행위의 정당성의 요구: 그 언어 행위 혹은 발언이 승인된 규범적 맥락과의 관계에서 정당한가? 혹은 적합한가?

이로 볼 때 하버마스의 담론윤리는 이상적 의사소통행위를 통해 체계적으로 왜곡이 없고 속임이 없는 진실한 인간 공동체 형성에 기여하고자 하는 강한 도덕적 의도가 깔려 있음을 알 수 있다. 한 걸음 더 나아가 그의 의사소통이론은 삶의 각 영역에서 자유와 정의를 증진시키고자 하는 의도로 기획되었다고 볼 수 있다. 따라서 하버마스의 의사소통이론은 인간 상호 간의 이해와 소통을 증진시킴과 더불어 사회통합과 연대를 촉진시키는 귀중한 역할을 하게 된다.

❸ 하버마스의 생활세계

　　의사소통의 참여자들에게 있어서 행위상황은 생활세계에서 이루어진다. 참여자들이 의사소통하면서 속해 있는 생활세계는 항상 현전(現前)해 있는 것이지만, 어디까지나 현실적인 장면의 배경을 형성하는 식으로만 현전한다. 그렇기 때문에 '한 상황의 지평 속으로 들어오는 생활세계의 제한된 단면들만이 상호이해를 지향하는 행위의 주제가 될 수 있는 맥락을 구성' 할 따름이다.[85]

　　하버마스는 생활세계가 의사소통행위의 보충개념으로 도입된다면 현상학적으로 기술된 생활세계의 근본 특징은 아무런 어려움 없이 설명될 수 있다고 본다. 생활세계는 화자와 청자가 만나는 그들이 자신들의 발화가 세계에 합당한 것을 주장할 수 있는, 그리고 그들이 그러한 타당성의 주장들을 비판 · 확증하여 불일치를 해결함으로써 일치를 이룰 수 있는 선험적 장소이다. 하버마스에게 있어서 생활세계는 한 상황 안에서 말해지고 논의되고 공언된 것의 간접적 맥락으로 직관적으로 현전해 있으며, 하나의 실제적인 발화가 의미 있는 것이 되기 위한, 즉 타당한 것 혹은 타당하지 않은 것이 되기 위한 전제들의 그물망으로 파악된다. 그러나 이것은 단순히 체험적 주체의 환경으로만 존재하는 것이 아니라 언어적 상호이해의 상호주관성 속에 구축되는 것이다. 여기에서 '참여자의 관점'을 취한다는 점이 하버마스의 생활세계에서의 주요한 특징이다. 의사소통행위가 단지 이해에 이르는 과정이 아니라, 어떤 이해에 도달하기 위해 행위자는 그들 자신의 정체성을 발전, 확신, 갱신하는 상호작용에

---

85)　J. Habermas, *The Theory of Communicative Action*, vol Ⅱ. (Beacon Press, 1984) 124, 김창호, "하버마스의 체계와 생활세계", 186 재인용.

참여한다는 것이다. 상호작용의 참여자들이 상호이해의 달성을 통해 그들이 의지하는 '문화적 지식'을 재생산할 뿐만 아니라, 동시에 그들의 집단에서 소속감과 그들의 정체성을 재생산하는 것이다. 하버마스의 이러한 생활세계는 의사소통이론과 함께 공론영역의 장으로서 제시된다.

④ 의사소통의 합리성과 권력

■ 하버마스의 의사소통적 권력이해

권력은 의사소통의 차원에서 볼 때 보다 합리적인 이해와 합의가 가능하다. 행위자가 어떤 형식적 세계에 관계하느냐 하는 기준에 따라 목적론적 행위, 규범적 행위 그리고 연출적 행위 등이 있다.[86] 그리고 행위지향의 측면에서는 성공 지향적인 행위와 상호 이해 지향적인 행위가 있다. 성공 지향적인 행위는 도구적 행위와 전략적 행위가 있고, 상호 이해 지향적인 행위는 의사소통행위이다.

의사소통행위의 "형식적 화용론"은 상호 이해 지향적 행위의 전제들로부터 사회비판적인 시각의 척도를 확보해 주고, 이와 관련된 것으로서 의사소통적 합리성의 개념을 제공해 준다. 하버마스는 자신들의 이익에 충실한 다양한 '사회적 권력들'이 개방적이고 자유로운 공론영역

---

86)　Jurgen Habermas, 서규환 외 공역, 『소통행위이론 I 』(서울: 의암출판, 1995), 375.

을 통해 '의사소통적 권력'으로 매개되어 법제화됨으로써 '행정적 권력'이 정당화될 수 있다고 본다. 즉 토의정치의 절차가 민주적 과정의 핵심을 이루며 민주적 절차에 따라 의사소통적 권력으로 형성되는 공론이 '행정적 권력'의 사용을 일정한 방향으로 조정하면서 체계의 영역을 제한하고 생활세계의 영향력을 확산시켜 나간다. 이러한 영향력은 법치국가적으로 제도화된 의사형성과 문화적으로 동원된 시민사회의 연대에 기초를 갖는 공론영역간의 상호작용에서 생겨난다. 하버마스에 따르면 실제로 시민사회에 기초한 공론장과 법치국가의 원리에 따라 제도화된 의회에서의 의견형성과 의지형성 사이의 상호작용은 바람직한 출발점을 제공한다고 보았다.[87]

의사소통적 주권개념은 이러한 민주적 절차에 기초한다. 절차적 민주주의이론과 토의적 법치국가론에서 중요시되는 것은 자연법적 기본권의 확대이며 이는 생활세계의 차원에서 중요한 의미를 갖는다.[88] 하버마스는 공중의 정치적 영향력은 민주적 의사형성과 의견형성의 제도화된 절차라는 필터를 통과할 때 비로소 의사소통적 권력으로 전환되고, 정당한 법제정에 동참할 수 있다고 보았다.[89]

하버마스는 법과 정치권력 사이에는 '내면적 상관관계'가 있음을 주목한다. 하버마스는 법에 규범적 의미를 부여하는 것은 '형식'이나 도덕적 '내용'이 아니라 정당성을 산출하는 입법절차라고 주장한다.[90] 우리가 정당하게 입법화된 법을 자발적으로 따를 때에만 정치권력은 정당화

87)   Jurgen Habermas, 한상진·박영도 공역, 『사실성과 타당성』(파주: 나남, 2007), 492.
88)   김재현, "하버마스 사상의 형성과 발전", 52.
89)   Jurgen Habermas, 『사실성과 타당성』, 493.
90)   같은 책, 194.

될 수 있는 것이다. 즉 담론적 의사형성과정에서 모든 구성원들에 의해 합리적으로 수용될 수 있는 법만이 정당한 것으로 인정된다. 따라서 법과 정치권력의 내면적 상관관계는 양자에 정당성을 부여하는 민주주의적 절차에서 기인하는 것이다. 민주주의적 절차를 통해 제정된 법은 정치권력을 전제하고, 정치권력은 다시금 민주주의적 절차를 제도화하는 것이다.[91]

시민사회에서 정치적 공론영역을 확대하는 것이 도덕적 요구를 법과 정치로 확산시키는 중요한 방법이고 이것의 규범적 기초가 '의사소통적 합리성'이며 이러한 이성의 실현을 통해 인간해방의 실현이 어느 정도 가능하다.[92] 하버마스에 의하면, 활력있는 시민사회는 '이미 합리화된 생활세계'에서 발전하며 자유로운 공론영역 안에서 행위자들은 실제적 정치권력이 아닌 영향력만을 획득할 수 있으며, 이 정치적 영향력은 민주적 의사형성의 제도화된 '절차'의 여과장치를 통하여 '의사소통적 권력'으로 바뀌고, 법제화를 통해 '행정적 권력'이 될 때 비로소 일반화된 공론에 의해 일반적 이익의 관점에서 검토된 정치적 결정을 정당화하는 공적 확신이 생겨난다. 정치행위가 활용할 수 있는 법과 행정적 권력은 기능적으로 분화된 사회 안에서 제한된 영향력을 지닌다.[93]

하버마스는 전략적 행위에는 '사회적 권력' 개념을 부여하고, 의

---

91) 이진우, "급진민주주의의 규범적 토대", 199-200.

92) 공론영역은 대중 매체 독점체들과 사회적 권력집단들에 의한 의식적 조작과 무의식적 이데올로기에 의해 전면적으로 장악되거나 조종되지 않는다. 이러한 권력 조작적, 이데올로기적 통제에 맞서 의사소통주조에 내재된 '의사소통적 이성'의 저항력을 토대로 시민사회의 공중과 정치조직들이 기존의 공론영역을 정치적으로 활성화시킨다면 대중 매체에 내재된 의사소통적 이성의 해방적 가능성을 어느 정도 실현시킬 수 있다. 김재현, "하버마스의 공론영역의 양면성", 이진우 편, 『하버마스의 비판적 사회이론』, 138.

93) 김재현, "하버마스의 공론영역의 양면성", 143.

사소통적 행위에는 '의사소통적 권력' 개념을 각각 부여하면서, 의사소통적 권력이 행정적 권력에 선행해야 한다고 주장한다. 이와 같은 의사소통적 권력은 왜곡되지 않은 공론영역에서만 형성될 수 있으며, 훼손되지 않은 상호주관성의 구조로부터만 산출될 수 있다. 하버마스는 이러한 의사소통적 권력만을 진정한 정치권력으로 인정한 점에서 그의 담론이론은 급진적 민주주의의 성격을 띤다.

그러나 하버마스의 권력이해는 몇 가지 한계점을 지닌다. 하버마스의 권력이해는 의사소통의 합리성에 기반을 두고 모두가 합의할 수 있는 가능성을 열어두고 있음에도, 민주적 절차를 통하여 정당성을 확보한 정치권력으로 권력을 제한시키는 점에서 한계가 있다. 의사소통의 합리성을 통하여 이루어지는 민주주의적 정치영역과 이러한 절차를 통한 법의 정당성 영역을 확보하고 있음에도, 민주적 절차를 통해 확보된 정치권력에만 권력의 역할과 영역을 제한시키고 있다는 점에서 하버마스의 한계점이 있다고 판단된다. 또한 이러한 민주주의적 절차 자체가 이미 전제된 왜곡된 구조라면, 민주주의적인 절차를 통해 상호 간의 의사소통을 통해서 합의된 결과가 얼마나 민주주적일 수 있는지 의문시된다. 왜곡된 절차 자체에 이미 권력의 왜곡된 구조가 내재되어 있기에 합리적인 합의 자체가 무의미하지 않을까?

하버마스의 의사소통이론에서는 언어사용의 한 측면인 언어와 권력의 은밀한 결합이 언어행위에 대한 기생적 관계로 변환될 가능성이 있다.[94] 의사소통의 합리성은 비록 그 행위가 합리성을 지향한다는 점에는 합리적일 수 있지만 언어행위가 갖는 한계점을 원천적으로 담지하고 있

---

94) 정호근 "의사소통적 합리성과 권력 그리고 사회구성" 장춘익 외, 『하버마스의 사상』(서울: 나남, 1996), 133.

다. 언어행위에서의 요청은 일종의 발화효과행위를 지향한다. 발화수반행위가 하나의 발화가 이해되고자 하는 데 국한되어 있다면, 발화행위의 의향은 단순히 이해되는 데 그치는 것이 아니라 발화를 통해 특정한 효과를 지향하는 것이다. 요청으로서 의도된 발화효과행위는 그 '효력주장'에 대한 청자의 비판을 유발하고 그에 따라 토론상황에 접어드는 것이 아니다. 요청은 화자가 청자로 하여금 요청되는 바의 행위를 수행하거나 중지하도록 하는 것이며, 청자가 그에 따라 어떤 식으로 반응하도록 의도된다는 점이다. 엄밀히 따진다면 언어행위를 통한 요청 자체에 이미 영향력 행사의 의향이 뿌리박고 있다. 따라서 의사소통행위가 행위인 한 자기 이익관심으로부터 벗어날 수 없거니와, 언어행위는 이익관심과 권력의 이익과 연결되어 있고, 이것을 하고 저것을 하지 말라는 요청은 동시에 규범의 기본구조를 형성하는 것이다.[95] 요청은 언어작용으로서의 요청을 넘어서 사회관계를 형성하며, 그 관계 이면에는 이미 권력구조가 은폐되어 있다는 것이다. 하버마스의 의사소통개념은 그가 '재구성'해낸 상호작용의 매커니즘을 통해서 지배관계가 구축될 가능성이 있다.

하버마스는 목적합리성이 지배하는 경제의 '체제'와 의사소통적 합리성이 보존되어 있는 '생활세계'를 이원론적으로 구분하여 권력을 오직 체계적 요소로만 파악한다. 하버마스는 우리가 권력을 배제하면 합의에 도달할 수 있는 합리적 능력을 갖고 있다고 전제한다. 담론이론의 관점에서 보면 인간의 사회행위에는 오직 "누가 더 설득력 있는 논증을 제시하는가?"라는 의사소통적 관심에 의해서만 지배를 받는다. 의사소통적 행위는 오직 '더 좋은 논증이라는 비강제적 강제'만을 허용할 뿐이다.

---

95)   정호근, "의사소통적 합리성과 권력 그리고 사회구성", 133-134.

이에 반해 권력은 도구적 합리성을 축으로 하는 경제체계의 요소이다. 모든 합리적 수단을 동원하여 대상을 자기 것으로 만들고자 하는 소유는 체계적 권력의 대표적인 형태이다. 여기서 우리는 하버마스가 권력을 오직 체계의 요소로만 인정하고, 행위의 요소로는 인정하지 않고 있음을 분명히 알 수 있다.[96)]

따라서 하버마스의 형식 화용론적 분석이 의사소통적 합리성의 핵심을 제시할 수 있기 위해서는 첫째, 언어행위와 결부될 수 있는 맥락 의존성, 우연성이 배제될 수 있어야 하며, 둘째, 언어와 권력의 연계가 차단되어야 한다. 이것이 현실적으로 얼마나 가능할 것인가의 문제는 좀 더 신중하게 고려되어야 할 문제라고 생각된다. 우리의 현실적인 상황은 권력과 이데올로기에 의해 제약을 받을 가능성을 부인할 수 없을 것이다. 그만큼 인간의 이성은 현실적인 제약을 가지고, 이상적인 담론이 허구일 수 있다는 것이다. 현실적으로 제약된 유한한 이성을 망각하고 절대화하려고 할 때, 우리는 오히려 절대화된 권력과 절대화된 이데올로기의 노예로 전락할 수 있다. 이러한 점은 의사소통적 합리성이 지향하는 상호 이해라는 것이 얼마만큼 권력과 이데올로기로부터 자유로울 수 있는가라는 문제로 귀결된다.

이러한 점에서 바람직한 권력이해는 하버마스의 인간이성에 근거한 의사소통의 합리성을 보편성의 차원에서 주목해야 한다고 생각된다. 권력은 인간 활동에 있어서 보다 근원적이며 인간의 모든 영역에 보편적이라는 현상에서 새롭게 이해되어야 할 것이다.

---

96) 이진우 편, 『하버마스의 비판적 사회이론』, 14-15.

② 한나 아렌트의 권력이해

한나 아렌트는 하버마스의 권력에 대한 이해보다는 더 보편적으로 권력에 접근한다. 아렌트는 권력은 단순히 행위할 수 있는 능력만을 의미하지 않고 근본적으로 "다른 사람들과 연합할 수 있고 이들과의 합의 하에 행위할 수 있는 능력에서 발생한다."[97]고 본다.

이런 관점에서 아렌트는 권력을 상호이해를 추구하는 의사소통의 힘으로 규정하고, 타인의 의지를 자신의 목적을 위해 도구화할 수 있는 능력인 폭력과는 구별한다. 아렌트에 의하면 행위하고 말하는 사람들 사이의 잠재적 현상 공간인 공론 영역을 존재하게 하는 것이 권력이다. 권력은 공적이고 외적인 영역을 위한 상태이지만 권력은 실제적일 수 없기에 지배와 동일하지는 않다.

⑤ 의사소통의 합리성에 대한 평가

하버마스는 비판 사회이론의 규범적 근거를 해명하고 정당화시킬 수 있는 합리성을 발전시킨다. 모든 지배와 억압으로부터 자유로운 삶의 건설이라는 비판사회이론의 목표가 진리의 개념 안에 이미 내재해 있고, 우리의 의사소통 행위 안에 이미 구조적으로 짜여져 들어가 있음을 드러낸다. 현대의 과학과 기술에 내재된 도구적 이성을 넘어서서 인간에게

---

97)   이진우, "급진민주주의의 규범적 토대", 200.

진정한 자유와 해방을 실현시킬 수 있는 능력으로서의 의사소통적 합리성을 제시한다. 이 합리성은 객체와 주체의 도식을 뛰어 넘어 주체와 주체 간의 간주관적인 상호연관을 설정하고 있다. 이 점에서 상호주관적인 합리성인 것이다.

하버마스의 이러한 논의는 상호주관성의 차원에서 보편성의 근거를 마련하며 의사소통적 합리성이 논의될 수 있는 생활세계를 기반으로 하여 의사소통적 권력을 제시하고 있다. 하버마스가 제시하는 의사소통적 합리성을 기반으로 하는 권력이해는 이상적인 담화상황이 의미하듯이 이상적인 차원에서만 인정되며 단지 표준으로만 제시된다. 이러한 점에서 언어구조가 갖고 있는 한계성과 은폐성을 여실히 드러내고 있다.

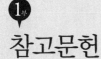

참고문헌

고범서, 『개인윤리와 사회윤리』, 서울, 한국신학연구소, 1978.

_____, 『사회윤리학』, 서울, 나남, 1993.

김기순, "라인홀드 니버의 도덕적 인간과 비도덕적 사회", 『빛과 소금』, 1986년 3월.

_____, "권력의 의의와 역할", 미간행 숭실대학교 박사학위논문, 1984.

김선욱, 『정치와 진리』, 서울: 책세상, 2001,

김용주, 『라인홀드 니버의 윤리사상, 서울, 성광문화사, 1988.

맹용길, 『기독교 윤리사상』, 서울, 대한기독교출판사, 1991.

윤평중, 『푸코와 하버마스를 넘어서』, 서울, 교보문고, 1990.

이종성, 『신학적인간학』, 서울, 대한기독교출판사, 1979.

이진우 편, 『하버마스의 비판적 사회이론』, 서울: 문예출판사. 1996

이형기, 『종교개혁신학사상』, 서울: 장로회신학대학출판부, 1988.

장춘익 외, 『하버마스의 사상』, 서울: 나남, 1996.

정호근 외, 『하버마스 이성적 사회의 기획, 그 논리와 윤리』, 서울: 나남, 1997.

크리스찬 아카데미, 『대화의 철학』, 서울: 서광사, 1992.

현영학, "라인홀드 니버의 삶과 사상", 『기독교사상』, 1981년 8월.

Arendt, Hannah. 김정한, 『폭력의 세기』, 서울: 이후, 1999.

_____. 이진우, 태정호, 『인간의 조건』, 서울: 한길사, 2000.

Crystal, William G. ed. 안영혁, 『청년 라인홀드 니버』, 서울: 엠마오, 1992.

Foucault, Michel. 박홍규, 『감시와 처벌』, 춘천: 강원대출판부, 1993.

_____. Gordon Colin ed, *Power/Knowledge : selected interview and other writings*,

1972-1977, New York: Pantheon Books, 1980.

Gonzalez, Justo L. 서영일, 『종교개혁사』, 서울: 은성, 1989.

Habermas, Jurgen. 한상진 박영도 공역, 『사실성과 타당성』, 파주: 나남, 2007

_____. 서규환 외, 『소통행위이론』, 서울: 의암출판, 1995.

Lasswell Harold D. & Kaplan, Abraham. *Power and Society*, New Haven: Yale University Press, 1950.

Lovin, Robin W. *Reinhold Niebuhr and Christian Realism*, New York : Cambridge University Press, 1995.

Niebuhr, Reinhold. *The Nature and Destiny of Man*, New York: Charles Scribner's sons, 1964.

_____. *An Interpretation of Christian Ethics*, New York: Haper & Brothers Publishers, 1935.

_____. 지명관, 『기독교현실주의와 정치사상』, 서울, 현대사상사, 1973.

Pasewark, Kyle A. *A Theory of Power*, minneapolis: fortress press, 1993.

Patterson, Bob E. *Reinhold Niebuhr*, Texas : Word Books Publisher, 1977.

Roderick, Rick. 김문조, 『하버마스의 사회사상』, 서울: 탐구당. 1992.

Russell, Bertrand. 이극찬, 『권력론』, 서울: 법문사, 1982.

Sarup, Madan. 외, 임헌규 역, 『데리다와 푸코 그리고 포스트모더니즘』, 서울: 인간사랑, 1992.

Shively, W. Phillips. *Power and Choice : an introduction to political scienc*e, New York: McGraw-Hill, 1993.

Smith, A. A. 김득룡, 『베버와 하버마스』, 서울: 서광사. 1991.

Tillich, Paul. *Love, Power and Justice : ontological analyses and ethical applications*, New York: Oxford University Press, 1954.

Walzer, Michael. 정원섭 외, 『정의와 다원적 평등』, 서울: 철학과현실사, 1999.

2부

환경문제와 사이버 문화

1장

환경의 윤리적 문제

① 들어가는 말

과학기술의 발달로 인하여 자연환경의 파괴와 생태계의 오염은 날로 심각해지고 있다. 지구 온난화 현상, 바닷물의 온도상승, 이상기후, 토지의 사막화로 인한 이 모든 자연재난들은 인간들의 무분별한 개발로 인하여 지구의 생태환경을 극도로 열악하게 만든 결과들이다. 공장폐수, 산업쓰레기, 핵폐기물로 인한 생태계의 오염과 파괴는 우리의 생존까지도 위협하고 있다.

전 인류와 생태계가 당면한 이러한 위기상황을 극복하기 위해서는 우리가 어떤 세계관을 가져야 할까? 우리가 자연 생태계에 대해서 어떤 전망 내지 세계관을 갖는다는 것은 매우 중요한 문제가 된다. 왜냐하면 우리가 갖고 있는 세계관에 따라 우리의 가치판단과 행위도 그에 따라 달라지기 때문이다.

생태계의 오염과 환경파괴를 가져온 세계관은 인간중심주의라고 할 수 있다. 인간중심주의는 기계론적 세계관에 근거하여 자연의 신비로움을 부인하고 인간이 세계의 중심이며, 인간이 마음대로 자연을 조종하고 처리할 수 있으며, 모든 것은 인간을 위해서 존재한다고 보는 세계관이다.[1] 자연을 인간중심적으로 해석하여 자연환경을 인간의 유익만을 위한 도구로 무분별하게 착취하였던 것이다. 이러한 인간중심적 세계관은 자연에 대한 잘못된 이해에 기초하고 있다.

생명중심주의는 이러한 인간중심주의를 극복할 대안으로 제시되었다. 슈바이처는 모든 생명은 신성하며, 살려는 의지를 가진 존재로 보면서 생명경외사상을 주장하였다. 테일러는 자연 존중의 궁극적인 태도를 취하는 것이 어떤 점에서 합리적인가에 대해서 체계적으로 논증하였다. 그는 생명이 존중받아야할 도덕적 근거로서 존재의 선과 가치개념을 분석하면서 모든 생명 속에서 목적론적 중심을 발견할 수 있음을 강조한다. 슈바이처와 테일러의 생명중심주의는 생명의 내재적인 가치에 대한 인식과 생명존중의 태도를 강조한다는 점에서 현 시대가 직면하고 있는 환경문제의 해결을 위한 귀중한 가치관의 토대를 제공하고 있다.

그러나 환경문제의 해결은 보다 광범위하면서 본질적인 차원으로 확장되어 접근되어야 한다. 환경과 생명의 문제에 대하여 보다 본질적인 차원으로 접근하여야 하며, 이러한 접근을 통해 창조주와 창조질서의 온전함을 깨달아야 한다. 또한 온전한 생태회복을 위한 인간의 역할과 책임에 깊은 관심을 갖고 해결책이 제시되어야 한다. 이러한 점들을

---

[1] 김균진, "양자물리학의 세계관의 생태신학적, 사회-정치적 의미", 『한국기독교신학논총』 vol.40, 2005, 163.

주목하면서 현재 인류가 당면한 생태위기를 극복하기 위한 바람직한 대안은 어디에서 찾아야 하며, 어떤 방법으로 그 해결의 실마리를 찾아야 할지 논의해 보기로 한다.

② 인간중심주의적 세계관

1 인간중심주의 세계관의 기원

린 화이트(Lynn White Jr)는 "환경위기의 역사적 기원(The Historical Roots of Our Ecological Crisis)"에서 생태환경위기는 과학과 기술의 면에서뿐 아니라 그 위기의 근저에 인간의 자연관, 즉 자연에 대한 우리의 태도, 종교적 깊이의 문제에서 기본적으로 다루어야 할 것을 주장하였다. 즉 서양 현대 사상의 기조인 진보사상과 그 근원인 기독교사상이 생태위기의 역사적 근원이라고 주장하였다.

린 화이트는 이에 대한 실례로서 2세기의 터툴리안과 이레나이우스 등을 예로 들고 있는데, 하나님은 아담을 창조하실 때, 둘째 아담인 성육신한 그리스도의 이미지의 전조가 되게 하였다고 주장한다. 그리하여 인간은 엄청나게 자연에 대한 하나님의 초월성을 공유하게 되었다는 것이다. 이로 볼 때 기독교는 고대 이방종교와 아시아의 종교들과는 달리, 인간과 자연을 분리시켰을 뿐 아니라 인간이 그의 목적을 위해서 자연을 착취하는 것이 하나님의 뜻임을 주장하게 되었다는 것이다.[2] 린 화이트는 현대의 과학과 기술의 근원이 중세 서구사회에서 시작된 것으로 보아야 하며, 과학적 지식과 기술이 만들어낸 위기의 근원은 중세의 기독교적 진보사상이라고 주장하였다.[3] 이같은 린 화이트의 주장은 환경학자들 뿐 아니라 철학계와 종교계에 큰 충격을 주었으며, 이에 대한 격렬한 논쟁을 야기시켰다.

린 화이트의 해석에 따르면, 환경위기의 근본원인은 인간중심주의적인 진보사상에 기인하며, 기독교의 창조신앙이 그 원인이라고 해석하였다. 따라서 기독교는 반생태학적 종교가 되며, 오늘의 환경위기를 극복하기 위해서는 기독교 대신에 다른 종교에서 대안을 찾아야 한다는 결론이 도출된다.[4]

그러나 환경위기의 근본적인 문제는 창조질서를 왜곡되게 해석한 인간중심적 세계관 자체에 문제점이 있다고 보는 것이 바람직하다. 기독교의 창조신앙은 온전한 창조질서의 보존과 회복을 강조한다. 이는 인간중심적이지도 않으며, 자연파괴적이지도 않고 오히려 자연친화적인 성격을 지닌다. 그런데 서구 르네상스로부터 시작된 인본주의 전통의 영향을 받아 창조질서의 본질적인 의미를 간과하고 자연을 인간중심주의적으로 이해하게 되었다.[5]

---

2)   Lynn White, Jr, "The Historical Roots of our Ecologic Crisis", R. G. Botzler & S. J. Armstrong, *Environmental Ethics* (McGraw-Hill, 1998), 207.

3)   김철영, "환경개발에 대한 기독교 생명문화의 대안", 김영한 외, 『21세기 생명문화와 기독교』(서울: 쿰란출판사, 200), 160.

4)   패스모어는 화이트와는 달리 인간중심주의 사상의 보다 근원적인 뿌리를 헬라의 그리스 사상에서 찾고 있다. 세계는 인간의 유익을 위하여 창조되었다는 스토아철학의 가르침이 기독교에 영향을 주었기 때문이라는 것이다. J. A. Palmer ed, *Fifty Key Thinkers on the Environment* (NewYork: Routledge, 2001), 218.

5)   조용훈은 기독교가 자연에 대한 인간의 착취 가능성을 충분히 예견하고 견제하지 못했다는 점에서

인간중심적 세계관의 기원은 자연에 대한 잘못된 이해로부터 시작되었다. 본래 자연은 인간과 서로 공존하며 상생하는 관계였는데, 인간이 자연보다 우위에 선 것으로 간주하여 자연을 착취하게 되는 근거를 마련하게 되었다. 이러한 인간중심주의 사상은 르네상스와 계몽주의에 이르러 체계화되었고, 현대에는 과학기술의 진보사상과 맞물려 오늘날의 위기를 초래하게 되었다.

베이컨은 인간의 이용에 맞도록 자연을 변화시키는 과학적 방법을 권장했는데, 자연은 아직 가공되지 않은 원료이며, 인간이 사용할 수 있는 지배의 대상으로 보았다. 따라서 인간은 자연을 지배하고 가공함으로써 자연에 대한 자기의 힘과 지배권을 확대시킬 수 있고, 인간의 삶을 개선할 수 있다고 주장하였다.[6]

데카르트의 기계론적 사고에 의하면 인간은 본질적으로 사유하는 존재(res cogitans)이며 정신이다. 반면 물질은 연장되는 존재(res extensa)이다. 그는 인간의 본질이 사유에 있고, 사유가 그의 존재를 보장하기 때문에 인간 이외의 모든 것은 대상화된다. 그 결과 자연을 기계적으로 해석하게 되었고, 그 전체가 상호작용하는 힘들로 구성된 하나의 정교한 기계장치로 생각하였다. 이러한 사고의 영향으로 유기적인 자연관은 기계주의적인 자연관으로 대체되었다.

기계론적 세계관은 인간을 자연의 주인과 지배자로 보는 인간중

오늘의 환경위기에 대한 간접적 책임을 피할 수 없다고 강조하였다. 조용훈, "환경윤리의 창조신학적 기초", 『기독교사회윤리』 3집, 한국기독교사회윤리학회, 2000. 93.

6) 환경문제와 관련하여 베이컨만큼 시대에 따라 상반된 평가를 받는 사람은 없을 것이다. 그는 17세기는 존중받고 따르려는 모델이 되었고, 18세기는 계명주의 선구자로 높임 받았지만, 19세기에는 그의 가면을 벗기는 노력이 있었고, 최근에는 진정한 과학의 적으로, 심지어는 사탄으로까지 묘사되고 있다. J. A. Palmer ed, *Fifty Key Thinkers on the Environment*, 39.

심주의와 연결되어 근대인들의 자연지배와 약탈을 정당화시켰다. 이러한 인간중심주의적 사고는 현대인들의 자연관과 세계관에 지대한 영향을 주었으며, 과학기술의 진보와 맞물려 과학기술을 통해 자연 환경을 개발하고 이용할 수 있는 길을 열어놓았던 것이다.

② 인간중심주의 세계관의 문제점

인간중심주의(anthropocentrism) 세계관은 인간만이 자율적이고 주체성을 가진 동물이고, 그 밖의 모든 존재는 인과적으로 작동하는 타율적 존재에 지나지 않는다고 본다.[7] 오직 인간만이 내재적 가치를 가지며, 인간의 이익을 증진시키는 것만을 유익한 것으로 여긴다.[8] 그리하여 자연 대상에 대해서 내재적이고 본질적인 가치(intrinsic value)를 갖는다고 보기보다는 외재적이고 도구적인 가치(instrumental value)만을 갖는다고 본다.[9] 자연이 그 자체로서 목적가치를 갖기 보다는 단지 인간의 생존이나 복지를 위한 도구로서의 가치만을 갖는다고 본다. 인간생명이 자연에 대하여 우월하다는 인식에 기초하여, 오직 인간만이 존중의 대상이며, 자연은 인간을 위한 도구로서의 가치를 갖기에, 인간은 자연을 무자비하게 정복하고 통제하고 착취할 수 있다는 근거가 성립된다.

인간중심주의에서 도덕 평가의 기준은 인간의 이해관심이나 인간의 좋음에만 의존해 있다. 비록 자연환경이 파괴되거나 다른 생명체들

---

7) 이종원, "책임적 생명윤리", 『철학탐구』 18집, 중앙철학연구소, 193.

8) B. Mackinon, *Ethics* (Belmont: Wadsworth/Thomson Learning, 2001), 358.

9) 이종원, "책임적 생명윤리", 194.

이 희생되더라도 인간의 이해를 증진시키거나 인간의 가치평가에 좋다면 도덕적으로 용인될 수 있다.

이러한 인간중심적 세계관이야말로 현재 인류가 직면하고 있는 환경 위기의 가장 큰 원인이라고 볼 수 있다. 인간이 자신만의 번영을 위해 자연을 무자비하게 착취한 결과, 생태계가 파괴되고 환경의 위기를 초래하게 된 것이다.[10]

따라서 우리는 현 인류와 생태계가 겪고 있는 위기를 극복하기 위해서는 인간중심적 가치관을 버려야 한다. 인간중심적 가치관 보다는 생명에 대한 보다 근원적이면서 폭넓은 전망을 갖추어야 한다. 이렇게 할 때만이 인간이 다른 생명체들과 올바른 관계를 맺을 수 있으며, 다른 생명체들의 가치를 보다 근본적 차원에서 자각할 수 있기 때문이다. 이러한 자각은 슈바이처의 생명경외로부터 시작된다.

③ 슈바이처의 생명경외사상

생명중심주의는 슈바이처의 생명경외사상으로부터 시작되었다. 슈바이처는 모든 생명은 신성하며, "살려는 의지(will-to-live)"를 가진 내재적으로 가치있는 존재로 보았다. 이것이 생명경외사상의 핵심이다.[11]

---

10) 박이문, 『환경철학』, 126-127.

11) A. Schweitzer, "Reverence for Life", L. P. Pojman, *Environmental Ethics* (wadsworth, 2001), 95. 슈바이처의 생명개념은 살려는 의지에 초점이 맞추어져 있는데, 그는 생명 속에서 인간 의식의 존재적 사실을 찾아내어 생명과 생명의지 그 자체를 생명의 주체와 동일시했다. 변순용, "생명에 대한 책임-쉬바이처와 요나스를 중심으로", 『범한철학』 32집, 2004년 봄, 범한철학회, 6.

슈바이처에 따르면, 현대 산업사회는 생명의 선과 자연의 선을 연결해 주는 세계관으로부터 이탈해 왔다. 과학과 기술의 발전에 기반한 산업사회는 자연을 무관심하고 몰가치적이며 기계적인 힘으로 이해함으로써 자연과 윤리를 분리시켰다.[12] 그는 과학기술로 말미암아 분리된 인간과 자연의 유대를 생명경외사상으로 재확립하려고 하였다. 그는 자연 안에는 내재적 가치와 같은 선이 존재한다고 믿었는데, 바로 이것이 윤리의 기초를 제시할 수 있으리라 확신했다.[13]

모든 생명체들이 신성하고 독립적이라는 자각은 그들 생명체 속에 내재적 가치가 존재한다는 심오한 인식으로부터 시작된다. 생명 속에 존재하는 내재적 가치의 자각은 우리로 하여금 생명에 대한 경외감을 일으키는 강한 동기가 된다.

슈바이처는 생명경외의 방법을 다음의 세 가지로 제시한다. 첫째, 생명을 유지, 촉진하는 것은 선이고, 반대로 생명을 죽이거나 해치는 것은 악이라는 것이다. 따라서 생명을 해치거나 죽이는 것이 불가피하다 하더라도 그 불가피성이나 필연성이 면책사유가 될 수 없다. 둘째, 비록 그렇다 하더라도 한 생명의 존재는 다른 생명의 희생을 필요로 하기 때문에, 그런 측면에서의 생명에 대한 훼손을 인정하지 않을 수 없으며, 그렇기에 더더욱 생명을 경솔하게 혹은 무의미하게 죽이거나 해치는 것을 피해야 한다. 셋째, 다른 생명을 해치는 것이 필연적이며 불가피하더라도 그에 대한 책임을 자각해야 한다. 이러한 책임에 대한 자각이 바로 슈바

---

12) J. R. DesJardins, *Environmental Ethics* (김명식, 『환경윤리의 이론과 전망』, 서울: 자작아카데미 2002), 203.

13) 같은 책, 204.

이처 윤리학의 핵심이다.[14]

> 나는 살려고 의지하는 생명이며 살려고 의지하는 생명의 한 가운데
> 존재한다. 따라서 생명을 보존하고 소중히 하는 것은 선한 것이며, 생
> 명을 파괴하고 억압하는 것은 악한 것이다.[15]

그에게 있어서 존재는 궁극적으로 생명이며, 이 존재개념에는 생
명의 긍정과 생명의 의지가 본질적으로 전제되어 있다. 생명긍정에 반대
되는 생명부정은 자연에서는 허용되지 않는다. 자연에서는 맹목적인 생
명의 긍정만이 부여된다.[16] 따라서 생명을 보존시키고 생명의 가치를 높
은 수준으로 끌어올리는 노력들은 선한 행위들이다. 인간은 생존을 위한
의지를 가질 뿐 아니라 생존을 위해서는 희생도 마다하지 않는다. 이러
한 인간 안에 있는 생존에의 의지는 다른 생명체에게서도 동일하게 발견
된다.

슈바이처에 따르면, 생명에 대한 경외는 인간이 다른 생명체들에
대한 최상의 동기이며, 우리로 하여금 책임의 위치에 서게 만든다.[17] 생
명경외는 우리에게 다른 생명체에 대한 책임감을 느끼게 해주는 성품이
라고 할 수 있다.

슈바이처는 생명에 대한 책임과 연관하여 동등성, 차등성, 사랑의
원칙이라는 생명경외의 세 가지 책임 원칙을 제시한다. 첫째, 생명의 동

---

14)   변순용, "생명에 대한 책임-쉬바이처와 요나스를 중심으로", 13.

15)   A. Schweitzer, "Reverence for Life", 95.

16)   변순용, "생명에 대한 책임-쉬바이처와 요나스를 중심으로", 8.

17)   A. Schweitzer, "Reverence for Life", 99.

등성 원칙은 모든 생명체는 생명의 의지 혹은 생명을 지속시키고자 하는 본능적 힘을 가진 존재이며 그런 면에서 모든 생명체는 존중되어야만 한다는 원칙이다. 둘째, 생명의 차등성 원칙은 우리의 구체적인 삶의 현실에서 이런 동등성을 포기하게 만든다. 생명은 자기 자신을 유지하기 위해서는 다른 생명의 희생이 불가피하기 때문이다. 차등성의 원칙은 현실적인 필연성으로 제기된다. 셋째, 생명의 동등성의 원칙과 차등성의 원칙을 보완해주고 연결시켜주는 것이 사랑의 원칙이다. 슈바이처에게 있어서 사랑은 함께 괴로워하고, 즐거워하며, 노력한다는 의미가 포함되어 있다. 사랑의 원칙이 동등성의 원칙에 대해서는 다른 존재의 동등성의 인정으로, 차등성의 원칙에 대해서는 희생의 전제로 기여한다. 생명의 외경은 인간이 인간 자신을 포함한 모든 생명에게 가져야 할 본질적인 것이다.[18]

슈바이처의 윤리적 관심은 "나는 무엇을 해야만 하는가?(규칙, 원리)"가 아니라 "나는 어떤 종류의 사람이 되어야 하는가?(태도)"라는 행위자의 태도에 대한 것이다. 즉 행위의 측면에서가 아니라 성품과 성향의 측면에서 도덕적으로 훌륭한 사람을 추구하는 것이었다.[19] 따라서 도덕적으로 훌륭한 인격을 갖춘 사람은 생명의 내재적 가치를 경외하고 존중하는 태도를 지닌다고 표현할 수 있다.

이러한 인격적 태도는 생명을 죽이는 것이 무엇을 의미하는지를 자각하도록 한다. 그리하여 생명을 함부로, 아무런 느낌없이, 별다른 연민 없이 해치는 잘못을 막아 준다. 그리하여 우리는 생명경외의 태도를 통해 진실된 도덕적 삶을 살 수 있게 된다.

---

18) 변순용, "생명에 대한 책임-쉬바이처와 요나스를 중심으로", 16-18.
19) J. R. DesJardins, *Environmental Ethics*, 208.

슈바이처는 인간에게서 발견되는 생명의 의지를 다른 생명체에까지 확대 해석하여 적용하였다. 인간생명이 소중한 만큼 다른 생명체들도 소중하며, 그들의 생명을 보존하고 존중하는 것은 선하다고 보았던 것이다.

이로 볼 때, 슈바이처의 생명경외사상은 과학기술의 발전과 맞물린 인간중심주의적 가치관이 얼마나 파괴적이며 왜곡된 결과를 낳게 되는지를 경고하면서, 각각의 생명체 속에서 내재적 가치를 발견하고, 생명을 보존하고 존중할 것을 강조한 점에서 의의가 있다.

그러나 그의 생명경외의 윤리는 행위의 측면에서 개별 상황에 적용될 수 있는 도덕 원칙으로 정식화되지 못한 점이 아쉽다. 단지 현재의 인격을 나타내는 태도로만 머문다는 점에서 슈바이처의 생명경외사상은 너무 낭만적이고 소박하다는 비판을 받게 된다. 이러한 슈바이처의 한계점은 테일러의 생명중심주의적 세계관에 의해서 극복된다.

④ 테일러의 생명중심주의

폴 테일러는 슈바이처의 생명경외사상으로부터 생명중심적인 윤리체계를 더욱 발전시켰다. 그는 인간과 다른 생명체들 사이에 존재하는 도덕적 관계에 대한 체계적이고 포괄적인 설명을 시도하면서 왜 자연존중의 태도를 취하는 것이 합리적인가를 논증한다.

테일러는 행위의 옳고 그름의 여부, 그리고 성품의 도덕성 여부는 자연존중이라는 궁극적인 도덕적 태도를 얼마나 표현하느냐에 달려 있다고 강조하면서[20] 생명이 존중받아야하는 도덕적 근거로서 존재의 선(the Good of Being)과 내재적 가치(inherent worth)의 개념을 제시했다. 그는 생명체들이 갖는 생명의 목적론적 중심(teleological center of life)인 존재의 선과 가치개념을 'intrinsic value', 'inherent value', 'inherent worth'로 분석[21]하면서 자연존중의 태도를 갖는 생명중심적 전망의 근거를 논증했다.

테일러에 따르면, 지구상의 모든 생명체들은 각자의 방법으로 자신의 선을 추구하며, 동등한 내재적 가치를 갖는다는 점에서 "생명의 목적론적 중심"을 갖는다. 우리가 다른 생명체들 속에서 생명의 목적론적 중심을 발견하게 될 때 인간우월주의 내지 인간중심적인 편견을 벗어날 수 있다는 것이다.

■ 생명의 목적론적 중심 - 내재적 가치

일반적으로 가치는 도구적 가치와 목적적 가치, 그리고 내재적 가치로 구분할 수 있다.[22]

---

20) P. W. Taylor, *Respect for Nature*, 80.

21) *intrinsic value*는 경험을 통해 그들의 삶에서의 사건이나 조건에 긍정적인 가치를 부여하는 가치이다. 이 가치는 그 자체로 만족시킬 수 있으면서 동시에 이익을 가져다주는 가치이다. 도구적 가치개념을 포함하는 개념으로 해석된다. *inherent value*는 우리의 유용성이나 상업적인 가치 때문이 아니라 단순히 그것이 아름답거나 역사적인 중요성이 있거나 문화적인 의미가 있기에 갖는 가치이다, *inherent worth*는 다른 존재의 선에 관계없이 그 자체의 선을 갖는 존재에게 귀속되는 가치이다. P. W. Taylor, *Respect for Nature*, 73-75. 이렇게 볼 때, *intrinsic value*는 내용상 도구적 가치이며, *inherent value*는 인간의 가치평가에 의존한다는 점에서 목적적 가치이며, *inherent worth*는 인간의 가치평가와는 독립된 객관적 가치라는 점에서 내재적 가치라고 볼 수 있다. 필자는 학자들마다 다르게 사용하는 용어상의 오해를 피하기 위해 테일러의 가치개념을 따르지 않고 데자르뎅의 견해를 따르기로 한다. J. R. DesJardins, *Environmental Ethics*, 197-202.

22) 환경윤리에서 가치개념은 다양하게 해석되고 제시되었다. 아르네 네스(Arne Naess)는 인간과 인

ⓐ 도구적 가치

도구적 가치(instrumental value)는 자연환경이나 다른 어떤 것을 인간의 이익을 위한 수단으로서 가치를 갖는다고 볼 때 형성된다. 도구적 가치의 척도는 유용성에 있다. 도구적 가치는 외재적이며, 다른 가치 있는 것을 획득하는 데 사용될 수 있기 때문에 갖는 가치라고 할 수 있다.

자연의 도구적 가치는 공리적, 경제적 근거에서 제시된다.[23] 자연의 도구적 가치만을 강조하는 것은 자연을 인간의 이익과 필요를 위한 수단으로 주장하게 되는데, 이는 자연에 대한 인간중심적 관점이 빚은 결과들이라고 할 수 있다.

자연환경과 동식물들에 영향을 끼치는 인간의 행위는 두 가지 기준에 의해서 옳고 그르다고 판단될 수 있다. 첫째, 인간의 복지에 호의적인지(favorable) 호의적이지 않는 것인지의 결과에 따라서이고, 둘째, 인간의 권리를 보호하고 실행하는 규범 체계와 상응하는지 그렇지 않는지에 따라서 판단된다.[24] 이러한 모든 의무들이 궁극적으로 지고 있는 것은 오직 인간의 도구적 가치에 의해서만이다. 자연환경을 도구적 가치로 볼 경우, 다른 생명체가 갖는 생명의 목적론적 중심과 존재 자체의 선을 무시하게 된다. 따라서 우리가 자연 생태계와 생명공동체의 진정한 가치를 자각하기 위해서는 도구적 가치의 차원을 넘어서서 비도구적 가치에 주

간 이외 존재인 지구생명의 생존과 번성은 내재적 가치를 가지며, 이런 가치는 인간의 목적에 맞도록 세계를 사용하는 것에 독립해 있다고 보았다. W. Fox는 생명계의 모든 구성원들은 평등한 내재적 가치를 갖는다고 주장했고, 롤스톤은 적합한 생태학적 윤리는 자연에서 '좋음', '가치'를 발견하는데 의존한다고 보았다. 캘리콧은 내재적 가치와 고유한 가치를 구분하면서, 내재적 가치(intrinsic value)는 자연적 존재나 그 과정의 가치가 객관적이고 평가하는 의식에 독립적인 가치이며, 고유한 가치(inherent value)는 평가하는 의식에 독립적인 것은 아니지만 도구적 가치 이외에도 그 자체를 위해 가치있는 것이라고 보았다. 한면희,『환경윤리』서울: 철학과 현실사, 2000, 33-35.

23)　J. R. DesJardins, *Environmental Ethics*, 198.

24)　P. W. Taylor, "Biocentric Egalitarianism", 101.

목해야 한다.

ⓑ **목적적 가치**[25]

목적적 가치(intrinsic value)는 대상이 그 자체로 갖는 가치이다. 어떤 것들은 그것의 상징적, 미학적, 문학적 중요성으로 말미암아 가치 있다고 평가된다. 그것은 그것 자체로, 또는 그것이 의미하는 바, 또는 그것이 상징하는 바에 의해 가치 있다고 평가된다. 가령, 역사적 유물이나 유적지를 포함하는 문화적 가치, 자연이 갖는 미적 경관의 가치 등이 있다. 미적 가치(aesthetic value)나 문화적 가치(cultural value)는 인간 개개인의 이해관심이나 기호로 환원되지 않으면서 인간의 좋음에 의존한다는 점에서 목적적 가치라고 할 수 있다.[26]

그런데 도구적 가치든, 목적적 가치든 그것을 평가하는 것은 인간에게 있다. 도구적 가치와 목적적 가치가 충돌할 때, 도구적 가치는 측정 가능한 반면, 목적적 가치는 표현되기 힘든 무형의 특질을 지니기 때문에 도구적 가치가 너무 쉽게 승리하곤 한다.[27] 목적적 가치 개념의 약점은 자연물의 도덕적 지위를 인간의 가치평가에 전적으로 의존하고 있다는 점이다.[28]

목적적 가치는 인간의 이기심이나 유용성을 기준으로 삼는 도구적 가치를 넘어서지만 인간의 가치평가에 의존한다는 점에서 한계가 있다. 따라서 인간의 가치평가와는 독립적인 객관적인 가치에 대한 면밀한

---

25) 데자르뎅은 *intrinsic value*를 목적적 가치로, *inherent value*를 내재적 가치로 구분했다. 용어상의 혼돈을 피하기 위해 데자르뎅의 분류에 따라, *intrinsic value*를 목적적 가치로 보았다.

26) 한면희, 『환경윤리』, 40.

27) J. R. DesJardins, *Environmental Ethics*, 200.

28) 같은 책, 202.

분석이 요구된다. 테일러는 이를 내재적 가치(inherent worth)로 제시한다.

ⓒ 내재적 가치[29]

　내재적 가치(inherent worth)는 인간의 가치평가와 무관하게 그 자체로 갖는 가치를 의미한다. 가치에 대한 모든 판단은 인간의 판단에 의존하며 따라서 목적적 가치와 내재적 가치의 구분은 불가능하다. 그럼에도 최소한 몇몇 대상에게 내재적 가치를 부여할 수 있다는 주장이 있다. 그 예로 인간은 그 자체로 내재적 가치를 소유한다고 보는 다양한 윤리학적 전통이 있다. 가령, 인격이나 인간 존엄성 같은 개념들이다.[30]

　테일러는 인격이 내재적 가치를 갖는다는 것을 다음과 같이 설명한다. ① 의무가 부과되는 도덕 주체로서 동일한 지위를 갖는 것으로 이해될 때이다. 이는 장점이 적용되어 내재적으로 우월하게 고려되지 않고, 각각의 선이 동일하게 인식되는 것이다. 인격으로서 모두가 동일한 관심과 고려대상으로 평가된다. ② 어느 누구도 다른 이의 목적을 위한 수단으로 취급되어서는 안 된다. ③ 만약 모든 인격들이 내재적 가치를 갖는 것으로 고려된다면, 각 개별자의 선을 증진시키고 보호하는 것은 궁극적 목적으로 인정된다. ④ 인격의 선은 도덕 원칙의 문제로 증진되고 보호되어야 한다.[31] 테일러는 인간에게만 적용되는 이러한 인격 개념을 야생 동물과 식물들에게도 확장하여 적용될 수 있다고 보았다.

　이러한 테일러의 주장은 다음과 같이 정리된다. ① 자연 생태계의

---

29) 대부분의 학자들은 "value"를 사용하지만 특이하게 테일러는 내재적 가치를 "inherent value"와 "inherent worth"로 구분하고 "inherent worth"에 더 강조점을 두면서 모든 개별 생명체에서 이 가치를 발견할 수 있다고 보았다. P. W. Taylor, *Respect for Nature*, 75.

30) J. R. DesJardins, *Environmental Ethics*, 201.

31) P. W. Taylor, *Respect for Nature*, 78-79.

생명공동체의 구성원으로서 각각의 동식물은 도덕 행위자에게 대하여 도덕 주체로서 동일한 지위를 갖는다. ② 이들은 결코 인간 목적을 위한 수단으로 취급당하지 않아야 한다. ③ 이들 각자의 선을 증진시키고 보호하는 것은 궁극적 목적으로 간주된다. ④ 이것은 도덕 행위자들이 그러한 존재의 선을 고려해야 할 원칙의 문제이다.

따라서 어떤 존재가 내재적 가치를 갖는다고 주장하는 것은 그 존재가 도덕적 고려를 받을 만하며, 도덕 행위자는 그 존재에 대한 의무를 갖고 있다는 규범적 주장을 하는 것이 된다. 즉 생명의 내재적 가치를 인정한다는 것은 자연존중을 '궁극적인 도덕적 태도'로 채택하는 것이며, 자연환경에 대해 도덕적으로 책임있는 방식으로 행위한다는 것을 의미한다.[32]

테일러에 따르면, 내재적 가치를 갖는다는 것은 두 가지의 일반 원칙들을 포함하는데, 도덕적 고려의 원칙과 내재적 가치의 원칙이다. 도덕적 고려의 원칙에 따르면 야생의 생물들은 지구 생명공동체의 일원이기에 모든 도덕 행위자들의 관심과 고려의 대상이 된다. 그들의 선은 합리적 행위자들의 행위에 의해서 더 나은 방향이든 더 나쁜 방향이든 어느 쪽으로 영향을 받든지 간에 고려되어야 한다. 도덕적 고려의 원칙은 각 존재와 연관하여 그 자체의 선을 갖는 존재로서 각 개별자들은 고려의 대상이 된다는 것이 전제된다.

---

32) J. R. DesJardins, *Environmental Ethics*, 211. 테일러는 인간은 지구 생태 공동체의 구성원으로서 야생의 동식물에 빚지고 있다는 점에서 즉견적인 도덕적 의무(*prima facie moral obligation*)를 갖는다고 주장한다. 인간은 도덕적으로 그들의 선을 보호하고 증진시킬 의무를 지닌다. 인간의 의무는 자연 생태계의 온전성을 존중하고, 멸종위기에 처한 종들을 보존하고, 환경오염을 피해야 한다. 이러한 의무는 그들의 내재적 가치(*inherent worth*)에 기인한다. 인간의 복지와 마찬가지로 그들의 복지는 목적 그 자체로서 실현되어야 한다. P. W. Taylor, "Biocentric Egalitarianism", 101.

내재적 가치의 원칙은 만약 어떤 존재가 지구의 생명공동체의 구성원이라면 그것의 선의 실현은 내재적으로 가치있는 것이라는 것이다. 그 선은 그 자체 목적으로서 보존되고 증진시키는 즉견적 의무의 가치를 갖는다. 우리가 어떤 유기체, 종 또는 생명공동체를 내재적 가치를 지닌 실재로 간주하는 한, 우리는 그것의 가치가 어떤 다른 사물의 선에 대한 도구로 놓여지게 되어 단순한 대상이나 사물로 취급되어서는 안된다는 것을 믿는 것이다.

따라서 내재적 가치를 갖는다고 말하는 것은 그것의 선이 모든 도덕적 행위자의 관심과 고려의 대상이 되며, 그 선의 실현은 내재적 가치를 갖는 것이며 그러한 선을 갖는 실재를 위하여 그 자체 목적으로서 추구되는 것을 말한다.

② 자연에 대한 생명중심적 전망

테일러는 자연에 대해서 자연존중의 태도가 가능하다고 보았다. 그는 우리가 자연에 대해 갖는 어떤 궁극적인 도덕적 태도를 '자연에 대한 존중'이라고 보면서, 생명중심적 체계의 기초를 세우는데 매우 중요한 위치를 갖는 것으로 보았다.[33] 우리가 자연에 대한 궁극적 태도인 자연존중의 태도를 갖게 될 때 지구공동체의 동등한 구성원으로서 다른 생명체들을 볼 수 있게 되며 그렇게 보아야 한다.[34] 왜냐하면 자연계의 모

---

[33] 테일러는 자연존중태도의 기본 성격은 우리가 자연을 도덕적 관심과 고려의 타당한 대상으로 평가할 때 자연스럽게 형성된다고 본다.

[34] P. W. Taylor, "Biocentric Egalitarianism", 100. 이러한 테일러의 입장은 생명중심적 평등주의이며,

든 생명체는 인간과 동등한 내재적이고 본질적인 가치를 갖기 때문이다. 따라서 우리는 자연과 모든 피조물에 대한 존중의 태도와 더불어 생명중심적 전망(biocentric outlook)을 가질 수 있게 된다.

자연에 대한 생명중심적 전망은 다음의 내용으로 요약된다.[35]

① 인간은 다른 생명체와 똑같은 이유에서 지구공동체의 구성원이다.
② 전체로서 지구의 자연 생태계는 상호연결된 요소들의 복합적 그물조직이다. 인간을 포함해 모든 종은 상호의존체계의 일부라 할 수 있다.
③ 모든 생명체는 각자 고유의 방식으로 자신의 선을 추구하면서 목적론적 삶의 중심을 갖는다.
④ 우리가 장점의 기준에 관심을 갖든 내재적 존엄의 개념에 관심을 갖든 간에, 그들의 바로 그 본성에 의해서 인간은 다른 종들에 우월하다고 하는 주장은 위의 세 가지 요소들에서 볼 때 근거가 없는 주장이며, 우리 자신의 호의에서 비롯된 비합리적 편견에 지나지 않는 것으로서 거부되어야 마땅하다.

테일러에 따르면, 인간은 지구 생명체의 일원으로서 다른 생명체들과 함께 공존해야 하는 존재이다. 지구 생명계의 자연 질서는 유기적으로 상호연결되어 있다. 이들의 관계성은 서로 역동적이면서도 전체의 생태균형을 유지하는 자기규제적이고 에너지가 순환되는 메커니즘으로 표현될 수 있다. 또한 지구의 전체 생명계의 온전성은 인간과 인간 이외

개체중심적 환경윤리로 평가된다.
35)   같은 책, 104-105.

의 생명체들 모두의 지속적인 생명공동체의 선을 실현하는데 필수적이다. 우리가 인식하든 하지 않든, 각각의 생명체들은 그들의 생존(preservation)과 복지를 향하여 방향지어졌으며, 목표에서 기인된 행위들(goal-oriented activities)의 단일화된 체계라는 점에서 동등한 생명의 목적론적 중심이라 할 수 있다.[36]

따라서 모든 살아있는 존재들은 동등하게 내재적 가치를 갖고 있기에 어떤 종도 다른 종들보다 '높거나', '낮은' 종으로 간주될 수 없다. 인간도 자연의 일부이며, 동등하게 생명의 목적론적 중심을 가진 존재로서, 존재의 선을 각자의 방식으로 추구하는 존재라고 할 수 있다. 그러므로 인간 종이 다른 생명체보다 내재적인 가치에서 우월하다는 주장은 완전히 근거 없는 것이며, 우리 자신의 호의에 입각한 비합리적인 편견의 표현일 뿐이다.[37]

❸ 테일러에 대한 평가

테일러는 생명중심적 전망으로 생물학적 좋음을 갖는 생명체를 볼 때 생명체들은 내재적 가치를 갖고 있음을 깨닫게 되며, 이를 통해서 생명체가 해를 입거나 방해를 받아서는 안 된다는 원리를 도덕규범으로 받아들이게 된다는 점을 주장했다.[38] 슈바이처의 생명경외사상이 태도의 차원에서 머문 반면, 테일러는 한 걸음 더 나아가 자연존중의 궁극적

---

36) 같은 책, 107.

37) 같은 책, 109. 테일러는 내재적 가치에서 인간이 우월하다는 주장은 고전그리스 인문주의, 데카르트적인 이원론, 유대-기독교 사상에서 기원한다고 보았다.

인 태도를 취하는 것이 왜 합리적인가를 논증하면서 생명중심적 전망에 기초한 행위의 규칙과 원리로 발전시켰다는 점에서 의의가 있다.

테일러가 제시하는 자연존중의 윤리는 세 가지의 기본요소로 구성된다. 신념체계, 궁극적인 도덕적 태도, 의무의 규칙과 성격의 기준이다. 이 요소들은 자연존중의 궁극적인 도덕적 태도를 중심으로 서로 긴밀하게 연결되어 있다. 그는 자연존중의 태도 저변에 흐르는 신념체계를 자연에 대한 생명중심적 전망이라고 불렀다. 이러한 신념 체계는 자발적인 도덕행위자로 하여금 자연에 대한 궁극적인 존중의 태도를 채택하도록 지원하고, 특정한 전망을 제공한다. 우리가 궁극적인 도덕적 태도로서 자연 존중의 태도를 취할 때 우리는 어떤 규범적인 원리에 의해 살아가는 데 헌신하게 된다. 이 원리들은 인간의 행위 규칙과 성격의 기준을 구성하게 된다.[39]

그러나 테일러의 생명중심주의는 인간과 자연을 갈등구조로 해석하면서 우선성의 원칙으로 갈등을 해결하려고 하였다. 그런데, 인간과 자연은 결코 분리될 수 없는 불가분의 관계에 있다. 인간은 자연의 일부로서 자연 안에 살며, 자연 없이는 생존할 수 없는 존재이다. 또한 인간은 자연이 베푸는 혜택 속에서만 살아갈 수 있다.[40] 인간과 다른 생명체들은 자연생태계 속에서 상호의존적인 공생관계를 맺고 있다. 이러한 생명공동체 속에서 인간이 해야 할 독특한 역할과 책임이 있는데, 테일러는

---

38) P. W. Taylor, *Respect for Nature* (Princeton Univ. Press, 1986), 72.

39) 자연존중의 태도는 다음과 같은 특징을 갖는다. 첫째, 더 높은 규범으로부터 파생되지 않기에 궁극적 헌신이다. 자연존중의 태도는 자연 세계에 대한 우리 책임의 완전한 틀을 구성한다. 둘째, 헌신은 원리의 공평무사한 문제로 인식되기 때문에 도덕적이다. 따라서 존중의 태도는 감정이나 성향의 결합과는 구분된다. 같은 책, 103.

40) 조용훈, "환경윤리의 창조신학적 기초", 105.

이 점을 주목하지 못하고 있다.

테일러는 인간이 자연에 간섭하는 것을 반대하고, 자연으로부터 벗어날 것을 강조한다.[41] 인간과 다른 생명체들은 본래의 가치면에서는 동등하게 고려되어야 할지 모르나 동등한 도덕적 권리를 가질 수는 없다. 굿패스터는 인간 이외의 존재들이 도덕적으로 고려될 만한 것을 소유하지만, 인간과 동등한 도덕적 가치를 갖는 것은 아닌 것으로 본다. 그는 첫째, 도덕적 권리(rights)와 도덕적 고려(considerability) 사이를 구분하고, 둘째, 도덕적 고려와 도덕적 중요성을 구분하면서 인간 이외의 존재들은 인간과 동등한 권리를 갖지는 못하지만 도덕적 행위자가 의무와 책임을 지게 되는 타당한 도덕적 주체(moral subject, patients)는 될 수 있다고 보았다.[42]

따라서 모든 생명체들이 동등하게 도덕적으로 고려되면서도 동시에 생명공동체 속에서 인간이 해야 할 독특한 역할과 책임을 강조하는 균형잡힌 사고가 우리에게 필요하다. 이러한 사고는 생명주권주의 위에서 올바르게 세워질 수 있다.

---

41) 데자르뎅은 다음 두 가지로 테일러를 비판한다. 첫째, 테일러는 자연에 대한 인간의 불간섭을 강조하는데, 이는 인간과 자연의 관계에 대한 잘못된 관점에 기반하고 있다. 이는 인간을 자연 밖에 존재하는 것으로 보는 것이며, 결국 인간과 자연을 분리하게 되는 결과를 빚게 된다. 둘째, 테일러는 유독 개별 생명체에 대해서만 관심을 보인다는 데 한계가 있다. 개체만이 내재적 가치를 가지고 있기 때문에 생태계나 무생물, 종 등에 대해서는 직접적 의무가 없다고 주장한다. 이러한 점에서 테일러의 생명중심주의는 '탈인간 중심적'이긴 하지만 개체주의적이라는 비판을 면할 수 없다는 것이다. J. R. DesJardins, *Environmental Ethics*, 222-223.

42) K. Goodpaster, "On Being Morally Considerable" L. P. Pojman, *Environmental Ethics* (wadsworth, 2001), 112.

⑤ 생명주권주의

　　생명주권주의는 인간이 하나님의 형상으로 창조된 피조물이라는 점을 강조함과 동시에 인간이 자연 보다 우월한 지배자로 군림하기보다는 생명에 대한 청지기임을 강조한다. 여기에 인간이 진정한 도덕 주체로서 생태계의 균형과 온전성을 회복하기 위해서 감당해야 할 독특한 역할과 책임이 주어진다. 이러한 책임의 기초는 생명과 온 우주의 창조주인 하나님과의 온전한 관계성에서 비롯된다.

1 생명의 주권

　　인간중심주의는 인간을 자연의 주인이자 지배자로 보면서 과학기술의 힘을 통하여 인간의 자연지배와 약탈을 정당화시켜 주었다. 그러나 인간은 자연의 주인이 아니라 자연과 동등한 피조물 중 하나이다. 이러한 사실을 망각하게 될 때 인간은 자연을 지배하고 군림하게 되며, 결국 자신의 생존까지도 위협하는 무모한 도전을 계속하게 된다.

　　이 세상에 존재하는 모든 생명과 그들을 둘러싸고 있는 모든 생태환경은 창조주에게 속해 있다. 창조주 하나님은 이 세상을 선하게 창조했다. 따라서 창조 세계 안에는 그의 신성과 온전함이 깃들어 있다. 이러한 창조신앙의 올바른 해석은 인간중심적인 세계관이 아닌 하나님중심적인 세계관이라 할 수 있다.[43] 즉, 모든 세계와 생태계는 하나님의 선하

---

43)　인간에게 주어진 청지기직에 대한 강조는 창조성으로 연결되는데, 이것은 오용되기 쉬우며, 실제

신 뜻으로 창조되었으며, 이 모든 세계는 하나님의 피조물로서 하나님의 소유인 것이다.

성서적 창조관에 따르면 자연은 신적 존재가 아니라 피조물이며, 그 자체로서 가치를 지니는 것이 아니라 하나님과의 관계성 안에서 가치를 지닌다. 이 점에서 자연은 스스로의 힘에 의해 살아가지 않고 하나님의 사랑과 은혜에 의존하며 살아간다고 할 수 있다.[44]

베리는 지구에 대한 인간의 의식이 얼마나 중요한지 강조하면서, 이 의식이 기독교적 삶의 기초이며, 현재의 환경위기에 대한 대답의 기초라고 보았다. 베리는 펼쳐지는 창조의 드라마 속에서 인간을 재형성하도록 주장하고 격려한다. 산업사회와 편협한 세계관이 우리에게 강요한 좁은 감수성의 틀에서 벗어나 우주와의 친교 속으로 다시 들어갈 것을 촉구했다.[45]

인간은 지구와 다시 접촉함으로써 자연 세계의 거룩함과 지속적인 창조과정 안에서 그리고 그 과정을 통해서 우리 안에 현존하는 하나님의 거룩함을 체험하게 되고 생명주권을 인정할 수 있게 된다.

하나님은 창조자이면서 동시에 지탱자이다. 성서는 창조는 영원하고 끝이 없으며, 창조자와 피조물이 평화와 사랑 안에서 결속되어 있다고 선언한다. 창조를 하나님의 선물로 보는 것은 자연과 생태계의 모든 요소들이 얼마나 소중한지를 느끼는 것이다. 우리는 모든 피조물, 모든 종류의 식물과 동물의 생명이 지니는 의미와 존엄성을 인정하게 된

로 오용되어 왔다. R. H. Preston, 강성두, 『기독교윤리의 미래』, 한들출판사, 2005, 136.

44) 같은 책, 100.

45) N. G. Wright and D. Kill, 박경미, 『생태학적 치유, 기독교적 전망』(서울: 이화여자대학교출판부, 2003), 141.

다.[46] 그리하여 미래까지 계속되는 창조의 과정 속에서 우리는 창조주의 선한 의도를 발견하고 참된 평화로 나아갈 수 있게 된다.

생명의 주권이 창조주에게 있다는 것은 생명의 가치는 단순히 인간을 위해서 좋은 것이 아니라 하나님 앞에서 생명 그 자체가 존엄하고 존중받아야 한다는 점을 강조한다. 이는 생명의 본질에 대한 척도는 인간이 아니라 하나님이라는 점을 분명히 한다. 따라서 생명주권주의에 기초한 생명존중은 생명 그 자체의 목적론적 중심에 주목하는 생명중심주의보다 근원적인 차원에서 접근한다. 모든 생명들은 창조주에 의해 선한 의도로 창조되었다는 것은 생명 그 자체가 창조로 인하여 내재적 가치를 지니고 있다는 점을 강조한다.

2 하나님의 형상

성서는 인간은 다른 생명체와는 달리, 하나님의 형상으로 창조되었으며 인간만이 불멸의 영혼을 소유하고 있다고 강조한다.[47] 전통적으로 하나님의 형상은 인간이 동물과 다른 정신적이고 도덕적인 능력을 의미한다고 해석해 왔다. 그리고 이러한 인간의 우월성은 자연세계에 대한 인간의 지배권을 정당화시켰다. 즉, 인간중심적인 해석으로 자연을 착취

---

46)   같은 책, 105. 이정배는 하나님의 형상을 하나님과 인간 사이의 역동적 관계개념으로 이해하면서, 하나님은 자신의 피조물에 대해서 반복하여 축복하는 행위에 상응하도록 인간을 그 일에로 부르고 있다고 주장하였다. 피조물에 대한 하나님의 지속적인 축복 행위가 이제 인간과 자연과의 사귐에 있어서 역동적인 책임적 행위를 각성시키는데, 이런 의미 속에서 인간은 하나님 형상의 정당성을 회복시킬 수 있다는 것이다. 이정배,『생태학과 신학』(서울: 종로서적, 1989), 8-9.

47)   N. Agar, *Life's Intrinsic Value*, New York: Columbia University Press, 2001. 14.

하고 약탈하여 생태계의 위기를 초래하게 되었다. 그러나 인간에게는 자연을 착취하고 약탈할 권한이 없다.

하나님의 형상은 존재론적인 의미 보다는 관계론적으로 해석하는 것이 바람직하다. 하나님의 형상을 하나님과 인간의 관계유형으로 해석할 때, 피조세계에 대한 인간의 책임이 강조된다. 피조물 중에서 인간만이 하나님의 형상으로 창조되었다는 것은 인간이 하나님을 대리하여 하나님의 뜻인 창조와 정의, 그리고 사랑을 모든 피조세계에 펼칠 책임이 있다는 뜻이다.[48] 즉 하나님의 형상으로 창조된 인간에게는 파괴되고 왜곡된 생태질서의 회복을 위하여 특별한 책임이 부과된다.[49] 이러한 책임은 생태공동체의 온전성 회복을 위한 것이다.

그러므로 인간은 하나님의 형상으로 지음받은 책임적 존재이며, 하나님과 이웃과 다른 피조물들과의 관계 속에서 책임적인 존재로 살도록 창조되었다. 인간이 하나님의 형상으로 창조되었다는 것은 인간이 창조세계에 대한 창조자의 보살핌을 반영한다는 것을 나타낸다.[50] 따라서 인간은 다른 피조물들보다 더 민감하고 더 창조적이라는 점에서 특별한 책임이 부여된다.

---

48) 조용훈, "환경윤리의 창조신학적 기초", 106-107.

49) 하나님의 형상을 가진 인간은 자연에 대한 지배와 통치에 강조점이 있는 것이 아니라 (1) 하나님과 하나되어 하나님의 사랑을 받는 동시에 하나님을 마음과 뜻과 정성을 다하여 사랑하며 (2) 자기의 이웃을 자기의 몸과 같이 사랑하는 동시에 이웃의 사랑을 받으며 (3) 하나님이 지으신 자연의 모든 피조물들을 자기의 몸과 같이 사랑하고 보호하는 인간의 책임성에 강조점이 있다.

50) N. G. Wright and D. Kill, *Ecological Healing A Christian Vision*, 112.

3 선한 청지기의 사명

애트필드는 새로운 환경윤리의 필요에 대하여 유대-기독교의 청지기 사상이 이 문제를 다룰 수 있는 가장 적합한 자원임을 제시하면서 인간은 책임 있는 청지기직을 수행해야 할 것을 강조했다.[51] 인간은 선한 청지기로서 하나님의 뜻에 합당하게 자연과 생태계의 생명체들을 보존하고 보호할 의무와 책임이 있다는 것이다.

월킨슨은 인간은 선한 청지기로서 자연 속에 평화를 세우고 자연에 대해 하나님 앞에서 책임을 지고 자연과 더불어 사귀면서 살아야 할 것을 강조하였다. 온전한 인간이 되는 것은 청지기가 되는 것이며, 하나님에 대한 책임성과 자연 안에 묻혀 있음이 인간으로 하여금 청지기 직분을 온전히 수행할 수 있게 한다고 보았다. 또한 그는 청지기직은 공동의 집단적 책임이며, 하나님과 창조 세계, 인간과 지구 사이에 조화를 다시 이루는 것임을 강조하였다.[52]

슈바이커는 책임을 도덕적 통전성(integrity)이라는 가치개념으로 설정하면서 책임이 삶의 모든 영역으로 확장되어야 할 것을 강조했다. 그는 과학기술시대의 힘과 책임의 관계에 주목하면서, 책임의 영역은 생태계와 미래세대 뿐 아니라 하나님 앞으로까지 확장되어야 한다고 주장하였다.[53] 슈바이커가 제시하는 책임의 명법은 "하나님 앞에서(Coram Deo)"의 명제에 충실한 것으로서, 우리의 모든 행위와 관계에 있어서 하나님 앞

---

51)   Robin Attfield, 구승회, 『환경윤리학의 제문제』(서울: 따님, 1997), 107-108.

52)   N. G. Wright and D. Kill, *Ecological Healing A Christian Vision*, 151-153. 그는 청지기가 되는 것은 종이 되는 것이며, 참된 종이 되기 위해서는 우리가 청지기나 종으로서 섬기는 피조물들의 성질과 필요를 알아야 한다고 주장하였다.

53)   이종원, "책임적 생명윤리", 204-205.

에서 삶의 통전성을 존중하고 함양하여야 한다는 것이다.[54] 따라서 선한 청지기로서 인간이 살아간다는 것은 삶의 통전성과 관련되며, 생명의 부여자이신 하나님이 인간에게 요구하시는 생명존중의 과제와 상응하도록 요구한다. 이러한 요구 앞에 설 때, 우리가 탐욕적인 소비자(greedy consumer)가 될 것인가 아니면 환경에 대한 신중한 보존자(careful preserver)인가[55]에 대한 답변은 자명하다.

이로 볼 때 생명주권주의는 모든 생명에 대해 인간이 져야 할 책임의 지평을 열어준다. 하나님의 형상으로 창조된 인간은 선한 청지기로서 창조의 선한 뜻에 부합하도록 생명공동체를 보다 건강하고 온전하게 만들어야 할 책임이 있다는 것이다. 이러한 책임의 자각은 생태위기해결을 위한 귀중한 자원이 된다.

⑥ 생명공동체의 온전한 회복을 위한 책임

위에서 현재 인류가 경험하는 환경과 생태계의 위기는 인간중심주의에 있었음을 지적하고, 슈바이처와 테일러를 중심으로 생명중심주의를 살펴보았다. 생명중심적 전망은 인간과 자연을 동일한 운명공동체로 이해하는 공생적 생명관을 갖는다. 생명중심주의는 다양한 생명체들이 호혜적인 방식으로 상호작용한다는 점을 주목한다. 그러나 생명중심

---

54)   W. Schweiker, *Responsibility and Christian Ethics*, 33.

55)   N. Agar, *Life's Intrinsic Value*, 39.

주의는 존재의 선과 생명의 목적론적 중심의 측면에서 인간과 다른 생명체를 동등하게 취급하면서 인간이 해야할 역할과 책임을 간과하였다.

필자는 위에서 생명주권주의가 생명주권과 하나님의 형상의 독특성, 그리고 책임의 측면에서 새로운 빛을 던져준다는 점에서 환경문제에 대한 새로운 대안일 수 있음을 주장하였다. 이는 인간중심주의로 해석되어왔던 창조신앙에 대한 새로운 해석과 수정을 통해서 하나님 중심적인 생명이해와 자연이해, 그리고 거기서 도출되는 인간의 책임을 재발견하게 된다. 생명주권주의는 창조주 하나님과 인간의 올바른 관계성을 강조하면서, 인간은 하나님과 다른 생명체와의 관계에서 책임적 존재가 되어야 할 것을 강조한다.

그러므로 생명주권주의에 기초한 생명이해는 생명은 서로 의존하는 상생과 공생의 관계에 있음을 주목하면서 인간은 하나님으로부터 모든 생명을 돌보아야 할 청지기로서의 책임을 위임받았음을 강조한다. 인간은 자연 생태계 없이는 생존할 수 없다. 인간이 자연을 파괴할 때, 자연 생태계는 인간의 생존을 위협하게 된다. 따라서 선한 청지기로서 인간은 하나님이 선하게 창조하신 자연 생태계를 사랑하고 돌보며 가꾸어야 한다. 비록 인간이 하나님의 형상으로서 하나님과의 독특한 관계성 속에 있다 할지라도 인간도 자연에 속하며, 자연의 일부임은 부인할 수 없다. 그러므로 인간은 하나님께로 부여받은 창조성과 지혜를 가지고 자연을 지배, 통제, 그리고 착취하는 것이 아니라 상호의존, 상호존중, 그리고 협력의 구도 속에서 선하게 사용하여 하나님 앞에서 생명공동체의 온전성을 회복해야 할 책임이 있다.

사이버 문화의 도전과 책임윤리

① 들어가는 말

정보통신기술의 발전에 따른 컴퓨터의 보급과 통신망의 확장은 사람들의 사고방식과 생활양식을 새롭게 바꾸었을 뿐 아니라 의사소통에 있어서 새로운 변화를 초래하였다. 인터넷은 전지구를 무대로 자유로운 토론과 의사소통의 효과적인 매개체를 넘어 상거래로부터 의료 및 연구, 교육에 이르기까지 우리 삶의 모든 분야에 걸쳐 광범위한 영향을 미치고 있다.[56]

---

56) 초고속인터넷부분에서 우리나라는 이미 자타가 공인하는 세계 최고의 초고속인터넷 국가로 평가되고 있다. 2003년 말 1,118만 가구가 초고속인터넷에 가입하여 초고속인터넷 보급 세계 1위를 유지하고 있으며, 전국 모든 읍, 면 지역에 초고속인터넷서비스를 제공할 수 있는 기반이 조성되었다. 2002년 국제전기통신연합(ITU:International Telecommunication Union)의 조사에 따르면 우리나의 초고속인터넷 가입율이 인구 100명당 21.3명으로 1위를 기록했으며, 2위를 차지한 홍콩(14.6명)

인터넷과 디지털을 통해 실현되는 사이버 공간은 가상의 공간으로서 시간과 공간적인 제약을 뛰어 넘어 가상현실(virtual reality)을 제공한다.[57] 즉 사이버 공간은 현실 세계 및 사회적 상황과 긴밀하게 연결되면서 보다 확장된 공간을 제공하는 통로가 되었다.[58] 사이버 공간은 사람들에게 다양한 정보를 제공하면서 정치공간으로서 전자민주주의를 실현하며, 경제공간으로서 전 세계적 규모의 전자상거래를 가능하게 한다. 또한 개인의 창의력 증대, 원격진료, 재택근무 등 복지를 향상시킬 뿐 아니라 문화 예술 공간으로서의 역할도 수행하게 된다.[59] 이제 사이버 공간은 실험실이나 공상과학소설, 영화에서나 나오는 낯선 공간이 아니라 일상적인 삶의 공간으로 점차 확장되고 있다.[60]

사이버 공간의 등장과 더불어 발생하게 되는 인간의 여러 행위들은 기존의 행위와는 구별되는 독특하고도 고유한 산물들을 산출하게 되었다. 정보화가 광범위하게 진행됨에 따라 경제, 사회, 교육, 예술을 포함한 삶의 전 영역에 걸쳐서 사이버 문화가 생겨나게 되었다.

새로운 대안문화(alternatives)로 등장하게 된 사이버 문화는 전통적인 규범을 뛰어넘어 정보사회라는 새로운 공동체로 지구촌의 전구성원을

과도 큰 차이가 났다. 정보통신윤리위원회, 『2003년 정보통신윤리백서』, 19.

57) 김옥조는 가상사회의 중요성을 다음과 같이 강조한다. "가상사회가 현실세계의 삶과 문화 그리고 경제와 사회에 미치는 영향은 이루 말할 수 없다. 가상사회는 우리들의 일상에 벌써부터 깊숙이 자리잡고 있으며, 이것이 어떻게 반전하느냐 하는 것은 인류의 장래를 가르는 결정적인 요인이 되었다." 김옥조, 『미디어윤리』(서울: 중앙M&B, 2001), 472.

58) 추병환은 현실세계와 사이버 공간의 밀접한 관계를 다음과 표현했다. "현실세계에서의 삶의 방식이 사이버 공간에서 재현되는가 하면, 사이버 공간에서의 삶의 방식이 현실세계를 살아가는 우리의 행동에 직접적인 영향을 미치기도 한다." 추병환, 『정보사회와 윤리』(서울: 울력, 2002), 13.

59) 남순해 · 고석하, "사이버 스페이스에서의 법적 규제와 윤리적 이슈에 관한 연구", 『2002년도 한국산업정보학회 춘계학술대회 논문집』, 제7권 1호, 377.

60) 이재현, 『인터넷과 사이버 사회』, 커뮤니케이션북스, 2000, 227.

하나로 연결시킨다.[61] 사이버 문화가 펼쳐지는 장은 현실의 실제공동체 (actual community)가 아니라 가상공동체(virtual community)이다. 따라서 사이버 문화는 실제문화현상과는 다른 경험양식이나 행동패턴으로 문화를 산출한다.

인터넷과 디지털 테크놀러지의 발달에 따라 사이버 문화가 차지하는 영역은 점점 확대되면서 그 영향력도 더욱 증대될 전망이다. 그런데 사이버 문화의 문제점들을 간과할 수 없다. 음란, 폭력물의 범람, 지적 소유권 침해, 외국 문화의 무분별한 유입, 개인정보유출로 인한 사생활침해, 해커 등에 의한 각종 사이버 테러나 범죄 등의 사이버 공간의 역기능적인 요소들이 그대로 사이버 문화에 반영되어 심각한 사회문제로 대두되고 있다.

따라서 건전한 사이버 문화의 정착을 위해 바람직한 가이드라인과 규범이 요청된다. 그런데 이러한 규범의 정착은 전통적인 방식으로는 효율적으로 해결할 수 없다. 사이버 문화가 관계하는 구조가 전통적인 방식과는 전혀 다르기 때문이다. 따라서 새로운 해결방식이 요청되는데, 필자는 '책임윤리'를 새로운 문제해결방식으로 제안하고자 한다.

책임윤리는 사이버 문화의 역기능적인 요소들을 최소화함과 동시에 순기능적인 요소들을 최대화하면서 사이버 문화가 지향해야 할 올바른 방향을 제시할 수 있게 된다.

---

61)　맥루한의 "지구는 하나의 촌락에 지나지 않는다"는 명제는 사이버 문화와 가상공동체의 실현을 통해 명백해진다. 지구촌이라는 개념은 1980년대 금융시스템이 컴퓨터와 통신시스템에 이식됨으로써 시작되었지만 이제는 정보화사회로 이행해가는 후기산업시대의 공동체적 결속을 의미하는 것으로 받아들여지고 있다. 여명숙, "사이버 문화의 형이상학적 기초", 『정보과학회지』 제17권 제8호, 1999년 8월, 5.

◼ 사이버 공간의 특징

정보사회의 특징 중 하나로 제기되는 것이 사이버 공간(cyber-space) 내지 가상현실(virtual reality)이다.[62] 사이버 공간이라는 말은 '컴퓨터에 의해서 제어되는'이라는 뜻을 지닌 'cyber'와 '공간 혹은 장소'를 의미하는 'space'가 결합되어 생겨난 용어이다.[63] 즉 사이버 공간은 물리적 공간이나 심리적 공간과 구별되는 독특한 공간이다. 컴퓨터들이 전지구적으로 상호 연결된 인터넷을 통하여 이루어지는 커뮤니케이션의 열려진 가상(假想)의 공간이다.[64] 사이버 공간은 모든 것이 디지털 정보로 재구성되어 통신망을 통해 자유로이 이동할 수 있는 공간으로서 인간과 정보가 같이 거주하며 만나는 공간이라고 할 수 있다. 따라서 사이버 공간은 디지털 커뮤니케이션의 물적 인프라 뿐 아니라 정보의 바다, 그리고 그 공간에 자료를 공급하고 항해하는 인간들까지 포함하는 폭넓은 개념으로 정의

---

62) 김영한, "사이버 문화와 개혁신앙",『사이버 문화와 기독교문화전략』(서울: 쿰란출판사, 1999), 7-8.

63) 여명숙, "사이버 문화의 형이상학적 기초", 6.

64) 철학적인 의미에서 '가상적'이라는 것은 실제적인 것이 아닌, 잠재적 힘으로만 존재하는 것을 뜻한다. 즉 가상은 실질적 혹은 형식적 구체화의 이전 단계에 있는 것을 뜻한다. 일반적인 의미에서 가상은 비현실을 나타내기 위해서 사용된다. 현실이라는 것은 물질적인 구현, 감지할 수 있는 모습을 가정하기 때문이다. 그러나 '가상현실'에서 '가상'이라는 말의 의미는 어떤 시공간적인 좌표로 고정시킬 수 없지만, 그럼에도 불구하고 현실적인 것으로 해석될 수 있다. Pierre Levy, 김동윤 · 조준형, 『사이버 문화』, 74-75. 사이버 공간은 정보인으로서의 인간과 인간, 정보체(*information entities*)로서의 물체와 물체, 그리고 이렇게 정보화된 인간과 물체들의 교류가 일어나는 공간이다. 여명숙, "사이버 문화의 형이상학적 기초", 6.

될 수 있다. 사이버 공간은 다음과 같은 특징을 갖는다.[65]

첫째, 텍스트의 측면에서 볼 때, 기존의 텍스트가 선형성(linearity)을 근간으로 한다면 새로운 텍스트는 비선형성, 즉 하이퍼텍스트성(hypertextuality)이라는 특성을 갖는다. 정해진 시작과 끝이 없는 하이퍼텍스트는 마치 미로나 그물망과 같이 얽혀 있어서 어떤 길을 선택하느냐에 따라 무한한 가능성이 열려진다.

둘째, 커뮤니케이션의 구조에서 볼 때 기존의 커뮤니케이션이 중앙집중화된 구조를 지니는 반면, 사이버 공간에서의 커뮤니케이션의 구조는 탈집중적인(decentralized) 구조를 보여준다. 즉 다원적 커뮤니케이터들이 서로 정보를 전달하는 "매개 커뮤니케이션 모델"이 새로운 커뮤니케이션 구조로 등장한다.[66]

셋째, 인터페이스 측면에서 볼 때, 새로운 테크놀러지는 인간-기계의 합체(embodiment)를 점진적으로 확대시켜 가고 있다. 생체기술과 가상현실 기술의 발전은 인간과 기계 간의 경계를 약화시키고, 새로운 인간형인 사이보그를 만들어내고 있다. 사이보그는 인터넷과 게임을 통해 현실화되고 있는 우리의 모습이라 할 수 있다. 원격현전(telepresence)을 통해 육체는 물리적 공간의 제약을 극복한다. 고도의 상호작용성과 원격현전은 육체와 정신의 분리, 즉 육체이탈(disembodiment)을 가능케 한다.[67]

---

65) 이재현, 『인터넷과 사이버 사회』(서울: 커뮤니케이션북스, 2000), 227-228.

66) 기존의 미디어가 완성된 텍스트를 일방적으로 전달하는 형태였다면, 고도의 상호작용성을 보장하는 사이버 환경은 송신자와 수신자를 동일한 커뮤니케이션 이용자 혹은 행위자로 만들면서 함께 참여하여 텍스트를 생산하게 만든다. 박장호, 『사이버 공간의 사회학』(대구: 정림사 2001), 60.

67) 이재현, "사이버 스페이스의 문화와 커뮤니케이션", 『정보과학회지』 제17권 제8호, 1999년 8월, 24-25.

❷ 가상현실

사이버 공간은 가상현실을 제공하는데, 가상현실은 사람들이 일상적으로 경험하는 시공간 속의 현실이 아니라 사이버 공간이라는 인공공간에서만 존재하는 현실이다. 가상현실의 존재방식은 현전(presence)과 몰입(immersion) 그리고 상호작용성(interactivity)을 특징으로 하는데 기존의 지각이론으로는 설명하기가 쉽지 않다.[68]

가상현실은 물리적 시공간의 제약을 받을 수밖에 없는 실제현실의 약점을 보완하는 대안적 현실이며 확장된 세계의 일부를 이룬다. 가상현실은 실제 현실과 공생관계에 있는 공생적 현실이며, 인간 지성의 발전에 따라 실제현실과 더불어 함께 진화하는 현실로 이해된다.[69]

---

68) 여명숙, "사이버 문화의 형이상학적 기초", 7. 윌리엄 깁슨은 사이버 공간에서 인간의 신경과 컴퓨터가 연결되어 '공감적 환상(consensual hallucination)'이 일어난다고 묘사했다. 여기서 공감은 수많은 사람들이 컴퓨터 통신망으로 연결됨으로써 이루어지는데, 모든 사람들에게 동시적으로 경험하게 되는 공감을 불러일으키는 환상을 뜻한다. 따라서 사이버 공간은 컴퓨터에 의한 은유적 공간이지만 그 이면에는 새로운 사회관계와 인지능력의 변화를 경험하는 공간이라 할 수 있다. 박장호, 『사이버 공간의 사회학』, 64.

69) 여명숙, "사이버 문화의 형이상학적 기초", 9.

③ 사이버 문화

❶ 사이버 문화의 요소

사이버 문화는 새로운 테크놀러지에 의해 가능해진 사이버 공간에서 이루어지는 문화적 과정과 그 산물 또는 그러한 문화에 대한 담론이라고 정의할 수 있는데, 사이버 공간에서 형성되고 유통되어지는 인간의 지적인 작품과 예술적인 활동 그리고 실천행위까지도 포함하는 모든 문화적인 요소라고 할 수 있다.[70] 즉 사이버 문화란 사이버 공간의 팽창에 따라 발달하고 변화하는 물적, 지적 테크닉, 실천, 태도, 사유방식 등의 총체를 가리키며[71] 사이버 소통 공간 속에서의 실천, 기술, 가치, 행동 등을 구성요소로 삼는다.

사이버 공간은 단지 소통뿐만 아니라 디지털 정보수단을 매개로 하는 사회적, 인지적 활동의 총체를 포함한다. 그러므로 사이버 문화는 단지 컴퓨터 마니아들만의 문화가 아니라는 점에 주목할 필요가 있다. 사이버 공간이 새로운 커뮤니케이션 생태환경을 마련함으로써 사이버 문화는 이미 중심적인 문화로 자리잡기 시작하였다. 따라서 사이버 문화는 미래사회의 인간관계 형성에 있어서 가장 지배적인 방식이 될 정보화 사회의 문화로 특징지어지게 될 것이다.[72]

---

70) 사이버 공간의 문화를 지칭하는 말로 테크노문화, 인터넷문화, 포스트휴먼 문화, 하이테크 문화 등이 사용되고 있는데, 이러한 다양한 용어들은 사이버 문화의 다양성을 보여준다. 이재현, "사이버 스페이스의 문화와 케뮤니케이션", 25.

71) Pierre Levy, 『사이버 문화』, 32.

72) 사이버 문화는 기계문명의 정점에 서 있는 컴퓨터와 인간의 만남에서 일어나는 새로운 현상이다.

사이버 문화는 한편으로는 컴퓨터 네트워크의 확대, 개인용 컴퓨터의 보급, 멀티미디어 기술의 발전 등과 같은 컴퓨터 혁명을 배경으로, 다른 한편으로는 경계구분이 명확한 모던한 시대에서 모든 경계가 붕괴되는 포스트모던한 시대로의 전환이라는 사회적 상황변화를 배경으로 등장하게 되었다.[73]

테크놀러지의 발전으로 사이버 문화는 점점 더 보편적인 현상으로 폭넓게 받아들여지게 될 전망이다. 사이버 문화는 고도의 정보사회로 갈수록 더욱 많은 수요와 창출이 이루어지기 때문에 기존의 대중매체보다 기술적으로 훨씬 진보한 매체의 형태를 갖는다. 기존 대중매체와는 달리 사이버 문화는 무제한의 정보를 대량으로 동시에 보낼 수 있으며 시간과 공간의 한계를 뛰어넘어 진행된다.

사이버 문화는 가상공동체의 문화, 온라인 커뮤니케이션 행위와 정체성, 사이버펑크와 초인간주의 등의 요소들이 대표적이다.[74]

ⓐ 가상공동체의 문화

사이버 공간은 일종의 가상현실이다. 사이버 공간을 통해 접근하는 공간, 즉 컴퓨터 네트워크, 하드웨어, 소프트웨어, 데이터에 의해 구축되는 가상공간이 바로 매트릭스이다.[75] 사이버 공간은 전지구상에 걸쳐

사이버 문화는 가상현실의 예처럼 컴퓨터가 조작해 주는 영상과 촉감과 소리를 인간이 마치 자기의 신체의 연장물로서의 현실처럼 받아들임으로써 비로소 생겨나는 '현실과 같은 가상(fact-like fiction)'이지만 그 자체가 하나의 인간경험이라는 점에서 '가상과 같은 현실(fiction-like fact)'이라고 할 수 있다. 이처럼 사이버 문화는 정보혁명을 이용한 자연에 대한 인간의 도구적 이용의 극대화이면서도 동시에 새로운 도구에 대한 인간적응의 산물인 것이다. 최태연, "사이버 문화의 철학과 기독교세계관", 『사이버 문화와 기독교문화전략』, 49-50.

73) 이재현, 『인터넷과 사이버 사회』, 232.

74) 같은 책, 229.

75) '매트릭스(matrix)'란 '자궁', '모체', '행렬' 등을 의미하는데, 원래 '어머니'를 가리키는 라틴어에서

네트워크로 구축된 컴퓨터에 의해서 유지되고, 컴퓨터를 이용해 접근할 수 있는 다차원적인 인공현실 또는 가상현실이라고 할 수 있다.

레인골드(Rheingold)는 가상공동체의 핵심은 '선물경제(gift economy)'에 있다고 보면서 새로운 공동체 구축을 주장한다. 호혜성을 기반으로 하는 새로운 공동체는 사적인 이익을 추구하기보다는 다른 사람에게서 얻은 만큼 다른 사람에게 그 무엇 ― 정보, 감정적, 정치적 지지 ― 을 주는 공동체이다. 정신적, 정서적 유대를 바탕으로 개인적 수준에서는 소속감을 불어 넣고, 대인적 수준에서 공공선을 추구하는 상호작용이 이루어지며, 정치적 수준에서 자유로운 의사표현을 통해 합리적인 합의에 도달하여 파편화된 현대사회의 궁극적인 대안이 될 수 있다는 것이다.[76]

ⓑ 온라인 커뮤니케이션 행위와 정체성

인터넷과 같은 온라인에서 여러 사람이 실시간에 커뮤니케이션 할 수 있는 MUD,[77] MOO, 인터넷대화방(IRC), 그리고 여러 사람들이 정보와 의견을 교환할 수 있는 E-Mailing, 전자게시판(BBS), 뉴스그룹, 각종 Mailing List 등 다양한 형식의 컴퓨터매개통신(CMC)이 이루어진다. 컴퓨

유래한 것으로 생산적이며 에로틱한 근원을 의미한다. 윌리엄 깁슨이 그의 소설 『뉴로맨서』에서 '사이버 스페이스'라는 말을 처음으로 사용했는데, 그의 소설에서 사이버 스페이스는 매트릭스로도 불리며 이는 사이버 공간이 고도의 수학에 기반을 두고 있으며, 모든 사람의 가장 기본적인 일상 환경이라는 것을 가리키는 것으로 소개된다. 홍성태, 『사이버 사회의 문화와 정치』(서울: 문화과학사, 2000), 198.

76) 이재현, "사이버 스페이스의 문화와 케뮤니케이션", 26.

77) MUD(Multi-User-Dungon 또는 Multi-User-Dimension)는 구조화된 실시간 대화포럼이지만 다수의 이용자들이 가상적으로 설정된 상황에서 수행하는 게임으로 더 잘 알려져 있다. 조동기·김병준·조희경, 『사이버 문화의 특성과 사회적 영향』, 정보통신정책연구원, 2001, 36. MUD게임은 강한 중독성과 가상세계에서의 행위의 잔인성으로 특징지어지는데, 음향이나 영상이 현실과 같이 리얼하지만 현실적으로 불가능한 끔직한 살인이나 폭행이 다반사로 이루어지고 있다. 남순해·고석하, "사이버 스페이스에서의 법적 규제와 윤리적 이슈에 관한 연구", 380.

터매개통신은 주로 텍스트에 기반한 메시지가 송수신된다는 점에서 텍스트 메시지에 전적으로 의존할 수 밖에 없다. 또한 CMC는 메시지 생산자에 대한 신원(identity)이 불확실하거나 익명적(anonymous)이라는 특성을 갖는다. 이러한 특성 때문에 정체성을 새롭게 창출할 수도 있다. 이러한 새로운 정체성의 창출은 실재 세계에서 갈망하던 새로운 인물로 '태어나고자'하는 욕망의 표현으로 해석될 수 있지만 비도덕적인 행위로 간주되어 비판받을 수도 있다.[78]

ⓒ 사이버펑크와 초인간주의

사이버펑크는 1980년대 중반 이후 사이버펑크 문학에 영향을 받아 등장한 새로운 대항문화(counterculture) 운동을 가리키거나, 그러한 운동에 참여하거나 동조하는 집단 또는 개인을 지칭하기도 한다.[79] 사이버펑크는 사이버펑크 소설에 등장하는 주변화된 인물과 자신들을 동일시하며, 그런 소설의 배경이 되는 소위 '테크노시스템'의 전조가 이미 서구사회에 나타나고 있다.[80] 사이버펑크는 한편으로는 복제인간, 인간과 기계의 결합, 육체이탈과 같은 '사이버'적 측면과 다른 한편으로는 하이테크의 그늘 속에서 주변화되어 있는 범죄자, 부랑자, 낙오자와 같은 인물을

---

78) 같은 책, 26-27.
79) 사이버펑크(cyberpunk)란 '사이버네틱스'와 '펑크'의 합성어로서, '사이버'는 컴퓨터가 만들어내는 무언가를 의미하며, '펑크'는 '풋내기 젊은 불량배'란 의미로서 사전적 의미는 '컴퓨터를 능숙하게 다루면서 말썽을 부리는 젊은이'란 뜻이 된다. 즉 컴퓨터에 대한 심취와 이로 인한 기성세대의 가치관 상실을 경멸적인 태도로 바라보는 정보사회에 나타난 새로운 인간상으로 해석하기도 한다. 사이버펑크는 컴퓨터 이용자들이 만들어 내거나 이용하는 언어, 의상, 음악, 영화 등 반문화적 감성 전반을 나타내며, 사이버에서 발생하는 하이테크 하위문화와 펑크에서 유발되는 밑바닥 거리문화의 결합물이라는 의미로서 첨단 컴퓨터 기술이 만들어 낸 새로운 형태의 반체제적인 대중문화로 이해할 수 있다. 박장호, 『사이버 공간의 사회학』, 83-84.
80) 이재현, 『인터넷과 사이버 사회』, 236.

통해 양극화된 사회모습을 그리는 '펑크'적인 측면이 결합되어 있다.[81) 따라서 사이버펑크는 기존의 주류 SF소설들과는 달리 그 분위기가 어둡고 염세적이다.

사이버펑크의 모티브는 육체이탈의 열망이며, 이를 가능하게 하는 것이 가상현실기술이다. 기계와 인간 사이의 인터페이스가 정교해지면서 인간의 육체는 정신을 연결해주는 채널로, 디스플레이 장치로, 커뮤니케이션 장치로 전락하게 된다. 육체이탈은 단순히 육체와 정신의 분리에 그치는 것이 아니라 사이버 공간 속의 가상육체를 획득하면서 완성된다. 실재 세계를 벗어나 사이버 공간으로 가고자 하는 모든 행위가 바로 육체이탈에 대한 욕망의 표현이라 할 수 있다.[82)

이러한 육체이탈의 욕망은 초인간주의라는 하나의 철학 또는 운동으로 구체화된다. 초인간주의는 인간 개체의 수준뿐만 아니라 환경 및 생태영역, 문화영역, 기술영역, 조직영역 등 광범위한 문제 내지 차원들과 관련된다는 점에서 거시적인 세계관이라고 할 수 있다.[83)

이로 볼 때 사이버 문화는 현대사회의 유동성, 다원성, 불확정성, 탈중심성을 표상하면서 기존문화에서 관습처럼 굳어져왔던 다양한 경계들을 붕괴시키면서 새로운 문화로 진행되는 과정에 있다고 보여진다.

---

81) 이재현, "사이버 스페이스의 문화와 케뮤니케이션", 27.

82) 같은 책, 28.

83) 이재현, 『인터넷과 사이버 사회』, 247-248.

② 사이버 문화의 특징

인간의 자율성과 창의성의 측면에서 볼 때, 사이버 문화는 대중들이 인터넷이 구축한 사이버 공간에서 능동적이고도 자율적으로 참여하여 만들어낸 문화라고 할 수 있다. 사이버 문화는 다음과 같은 특징을 갖는다.

첫째, 사이버 문화는 개방적인 특징을 갖고 있다. 사이버 문화는 컴퓨터통신망이 구축되면 누구나 참여할 수 있는 개방의 문화이다. 성, 인종, 민족에 따른 차별 없이 모두에게 열린 공개된 공간이기에 정보가 자유롭게, 개방적으로 흐르며, 이러한 정도에 의해서 그 가치가 결정된다. 통신망의 기술적 구성 자체가 개방성을 추구하기에[84] 사이버 문화는 정보교환에 있어서 쌍방향 대화형 소통방식을 따르며, 신속성과 양방향성을 특징으로 지닌다. 사이버 문화의 기저에 있는 강력한 생각이나 충동은 상호연결(inter-connection)이다. 고립보다 연결을 선호하는데, 연결은 그 자체로 좋은 것이기 때문이다. 이러한 접속에 의한 상호 연결은 의사소통의 '물리학'을 넘어, 인류를 국경 없는 연속체(continuum)로 구축하고, 인간 존재와 사물들을 동일한 대화형 의사소통에로 이끌어 하나의 보편적 차원을 엮는다.[85] 이러한 사이버 문화의 개방적인 특성은 공동의 관심에 대한 의사교환과 적극참여를 유도하며 자료나 정보를 서로 공유하도록 이끈다. 사이버 문화의 개방적인 특성은 인간의 자유의지를 구현하면서 현실에 얽매인 인간의 굴레들을 해방시키는 통로가 된다.

둘째, 사이버 문화는 저항성을 특징으로 갖는다. 사이버 공간에서

---

84) 홍성태, 『사이버 사회의 문화와 정치』, 55.

85) Pierre Levy, 『사이버 문화』, 179.

문화를 향유하고 공유하는 모든 주체들은 문화생산자이면서도 동시에 문화소비자라는 이중성을 지닌다. 현실공간에서의 일방적인 지시와 명령의 닫힌 구조와는 달리 사이버 문화는 쌍방향적인 의사소통의 열린 구조로 진행되기 때문에 주체들은 자신의 생각이나 사상을 자유롭게 펼칠 수 있다. 이러한 자유로운 사상의 표현과 더불어 기존의 체제나 구조에 대한 불만이 사이버 문화의 형식을 통하여 저항적인 모습으로 나타나게 된다. 이러한 저항에는 정보, 기업, 대중스타 등을 가리지 않는다. 이러한 저항문화의 대표적인 유형이 바로 사이버펑크라고 할 수 있다. 반사회적 가치관을 담은 펑크라는 말이 풍기는 부정적인 뉘앙스는 저항문화를 보여주고, 동시에 사이버가 합쳐진 사이버펑크는 미래의 인류가 직면하게 될 체험을 개념화하는 상상력을 불러일으킨다.[86] 사이버펑크는 테크놀러지와의 융합을 통하여 자유로운 상상력을 발휘하면서 기존 문화에 대한 대안적이면서도 저항적 하위문화를 형성하게 된다.

셋째, 사이버 문화는 익명성을 특징으로 한다. 사이버 공간에서의 만남은 비대면적인 만남이며 탈맥락적 만남으로 진행된다. 컴퓨터 통신망으로 이루어지는 사이버 공간은 모든 정체성이 자유롭게 떠도는 '무중력 공간'이라 할 수 있다. 사이버 공간의 주체들은 익명이나 가명으로 자신의 정체를 숨긴 채 커뮤니케이션을 진행하게 된다.[87] 따라서 사이버 공간에서는 자신의 모습을 객관적으로 파악하기 어렵고 자신의 주관적인 모습만이 강조될 뿐이다.[88] 사이버 공간에서의 익명적인 만남은 직접

---

86) 박장호, 『사이버 공간의 사회학』, 86.

87) 사이버 공간에서 사용되는 ID는 순전히 자의적으로 지어진다. 사이버 공간에서의 만남은 극히 희박한 정보에 기초하여 이루어진다고 볼 수 있다.

88) 추병환, 『정보사회와 윤리』, 17.

적인 대면보다 사회적인 관습으로부터 쉽게 벗어나는 통로가 된다. 이러한 익명성의 보장은 당사자로 하여금 더욱 솔직하고 과감하며 진솔한 커뮤니케이션으로 이끈다.[89]

그러나 익명성이 상대방에 대한 존중으로 이어지지 않고 무책임한 행위로 자극될 때 여러 폐단과 함께 정확성, 공정성, 신뢰성을 무너뜨리는 결과를 초래할 수 있다.[90] 익명성은 다른 사람을 만나고 사귀기도 쉽게 하는 반면 큰 부담을 느끼지 않고 관계를 쉽게 끊어버릴 수도 있게 한다. 이로 인하여 사이버 공간에서는 현실에서와 같은 강한 유대감이나 신뢰감을 구축하기가 어려울 뿐 아니라 타인에 대한 배려나 존중도 어렵게 된다.

또한 사이버 공간은 여러 개의 가상적 자아가 가능하기 때문에, 현실에서처럼 자신의 행동에 대해 도덕적 책임을 질 필요가 없게 된다. 따라서 익명성은 개인으로 하여금 쉽게 비윤리적 행동으로 유혹할 수 있다.

🖪 사이버 문화의 역기능

사이버 문화는 순기능적인 측면과 더불어 역기능적인 면들을 동

---

89) 게시판의 경우 예상되는 불이익 때문에 올릴 수 없는 글도 두려움 없이 마음껏 올릴 수 있다. 따라서 익명성은 표현의 자유라는 관점에서 순기능적인 면을 갖는다. 홍성태, 『사이버 사회의 문화와 정치』, 54.
90) 김옥조, 『미디어윤리』, 475. 익명성이 보장되는 사이버 공간에서의 만남은 자칫 저열한 사기나 추잡한 만행이나 사악한 폭력으로 진행될 가능성을 배제할 수 없다. 이런 점에서 볼 때, '네티켓'은 사이버 공간의 붕괴를 막기 위한 최소한의 자발적 장치라고 볼 수 있는데, 자발적 장치인 점에서 구속력이 약하다.

시에 갖고 있다는 점에서 역설적이면서 이율배반인 특징을 지닌다.[91] 따라서 사이버 문화는 잘못 인도될 경우 현실을 왜곡하며 자기도피적인 결과를 초래하게 된다. 가상현실은 환상의 세계로 도피하게 만든다. 현실과 가상현실의 사이에서 직면해야 할 현실을 무시하고 자기도피적인 요소들에만 심취하여 가상현실로 점점 깊이 빠져들게 만든다. 폭력이나 포르노그라피의 가상현실은 그것에 순응하도록 하여 환상의 세계로 빠져들게 만든다. 그리하여 현실에 대한 의식은 사라지며, 인격적 퇴락을 야기시키게 된다.[92]

사이버 문화는 탈구조적인 형식을 지니고 있으며 고정된 형식이나 틀에서 벗어나 자유롭게 표현되며 형성된다. 이러한 개방적이고 자유로운 사이버 문화가 왜곡된 가치관에 이끌릴 경우 잘못된 결과를 초래하게 된다. 도구주의적 가치관에 접목될 경우, 사이버 문화는 도구적 의미만을 갖는 수단이 되고, 무엇이든 허용될 수 있는 것으로 변질되어 버린다. 사이버 문화가 이러한 무제약적인 도구주의적 세계관에 이끌릴 경우 파국적인 결과를 초래하게 되는데, 그 파괴력은 우리의 상상을 넘어서게 된다.[93]

사이버 문화는 인간의 본능과 충동만을 자극할 경우 대중의 욕구와 야합할 가능성이 많다.[94] TV, 영화, 잡지, 게임 등의 폭력물과 음란물

---

91) 레비는 이러한 역설적인 요소들을 중심의 의미가 부재하는 보편성, 무질서의 시스템, 미로와 같은 투명성, 획일적 전체성 없는 보편으로 보았다. Pierre Levy, *Cyberculture*, 『사이버 문화』, 158.

92) 김영한, "사이버 문화와 개혁신앙", 17-18.

93) 소흥렬, "사이버 문화의 인간적 조건", 『정보과학회지』 제17권 제8호, 1999년 8월, 47-48.

94) 김영한, "사이버 문화와 개혁신앙", 『사이버 문화와 기독교문화전략』, 15. 사이버 문화가 지니는 이중적 자기모순은 성인 뿐 아니라 직접적으로는 어린이나 청소년들에게 악영향을 끼치게 되기에 심각한 사회문제가 되고 있다. 정보통신윤리위원회에 따르면 음란, 폭력정보는 지난 2002년 20,287건에서 2003년 50,177건으로 증가했으며, 2004년 7월까지 35,874건으로 증가했는데, 이는 전체 심의건수 43,408건 중 82.6%에 달하는 것으로 보고하였다. 국민일보 2004년 9월 20일.

에 노출된 대중들은 점차 폭력과 성윤리에 대한 감각이 무디어지게 되는데 가상현실이 이러한 경향을 더욱 심화시킨다.

또한 컴퓨터통신은 강한 중독성을 갖기에 마약중독처럼 우리의 일상적 삶을 왜곡시킨다.[95] 그리하여 가상공간은 하나의 가상적인 공간에 머물지 않고 실재 공간에 침투하여 인간의식과 자아정체성에 악영향을 미치게 된다. 사람들은 실제 현실과 가상세계 사이에서 다중 자아의 개념을 갖게 된다. 가상현실이 제공하는 무제약성에 빠져들 경우 고정된 자아에서 벗어나 자유로운 변신을 추구하게 되는데, 지나치게 심취할 경우 분절된 자아(fragmental self)나 다중 자아(multiple self)로 정체성의 혼돈을 경험하게 된다. 극단적인 경우, 자아의 존재가 부정되고 정체성이 해체되며, 단지 사이버 자아가 등장할 뿐이다. 그리하여 자아의 개별성과 단일성까지도 위협을 받게 된다. 이러한 자아의 정체성 혼돈은 책임을 더욱 모호하게 만들면서 무질서와 비도덕적으로 변질시킨다.

또한 사이버 문화는 상업주의와 지나치게 결탁되어 있다. 개방성과 탈중심성을 특징으로 하는 인터넷의 열린 시스템은 돈을 벌기 위해서는 수단과 방법을 가리지 않는 우리 사회의 얄팍한 상업주의와 감각적 쾌락이 마치 최고선인 양 떠받드는 우리 사회의 천박한 쾌락주의와 교묘하게 맞물려 있다.[96] 새로운 미디어의 산물들은 모든 정보를 전세계에 동시적으로 현실감있게 제공하면서 판매된다. 그러나 사이버 문화는 상업화에 영향받을 가능성이 높다. 인터넷 정보의 80%가 상업화된 음란물과 게임이라는 사실이 이를 단적으로 증명한다.[97]

---

95) 김영한, "사이버 문화와 개혁신앙", 16.

96) 추병환, 『정보사회와 윤리』(서울: 울력, 2002), 71.

97) 최태연, "사이버 문화의 철학과 기독교세계관", 52.

정보자본의 상품화가 권력과 결탁될 때는 가공할 파괴력과 잠재적인 위험이 내재하게 된다. 정보자본의 상품화는 21세기의 새로운 현상이 상품화된 것이 아니라 자아의 상품화로 직결된다. 개인의 신상에 관한 정보는 권력기관에 독점됨으로써 독과점 상품이 되었다.[98] 정보를 독점하는 주체는 권력을 독점하게 되는데, 이는 잘못 사용될 경우 치명적인 해악을 초래하게 된다.

사이버 문화는 지나칠 정도로 비인간화되어 있다. 음란물과 폭력물이 넘치고, 심각할 정도의 엽기물이 판을 치며, 사이버 공간이 마치 인간 내면의 본능적 욕구들을 마음대로 배설할 수 있는 해방구인 양 인식되고 있다.[99] 이러한 상황들은 가상현실에 의하여 삶의 일회성이 무시되거나 전복될 가능성을 예고하게 한다.[100] 그런데 우리가 간과할 수 없는 것은 아무리 기술이 발달하더라도 현실과 가상현실 사이에는 엄연한 간격이 존재한다는 사실이다. 현실은 엄연한 현실이며 가상현실은 가상현실에 지나지 않는다. 또한 가상현실과는 달리 현실에서의 삶은 일회적일 뿐이다.

이로 볼 때 사이버 문화는 놀라운 합리성과 창조력을 가진 인간 주체의 산물임과 동시에 계몽주의적 주체를 소외와 혼란에 빠뜨리는 자기모순과 이율배반성을 드러낸다.[101] 이는 폭력, 음란, 충동구매, 불필요한 채팅 등의 무분별한 가상현실에의 탐닉을 통하여 주체의 분열과 해체

---

98) 이유진, "정보문화와 윤리", 정규훈, 『정보기술사회의 윤리매뉴얼』, 273.

99) 추병환, 『정보사회와 윤리』, 4. 가상현실의 재생기술은 현실과 가상현실 사이의 장벽을 점점 약화시킬 것이며, 이는 근대적 윤리문화의 토대를 근본적으로 뒤흔들어 놓는 계기가 되리라 예상된다. 이유진, "정보문화와 윤리", 280.

100) 사이버상에서의 게임이나 폭력은 삶의 일회성을 무시하고 전복시키는 생명경시의 문화를 낳는 대표적인 경우이다.

101) 최태연, "사이버 문화의 철학과 기독교세계관", 55.

라는 병리현상들로 나타나게 된다.[102] 이러한 병리현상은 사이버 문화가 근대적 이성의 산물이면서 동시에 그러한 이성을 파괴하고 해체하는 역할을 하는 역설에 있다.

4 책임윤리

사이버 문화가 갖는 이중적 자기모순을 극복하는 해법은 책임윤리에 있다. 사이버 공간에서는 통일적 정체감의 상실, 역할의 상실에 따른 책임회피가 쉽게 일어날 수 있다. 따라서 현실에 비해 더욱 수준높은 책임의식이 요구된다. 책임을 벗어난 자유의 행사는 자신뿐 아니라 공동체 모두에게 해악을 주게 되기 때문이다. 그러므로 정보 사회에서의 인간의 책임은 가장 중요한 가치로 인식되고 평가되어야 한다.

사이버 문화와 관련된 책임의 문제는 다음의 두 가지 면에서 주목되어야 한다. 첫째, 기존의 책임에 대한 논의는 인과적 책임이나 면책의 조건들이 중심이 되는 반면, 사이버 문화와 연관된 책임은 보다 적극적이고 건설적인 면에서 논의되어야 한다. 고도의 과학기술이 발달하는 정보사회의 책임개념은 보다 확대되고 보다 포괄적인 책임 개념을 요청하기 때문이다.[103]

---

102) 'Cyberism'이라는 증후군에는 웹중독, 가상과 실재의 전도, 폐쇄, 고립, 격리, 수면장애, 사회적 부적응, 파괴성, 경박함, 모방과 혼성, 조작, 고착성 상실, 찰나주의가 속한다. 최태연, "사이버 문화의 철학과 기독교세계관", 58.

103) 추병완은 확대된 책임개념을 소급적 책임(*retrospective responsibility*)와 예상적 책임(*prospective responsibility*)으로 구분하면서 사람들은 자신들의 이전의 행위 뿐만 아니라 미래에 예견되는 결과에

둘째, 책임의 문제는 개인영역으로 한정된 문제이기보다는 사회 전체와의 연관성 속에서 폭넓게 고려되어야 할 문제이다.

1 리차드 니버의 응답(應答)의 윤리(倫理)

리차드 니버는 책임이라는 은유를 통하여 맥락적 윤리(contextual ethic)로서 응답의 윤리를 제안한다.[104] 인간의 실존은 상호작용, 즉 응답하도록 도전하는 다른 인간의, 또한 자연과 사회적 환경들의 선행적 행위와의 상호작용에서 이해된다. 니버가 강조하는 응답의 윤리는 주어진 맥락 안에서의 적절한(fitting) 행위에 집중한다.[105] 적절한 응답행위가 되는 조건은 응답(response)과 해석(interpretation), 그리고 타자의 반응을 예기한 응답(책무, accountability)과 사회적 연대성(solidarity) 등의 요소들이 상호작용할 때 이루어진다.[106] 니버에게 있어서 도덕적 행위란 우리에게 부딪혀 오는 해석된 행위에 대한 응답인 것이다.

책임은 신과 자아와 이웃의 삼중적 형태를 통하여 서로 반응하고 응답하고 상호의존하는 관계 안에서 그리고 사회공동체 속에서 형성된다. 자아와 타자와의 관계 안에서 상호반응하여 적합한 행위로 응답하게 될 때 진정한 책임적 존재가 되는 것이다. 책임의 최종귀속점은 주체성을 지닌 응답적 존재인 개인에게 주어지게 된다. 그렇게 될 때 책임적 존재로

대해서도 책임을 져야 할 것을 강조한다. 추병환, 『정보윤리교육론』, 69.

104)   임성빈, "리차드 니버의 응답의 윤리", 『현대 기독교윤리학의 동향』(서울: 예영, 1997), 40.

105)   H. R. Niebuhr, *The Responsible Self* (New York: Harper & Row Publishers, 1963), 60.

106)   같은 책, 63-64.

서 개인은 더욱 윤리적이고 실천적인 존재가 되며, 책임적인 삶을 스스로 결단하며 살아갈 수 있게 된다. 또한 개인적 자아에서 사회적 자아로 확장되어 상호의존의 책임관계가 형성될 때 더욱 강한 책임이 형성된다. 이때 개인적 자아와 사회적 자아를 강하게 연결시키는 것이 연대성이다. 니버는 이웃과의 상호관계 안에서 응답하는 책임적 자아를 강조하며, 사회 공동체 안에서 이웃에게 응답하는 연대성을 가진 책임적 존재임을 강조한다.

이러한 니버의 응답의 윤리를 사이버 문화에 적용시킬 때 사이버 문화공간에서 문화를 형성하는 모든 행위는 책임적으로 응답할 수 있어야 할 것을 요청한다. 사이버 공간에서 자신이 진행하고 있는 일에 대하여 책임질 수 있고 응답할 수 있을 때에 공동의 지적 자산을 위해 시너지 효과를 이룰 수 있게 된다. 따라서 응답적 존재로서 개인들은 현재 자신의 행위에 대하여 강한 책임을 인지하면서 가상의 공간에 있는 구성원 모두에 대한 강한 연대의식을 바탕으로 응답적 자아로서 행할 수 있을 때 사이버 문화의 역기능적인 측면을 극복할 수 있게 된다.

② 한스 요나스의 책임윤리

한스 요나스(H. Jonas)는 테크놀러지의 힘을 생존위협의 위기상황과 연관시키면서 책임의 지평을 미래에까지 확장시킨다. 그는 현대 인류가 직면한 위기는 테크놀로지의 발전으로 인간의 힘이 근본적으로 확장되

면서 발생되었는데, 테크놀로지의 힘은 새롭고 다양한 책임의 문제를 일으키게 되었다고 보았다.[107]

요나스가 제시하는 책임윤리의 개념은 현재 우리의 행위가 아직 태어나지 않은 다음 세대에 미칠 영향까지 고려하는 측면에서 책임의 원칙을 수립해야 한다는 것이다. 따라서 우리의 의무는 과학기술을 후세대에까지 미칠 영향력을 고려하는 측면에서 검토하면서 실행해야 한다.

호혜성의 원칙에 따르면, 나의 의무는 다른 사람의 권리이며, 또한 다른 사람의 권리는 나의 권리와 동일한 것으로 파악된다.[108] 현재 나의 권리는 나만의 권리가 아니라는 관점은 책임적 존재임을 자각하게 만든다. 인간이 져야 할 책임의 영역은 현재뿐만 아니라 미래까지도 포함되며 확장된다. 이러한 요나스의 책임개념을 사이버 공간에 적용해 보면 익명성이 보장된 비도덕적인 행위로 인하여 피해를 받게 될 불특정 다수에 대한 깊은 성찰을 요구하게 된다. 그 피해의 당사자는 현재 사이버상에 있는 주체뿐 아니라 그 후세대까지 포함한다는 책임의 확장은 더욱 책임적인 자아가 될 것을 요청하게 된다.

❸ 윌리엄 슈바이커의 통전적 책임윤리

슈바이커는 책임의 문제를 도덕적 통전성(integrity)이라는 가치개념으로 설정하면서 책임이 삶의 모든 영역으로 확장되어야 할 것을 강조한

---

107) H. Jonas, *The Imperative of Responsibility* (Chicago: The University of Chicago Press, 1984), 140.
108) 같은 책, 38.

다.[109] 그는 테크놀러지시대의 힘과 책임의 관계에 주목하면서, 책임의 영역은 하나님 앞으로까지 확장되어야 한다고 주장하였다.

슈바이커는 책임이론을 행위자 책임론, 사회적 책임론, 대화적 유형의 세 가지 유형으로 분석하면서 이 세 가지 이론을 변증법적으로 통합시켜 통전적 책임윤리(integral theory of responsibility)를 전개한다.[110] 슈바이커에게 있어서 '통전성(integrity)'이라는 개념은 '전체로서의(as whole)'라는 뜻을 지닌 라틴어 itegri에서 유래한 것으로 전체성(wholeness) 혹은 완전성(completeness)을 의미한다. 즉, 통전성이란 개념은 삶 전체가 조망되고 평가되는 어떤 과제나 원리에 자신을 위탁 혹은 헌신한다는 의미를 내포한다.[111] 슈바이커는 삶의 통전성을 도덕적인 선으로 해석한다. 통전성이란 인간으로 하여금 하나님 앞에서 삶의 가치를 존중하고 함양하도록 위탁하게 함으로써 자연적인 선과 사회적인 선, 그리고 반성적인 선의 복합성을 제대로 연관짓게 하기 때문이다.[112]

도덕적 성찰이 의도하는 것은 삶의 통전성을 존중하고 그 가치를 함양하는데 도움이 될 지식을 더해주고 사랑을 개발시켜주는 데 있다. 슈바이커가 제시하는 책임의 명법은 "하나님 앞에서(Coram Deo)"의 명제에 충실한 것으로서, 우리의 모든 행위와 관계에 있어서 하나님 앞에서 삶의 통

---

109) 슈바이커에 따르면 책임윤리는 삶의 필요들에 대해 어떻게 응답해야 하는지를 보여주는 것이라고 보았다. 책임윤리는 삶의 특정한 요소들이 인간의 행위에 반영되어 나타난다는 점을 인정하는 동시에 그 중 어떤 것은 선택할 만한 가치가 있다는 점을 인정하며, 인간 공동체는 다양한 삶의 형태를 선택함으로써 그러한 제한에 대해서 창조적인 방식으로 응답하는 것이다. 즉, 책임윤리는 인간의 필요(needs)와 가치들(goods)을 고려하면서 인간에게 주어진 우리 시대의 새로운 상황에 창조적으로 응답해야 한다. W. Schweiker, *Power, value, and conviction : theological ethics in the postmodern age* (Cleveland: Pilgrim Press, 1998), 30-31.

110) W. Schweiker, *Responsibility and Christian Ethics* (Cambridge: Cambridge Univ. Press, 1995), 40-42.

111) 같은 책, 32.

112) W. Schweiker, *Power, value, and conviction*, 13.

전성을 존중하고 함양하여야 한다는 것이다.[113]

슈바이커의 책임윤리는 인간에게 통전적인 책임의 자세를 요구하며, 과학기술이 진정으로 봉사해야 할 영역이 무엇인지를 성찰할 수 있게 한다. 사회적 존재인 인간은 다른 사람들과 상호관계를 맺고 살아가며, 환경과 상호관계 속에서 살아간다. 동시에 인간은 하나님과 인격적 관계를 맺으며 살아간다. 이러한 관계 속에서 요구되는 책임윤리는 행위자나 공동체가 다른 사람이나 주어진 환경에 대한 응답의 과정에서 어떻게 힘을 바람직하게 사용하는가에 대한 것이다. 따라서 책임있게 행동한다는 것은 힘이 자신뿐 아니라 다른 사람 그리고 환경과의 관계를 통합하는 데 사용되어야 하며, 그러한 힘의 사용이 바로 하나님 앞에서 삶의 통전성을 존중하고 함양하는 방법이 된다는 것을 의미한다.

슈바이커가 제시하는 삶의 통전성을 사이버 윤리에 적용시키면, 사이버 공간도 하나님 앞에서의 명제에 충실한 삶의 통전성을 존중하고 함양하여 할 영역인 것이다. 따라서 현재 추구하는 모든 행위와 그 결과가 자신뿐 아니라 인류 공동체와 사이버공동체 모두에게 미칠 영향에 대해서 깊이 숙고하는 가운데 모두에게 유익하도록 진행되어야 한다. 이렇게 될 때 의사소통에서 타자에 대한 진정한 존중의 태도로서 익명성의 역기능적인 측면들을 극복할 수 있게 되며, 가상현실 속에서 겪는 정체성의 혼돈도 극복할 수 있게 된다. 또한 하나님 앞에서 모든 생명공동체의 가치를 존중하고 함양하도록 요청하는 책임윤리는 본능적인 충동과 욕구에 이끌리는 사이버 문화의 역기능적인 면들을 극복하는 가이드라인이 된다. 또한 비인간화로 말미암아 파생되는 생명경시풍조를 극복하고, 육체이탈의 욕망이나 초인간주의라는 저항적인 면들을 바로 잡아 생

---

113) W. Schweiker, *Responsibility and Christian Ethics*, 33.

명공동체를 존중하고 함양하는 차원으로 이끌 수 있게 된다.

◢ 공동의 지적자산

   책임윤리의 규범이 사이버 문화를 선도하게 될 때 사이버 문화의
건설적인 측면이 부각되면서 사이버 문화가 지향해야 할 올바른 방향성
을 갖게 된다. 사이버 문화는 인간의 잠재적 욕망이나 욕구 표현수단만
이 아니라 보다 건설적이고 바람직한 문화로 발전되어야 한다. 또한 인
류를 하나로 통합하는 지적 공동체의 구축의 장이 되어야 한다. 디지털
테크놀러지는 인간의 잠재적인 역량을 한곳으로 결집시켜 서로 무한히
나누어 갖는 지적, 문화적 공동체 구성을 가능케 한다. 피에르 레비는 사
이버 문화가 추구해야 할 바람직한 방향은 공동의 지적 자산을 구축하는
것임을 강조하였다. 그에 따르면 공동의 지적자산은 사이버 문화의 정신
적인 전망이고, 그 궁극적인 목표가 되는데, 사이버 공간에 접속하는 이
들의 지식과 상상력이 시너지 효과를 내도록 만들 수 있다고 보았다.[114]

   사이버 문화공간은 단순한 문자 텍스트가 아니라, 이미지나 음향
이 결합된 새로운 지식 구성의 공간으로 부각될 것이다. 인터넷의 쌍방
향적 성격으로 인해 단순히 일방적인 지식 전수 전달방식에서 수용자 중
심으로 그 패러다임이 바뀌어 갈 것이다. 위계중심적인 형태에서 정보나
지식의 수평적, 탈중심적, 비위계적 구조로의 변환은 불가피하게 되는데,
공동의 지적 자산(CI)구축과정이 발달하면 할수록 개인과 집단은 기술적

---

114) Pierre Levy, *Cyberculture*, 『사이버 문화』, 184-185. 레비는 공동의 지적자산을 하나의 해결책이기
    보다 문제와 실천적 연구의 열린 장으로 보았다.

변화를 더 잘 전유하게 된다.

사이버 공간을 통해 CI구축과정이 이루어지는 경우, 기술과 사회
적 변화의 속도를 가속화시키는 결과를 초래한다.[115] 따라서 사이버 문
화에 의한 CI구축은 참여적, 탈분업적, 사회화적 그리고 해방적인 성격
을 지닌다. 인류는 이제 디지털이란 전대미문의 새로운 기술형식으로 거
대한 지적 공동체 구축의 사명을 떠맡게 되었다. 이러한 지식 공동체의
구축이 바로 책임윤리가 나아가야 할 바람직한 방향이라고 생각된다.

⑤ 생명공동체를 존중하고 함양하는 문화를 위하여

사이버 공간이 만들어내는 사이버 문화는 이중적인 특성을 지닌다.
기존의 문화에 대한 저항성을 지니면서 보다 개방적으로 진행되고 있다.
사이버 문화는 인류가 기대하는 이상사회이기도 하면서 잘못 사용될 경
우 도덕적인 모호함 속에서 무정부상태로 나아갈 수 있다. 이것이 바로
사이버 문화가 갖고 있는 이율배반적인 이중성이다. '무정부상태(anarchy)'
라는 말은 두 가지 대조적인 뜻을 지니고 있다. 하나는 '사회가 협력적이
고 자율적인 개인과 집단의 연합체를 통하여 지배되는 이상사회'라는 뜻
이요, 다른 하나는 '정치적으로나 사회적으로 무질서와 혼란 및 혼돈의
상태'라는 뜻이다.[116] 이 단어가 품고 있는 이러한 이율배반적인 의미는

---

115) 소외되지 않으려는 사람들을 위해 사이버 문화에의 적극 참여를 가능케 하기도 하고, 반대로 변화
의 긍정적 순환과정에 참여지 아니한 사람들을 급속도로 배제하기도 한다. 같은 책, 49-50.
116) Richard Spinello, 이태건 · 노병철, 『사이버 윤리』(고양: 인간사랑, 2001), 10.

사이버 문화공간에도 그대로 적용된다. 사이버 문화의 주체들이 자율적으로 협력하여 좋은 질서를 잘 세워나가면 공동의 지적 자산을 구축하는 '이상사회'가 될 수 있지만 그렇지 못하다면 사이버 문화의 역기능적인 측면들이 드러나는 무질서와 혼란과 혼돈의 상태로 전락될 수도 있다.

따라서 사이버 문화가 지닌 이중성을 극복하고 이상적이고 통전적인 문화를 만들려면 사이버 문화의 영역도 하나님의 주권의 영역인 동시에 인간이 책임져야 할 책임의 영역이라는 사실을 인정해야 한다. 하나님의 주권을 인정하지 않을 경우 인간은 스스로 비극을 자초하게 되기 때문이다. 그 결과 사이버 문화가 인간만의 것으로 도구화되거나 개인적인 욕망이나 욕구 표현의 장으로, 얄팍한 상업주의와 감각적 쾌락의 장으로 전락하여 비극적인 결과들을 피할 수 없게 될 것이다. 그러나 하나님의 주권을 겸허하게 인정한다면 인간은 디지털 테크놀러지를 통하여 하나님 앞에서 생명공동체의 가치를 존중하고 함양할 수 있게 된다.

통전적인 책임윤리는 사이버 문화의 주체들에게 책임적 자아를 요청하며, 의사소통에서 타자에 대한 존중을 요청하는 응답의 윤리를 제시하며, 가상현실과 현실 사이에서 겪는 자아정체성의 위기를 극복하는 대안으로서 통전적 책임윤리를 제안한다.

사이버 문화가 이러한 책임윤리의 가이드라인으로 이끌리게 될 때 사이버 공간은 보다 고상한 가치를 실현하는 장이 될 수 있다. 다시 말해서 사이버 공간이 단순히 지적인 공간이나 감성의 공간에 그치는 것이 아니라 영적인 공간으로 승화되는 진정한 통전적인 책임의 장으로 그 가치를 함양할 수 있게 되며 인류공동체 모두에게 유익한 공동의 지적자산 구축을 위해 선용할 수 있게 된다.

참고문헌

김균진, "양자물리학의 세계관의 생태신학적, 사회-정치적 의미", 『한국기독교신학논총』 vol.40, 2005.

김영한 외, 『사이버 문화와 기독교문화전략』, 쿰란출판사, 1999.

김옥조, 『미디어윤리』, 중앙M&B, 2001.

김주환 외, 『디지털시대와 인간존엄성』, 나남출판, 2001.

김철영, "환경개발에 대한 기독교 생명문화의 대안", 김영한 외, 『21세기 생명문화와 기독교』, 서울: 쿰란출판사, 2000.

남순해 · 고석하, 「사이버 스페이스에서의 법적 규제와 윤리적 이슈에 관한 연구」, 『2002년도 한국산업정보학회 춘계학술대회 논문집』, 제7권 1호.

박이문, 『문명의 위기와 문화의 전환』, 서울: 민음사, 1996.

박장호, 『사이버 공간의 사회학』, 대구: 정림사, 2001.

소흥렬, 「사이버 문화의 인간적 조건」, 『정보과학지지』 제17권 제8호, 1999년 8월.

여명숙, 「사이버 문화의 형이상학적 기초」, 『정보과학회지』 제17권 제8호, 1999년 8월.

이정배, 『생태학과 신학』, 서울: 종로서적, 1989.

이재현, 『인터넷과 사이버 사회』, 서울: 커뮤니케이션북스, 2000.

_____, 「사이버 스페이스의 문화와 케뮤니케이션」, 『정보과학회지』 제17권 제8호, 1999년 8월.

이종원, "책임적 생명윤리", 『철학탐구』 18집, 중앙철학연구소, 2005년 11월.

임성빈, 『현대 기독교윤리학의 동향』, 서울: 예영, 1997.

정규훈 외, 『정보기술사회의 윤리매뉴얼』, 서광사, 2004.

정보통신윤리위원회, 『정보통신윤리백서』, 2004.

조동기 · 김병준 · 조희경, 『사이버 문화의 특성과 사회적 영향』, 정보통신정책연구원, 2001.

조용훈, "환경윤리의 창조신학적 기초", 『기독교사회윤리』 3집, 한국기독교사회윤리학회, 2000.

추병환, 『정보사회와 윤리』, 서울: 울력, 2002.

_____, 『정보윤리교육론』, 서울: 울력, 2001.

한면희, 『환경윤리』, 서울: 철학과 현실사, 2000.

홍성태, 『사이버 사회의 문화와 정치』, 서울: 문화과학사, 2000.

Agar, N. *Life's Intrinsic Value*, New York: Columbia University Press, 2001.

Attfield, Robin. 구승회, 『환경윤리학의 제문제』, 서울: 따님, 1997.

DesJardins, J. R. 김명식, 『환경윤리의 이론과 전망』, 서울: 자작아카데미 2002).

Goodpaster, K. "On Being Morally Considerable" L. P. Pojman, *Environmental Ethics*, wadsworth, 2001.

Mackinon, B. *Ethics*, Belmont: Wadsworth/Thomson Learning, 2001.

Palmer, J. A. ed, *Fifty Key Thinkers on the Environment*, New York: Routledge, 2001.

Preston, R. H. 강성두, 『기독교윤리의 미래』, 서울: 한들출판사, 2005.

Taylor, P. W. *Respect for Nature*, Princeton Univ. Press, 1986.

_____. "Biocentric Egalitarianism", L. P. Pojman, *Environmental Ethics*, wadsworth, 2001.

Schweiker, W. *Responsibility and Christian Ethics*, Cambrige: Cambridge Univ. Press, 1995.

Schweitzer, A. "Reverence for Life", L. P. Pojman, E*nvironmental Ethics, wadsworth*, 2001.

White, Lynn Jr, "The Historical Roots of our Ecologic Crisis", R. G. Botzler & S. J. Armstrong, *Environmental Ethics*, McGraw-Hill, 1998.

Wright N. G. and Kill, D. 박경미, 『생태학적 치유, 기독교적 전망』, 서울: 이화여자대학교출판부, 2003.

Niebuhr, H. R. *The Responsible Self, New Jersey*. Harper & Publishers, 1963.

Jonas, H. *The Imperative of Responsibility*, Chicago: The University of Chicago Press, 198, 140.

Levy, Pierre. *Cyberculture*, Paris:Les Editions Odile Jacob, 1997 (김동윤 · 조준형 역, 『사이버 문화』, 문예출판사, 2000)

Schweiker, W. *Responsibility and Christian Ethics*, Cambridge: Cambridge Univ. Press, 1995.

_____. *Power, value, and conviction : theological ethics in the postmodern age*, Cleveland: Pilgrim Press, 1998.

인종차별,
외국인 노동자와 동성애

1장

인종차별의 윤리적 문제

① 인종차별, 무엇이 문제인가?

인종차별은 차별하는 쪽에서는 우월감을, 차별받는 쪽에는 열등감을 제공한다. 인종차별이 가져온 해악은 차별받는 열등 집단에게 절망감을 가중시키는데, 인종은 그들 자신의 행위의 결과가 아니라 태어나면서부터 선천적으로 주어진 것이란 점이다. 차별받는 자들은 이러한 왜곡된 편견이나 선입견을 극복하거나 잘못된 사회 제도나 관행을 고치기 위해 그들 스스로 할 수 있는 일이란 아무 것도 없었고, 그들에게 주어지는 차별이 잘못이라는 의식조차 충분히 제공되지 못했다.

역사적으로 가장 혹독하고 잔인하게 차별받았던 사람들은 흑인들이었다. 흑인들은 시작부터 차별의 역사를 가지고 있었다. 백인들이 자발적으로 미국으로 이민했지만, 흑인들은 노예로서 쇠사슬에 묶인 채 노예선을 타고 팔려 왔던 것이다. 흑인들의 미국 정착은 삶의 개척을 의미하는 것이 아니라 속박과 부자유의 처참한 삶의 시작이었다. 흑백차별의 역사는 이러한 기원에 근거를 두고 있으며 흑인으로써 전통적으로 수많은 차별과 수모를 당해 왔다.

만약 흑인들이 그들에게 지정된 영역 밖을 넘보게 될 때에는 냉담한 응대와 애매한 반응을 기대할 수밖에 없는데, 이러한 경험은 그들에게는 굴욕적인 경험이며, 오랫동안 반복되고 지속되어 왔기에 더욱 분노를 자아내게 만든다.[1]

그러나 시대가 바뀌어 19세기에서 20세기로 넘어오면서 인종에 대한 편견은 이제 적어도 공적인 영역에서는 완전히 받아들일 수 없게 되었다. 자신들의 인종적 편견이나 편견에 기반을 둔 정책이 공적으로 수용되기 위해서는 인종차별주의를 위장하지 않으면 안 될 정도로 많은 변화가 있었다.[2] 모든 인류가 평등하다는 원칙은 이제 정치적 윤리적 정설의 일부로서 통용되고 있다.[3] 그러나 이러한 평등의 원칙이 구체적인 개인의 행위를 결정할 때에는 잘 드러날 수 없는 것도 또한 사실이다.

모든 인간은 인종이나 성별과 상관없이 모두 평등하다는 것이 함축하는 바는 무엇인가? 명확한 사실은 인간은 서로 다르다는 것이며, 많

---

1) Darly Close & Nicholas Meier, *Morality in Criminal Justice* (Belmont: Wadsworth, 1995), 484.
2) 흑인 차별 폐지의 역사를 간략하게 간추려 보면 다음과 같은 과정으로 전개되었다.
   1783년 노예제도 불법화 (매사추세츠 주)
   1804년 노예제도 전면폐지 (미국 북부)
   1807년 미국 의회 노예수입금지법 통과 (위반 시 벌금 800달러)
   1862년 노예해방 선언 (링컨 대통령)
   1865년 노예제도 불법화 (미국 연방법 제14조)
   1870년 흑인에 미국 시민권 부여 (미국 연방법 제 15조)
   1954년 브라운판결 (흑백분리법은 위헌이다 → 흑백분리금지)
   1964년 민권법 제정
3) 피터 싱어, 황경식 · 김성동 공역, 『실천윤리학』(서울: 철학과현실사, 1991), 35-36.

은 영역에서 서로 다르기 때문에 평등의 원칙이 엄격하게 지켜진다는 것은 현실적으로는 불가능한 것처럼 보인다. 이러한 평등의 원칙이 지켜지지 않고 차별이 공공연하게 행해질 때 정의가 깨어지고 사회적 소수자들은 불공정한 대우를 받게 되는 것이다.

인종차별문제는 다양한 차원에서 접근되고 해결책이 모색되어야 할 문제이다. 인종차별의 근본적인 원인을 심층적으로 검토하게 된다면 인종차별이 단순한 편견이나 선입견뿐 아니라 경제적인 문제들과 밀접하게 연관되어 있다는 사실을 알 수 있다. 이러한 흑백차별문제를 해결하기 위해 다양한 시도들이 진행되어 왔다.

이 장에서는 이러한 차별을 해결하기 위해 시도된 경제적인 접근과 정치적인 접근 그리고 흑인 자신들의 Black Power운동과 동화주의적인 시도들에 대해 검토하면서 그 한계점들을 분석하고, 인종차별의 문제는 사회정의문제와 관련하여 장기적인 전망에서 정치, 사회, 경제, 문화를 포함하는 보편적인 접근으로 해결책을 모색하는 것이 바람직함을 밝히고자 한다.

② 인종차별의 역사적 배경

미국에서의 흑백인종차별은 미국의 역사와 시작을 같이하고 있다.[4] 미국에서의 노예제도는 1619년 버지니아주 제임스 타운에서 23명

---

4) 흑인들에 대한 인종차별문제는 미국에서 뿐만 아니라 영국이나 서구 식민사관과 맥을 같이 하고

의 흑인으로 시작되었다. 1619년에서 1807년까지 약 150만 명의 흑인 노예들이 미국으로 건너왔다. 아프리카에서 납치되거나 팔려서 노예선을 탄 숫자는 약 500만-600만 명으로 추정된다. 무려 400만-500만 명의 흑인 노예들이 노예선을 타고 미국으로 건너오는 도중에 사망했던 것이다.

17세기 초에 시작된 노예수입정책은 계약노동(indentured servant)제도였다. 당시에 영국에서는 노예제도를 인정하지 않았기에 미국에서도 노예제도가 성문화되지 않았던 것이다. 그런데 1630년경부터 흑인과 백인의 분리와 차별에 대한 법안들이 생기기 시작했다. 버지니아주에서는 흑백분리법을 제정하고 이 법을 위반한 자에게는 백인이건 흑인이건 곤장의 형벌을 내리고 공개적으로 사과하는 법안을 통과시켰고, 1670년도에는 노예제도를 인정하는 법안도 통과시켰다.

1680년경부터 시작된 담배가 폭등은 농장주들에게 폭리를 안겨주었으며 백인 사회는 경제적으로 안정을 찾게 되었다. 흑인들은 계약노동자에서 노예로 신분이 하락한 반면, 백인 계약 노동자들은 자유인이 되었고 열심히 일해 재산을 축적하여 자본가나 농장주가 되는 길이 열리게 되었다. 시간이 흐르면서 점차 흑백 노동자 간의 계층적 차이와 인종적 차이가 벌어졌고, 1950년대의 민권운동때까지 철저한 흑백분리사회로 고정화되었던 것이다.[5]

이러한 역사적 사실들을 통하여 볼 때 흑인들은 거의 언제나 그릇된 이유들로 인하여, 너무나 명백한 방식으로 극도로 심각한 고통을

있다. 특히 남아프리카공화국에서의 인종문제는 전 세계의 이목을 집중시켰다. 이 장에서는 인종차별문제를 미국에서의 흑백차별문제로 제한하여 논의하고자 한다.

5)   장태한, 『흑인 그들은 누구인가』(서울: 한국경제신문사, 1993), 122-124.

참아내야 했던 것이다.[6]

③ 인종차별의 원인

① 인종적 편견

인종적 편견은 크게 두 가지로 나눌 수 있는데, 개인적 편견과 제도적 편견이다. 개인적 편견은 태도, 감정, 개인행위에서 드러나게 되며, 제도적인 편견은 법과 제도에서 드러나게 된다. 양자는 공공연히 드러나기도 하지만, 은밀하면서도 교묘하게 숨어 있기도 하기에 제거하기가 더욱 어렵다.[7]

전통적인 자유주의적 관점에서는 인종문제를 태도의 문제로 취급하고 있다. 즉 인종차별의 근본원인은 바로 흑인들에 대한 백인들의 편견에서 기인하며 따라서 확실한 해결책은 백인들이 편견을 버리도록 교육하는 것이라고 본다.[8] 1970년대에 시작된 인종주의 자각훈련(Racism

---

6) 리처드 와써스트롬, "권리 · 인권 그리고 인종차별", James Rachels, 황경식 외, 『사회윤리의 제문제』 (서울: 서광사, 1984), 155.

7) Mike W. Martin, *Everyday Morality* (Belmont: Wadsworth/Thomson Learning, 2001), 111.

8) 노예제도가 정착되기 이전 영국 사회는 검은색에 대한 강한 편견을 가지고 있었다. 검은색은 죽음 · 죄 · 마귀 등을 상징한 반면 흰색은 천사 · 평화 · 깨끗함 · 청결함을 상징하는 색깔로 흑인에 대한 인종적 차별이 노예제 이전부터 존재하고 있었다고 인종주의자들은 주장한다. 이러한 편견은 자본주의 체제로 전환할 때 흑인들을 쉽게 소유의 대상으로 삼을 수 있었다. 이러한 인종적 편견은 미국 사회의 근원을 이루고 있는 가장 뿌리깊은 관념임에 틀림없다.

Awareness Training ; RAT) 프로그램은 바로 이러한 점을 염두에 두었다.

인종차별은 종종 억압자와 피억압자의 피부색 차이와 관련되어 왔지만, 피부색 차이가 차별의 필연적인 조건은 아니다. 피부색의 차이는 피억압 집단에 전가되거나 그들에 대한 억압을 정당화하는 데 기여하는 여러 특징들의 복합체 중 일부분일 뿐이다.[9] 현재 생물학적으로 구별되는 인종이라는 관념은 아무런 과학적 근거를 갖고 있지 않다.[10] 따라서 인종적 차이들은 고안된 것이라고 볼 수 있는데, 역사적으로 특수한 억압관계의 일부로서 그 억압관계를 정당화하기 위해서 자연스럽게 생겨난 것이다.

그런데 인종차별의 문제에서 차별을 정당화하는 자들이 차별받는 집단이 지닌 선천적인 특징을 근거로 한다는 점을 주목할 필요가 있다. 한 예로, 흑인은 그들의 피부색을 바꿀 수 없다. 종교나 신분과 같은 외적인 특징을 근거로 한 차별은 자신들의 종교나 신분을 바꿈으로 차별을 어느 정도 해결할 수 있지만 피부색을 근거로 한 차별은 선천적인 필연성에 근거를 두고 있기에 뿌리가 더욱 깊다. 그리하여 차별에 예속되어 있는 '인종'의 구성원은 인종적 억압으로부터 쉽게 벗어날 수 없다. 이

---

9)   서구의 전통적인 고정관념에서 볼 때, 흑인들은 열등한 지적 능력, 게으름, 과도한 성적 욕구들로 특징지어진다. 나이젤 해리스, "인종과 계급" 알렉스 캘리니코스 외 배일룡, 『현대자본주의와 민족문제』(서울: 갈무리, 1994), 107.

10)   로즈는 이러한 점들을 다음과 같이 피력하였는데, 상이한 형태의 유전자들이 나타나는 빈도수를 계산하는 것이 실제로 가능하고 그래서 유전적 변이의 객관적 판단기준을 설정할 수 있었던, 효소들과 단백질들에 있어서의 유전상의 모든 변이들 가운데서 85%는 동일한 지역, 종족, 민족 내의 개인들 사이에, 그리고 나머지 7%는 주요 '인종들' 사이에 존재하는 것으로 판명되었다. 인종적 범주의 사용을 정당화하기 위해서는 생물학이 아닌 다른 설명을 찾아야 한다. 개인들 사이의 유전적 변이와 비교해 볼 때, 여러 지역 주민들 간의 차이는 아주 낮은 정도인데, 그것은 인류의 진화와 인류의 역사에서 두드러지는 특징이다. S. Rose 외, 『우리 안에 유전자가 없다』(서울: 한울, 1993), 126-127.

러한 형태의 억압은 자본주의 사회의 특징이다.[11] 피부색의 차이는 차별을 위한 어떤 과학적 근거도 없지만 자본주의적 경제제도와 맞물려 차별을 정당화하게 된 것이다.

그런데 피부색과 같은 육체적인 특징은 유전적 원인을 갖는다고 가정하는데, 인종과 민족과 같은 개념은 제한된 목적을 위해서는 유용할지 모르지만 잘못 사용될 가능성이 크다.

소웰은 두 가지 종류의 차별을 구분하였다. 첫 번째 종류의 차별은 순수한 차별(pure discrimination)이다. 비록 흑인들이 최상의 자격을 갖추었더라도, 고용주가 흑인들을 "반감이나 적개심"으로 보기 때문에 흑인들이 고용되지 못하는 종류의 차별이다.[12] 두 번째 종류의 차별은 지각적 차별(perceptional discrimination)이다. 사람들은 "한 집단이 고용주나 주인이나 다른 잠재적인 취급자에 의해서 보다 적게 능력이 있거나 보다 적게 책임지는 것으로 인지되기 때문에" 다르게 취급되는 것이다. 흑인들에게 귀결되는 이러한 종류의 차별은 비록 그들이 최상의 자격을 갖추었음에도, 비록 고용주가 반감이나 적개심을 가지고 그들을 보지 않았더라도, 흑인들은 일반적으로 백인들보다 덜 능력이 있고 덜 책임지는 것으로 생각되기 때문에 고용되지 못하는 것이다. 윌리엄스는 이러한 종류의 차별이 본질적으로 "정보비용을 최소화하는 시도" 즉 개인에 대한 정보를 실질적으로 획득하는데 드는 비용이 최소화되는 것을 강조하기 위한 종류의 차별을 인종적 편견이라 불렀다.[13]

---

11) 나이젤 해리스, "인종과 계급", 110.

12) 사람들은 집단성원권 때문에 다른 집단들을 다르게 취급한다. 이러한 차별은 "인종적 선호"에 근거한 차별이라고 할 수 있다.

13) Bernard Boxill, "Black Progress and the Free Market", Milton Fisk ed, *Justice* (New Jersey: humanties press, 1993), 262.

이러한 차별은 의식적이든 무의식적이든 사회전반에 흐르다가 개인의 행동을 결정할 때 극적으로 표출되기 때문에 차별문제를 어렵게 만든다. 대체로 사람들은 자기 이익을 추구하며 이미 확립된 규율 체계에 대해서 충실할 수 있는 것은 자기 이익의 전망에 끌리기 때문에 기득권을 가진 자들은 이러한 전망에서 결코 자유로울 수가 없는 것이다.[14)]

2 능력의 차이

백인이 흑인보다 능력에 있어서 우월하다는 주장이 지난 세기 동안 있었다. 젠센(Arthur Jensen)과 아이센크(H. J. Eysenck)는 여러 인종들 간의 지능의 차이가 유전적 요소에 기인한다고 주장했다.[15)] 그러나 이러한 주장은 거짓이다. 인종 간의 능력 차이에 대한 논의들은 지능의 차이에 초점을 맞추고 있다. 흑인과 백인 간의 평균적인 지능차이는 표준 IQ 테스트에서 흑백 간의 평균적인 점수 차이이다. 그런데 IQ와 지능이 얼마나 가까운 관계에 있는지 알 수는 없다. 지능에 대한 우리의 일상적인 개념이 애매해서 똑똑히 구별해서 정의할 수 있는 방법은 없기 때문이다.[16)]

만약 인종 간의 지능 차이에 유전적 요소가 있다면, 직업적 지위, 수입, 사회적 신분에 있어서의 인종 간의 차이에 유전적인 요소가 있게 되는 것이다. IQ테스트에서 백인은 흑인 보다 높은 점수를 받는 경향이 있는데, 이같은 차이가 주로 유전에 의한 것이냐, 아니면 환경에 의한 것

---

14) John Rawls, 황경식 외, 『공정으로서의 정의』(서울: 서광사, 1991), 17.

15) Peter Singer, 『실천윤리학』(서울: 철학과현실사, 1991), 36.

16) 같은 책, 49-50.

이냐에 대하여 많은 논란이 있다.[17]

개인적인 차이는 혈통과 무관하다. 인간 개인으로서는 차이가 있을 수 있으나, 종족으로서는 차이가 없다. 가령 사람들에게 지능검사를 실시한 다음 검사결과에 따라 높은 점수를 받은 사람들과 낮은 점수를 받은 사람들을 점수별로 나누어 계급을 정한다고 가정할 경우 그 사회는 어떻게 되겠는가? 흑인 중에서도 백인보다 지능지수가 더 높게 나타나는 개인들이 많을 것이다.

싱어는 이 같은 차별이 정당화될 수 없는 근거에 대하여 다음과 같이 설득력있게 주장하고 있다.[18] 첫째, 유전적 가설이 옳다고 해도, 흑인 아이들이 집이나 학교에서 겪고 있는 환경적인 불이익을 제거하고자 하는 우리의 노력을 감소시킬 필요는 없다. 백인보다 IQ가 더 낮다고 해서 차이를 용납해야 할 이유가 되거나 환경적인 여러 제약으로 인해서 흑인들의 가능성을 충분히 발휘하지 못하는 상황을 용납해서는 안 될 것이다. 오히려 그 반대로 흑인들이 출발점에서 불리한 입장을 보상받을 수 있도록 양호한 환경을 제공해야 할 필요가 있다.

둘째로, 백인이 지능지수가 높다고 하더라도, 그것이 모든 백인이 흑인 보다 높은 지능을 가졌다거나 혹은 어떤 특정 백인이 어떤 특정 흑인 보다 높은 지능을 가진다는 것을 의미하지는 않는다. 이 같은 수치는 평균에 불과하며 개인에게는 적용될 수가 없다. 따라서 지능에 차이가 있

---

17) 지능검사에 대한 최근의 연구들은 종래의 지능검사 결과가 일관성이 없으며, 환경이나 어떤 기회와 함수관계를 갖고 있음을 밝혀주고 있다. 심지어 영양실조나 질병이 지능검사 결과에 영향을 주고 있다고 밝혀졌다. 어휘, 수학적 능력, 이성적인 사고력 그리고 추상적인 개념을 표현하는 능력 같은 것을 검사해 볼 때, 책도 많고 자극도 비교적 많은 도시 아동들의 지능검사 성적이 높은 반면 가난하거나 파탄된 가정 그리고 빈약한 도서를 갖고 있는 가정의 아동들의 지능검사 성적이 낮게 나타난다고 보고되었다. Stanly M. Garn, 權彛九, 『人種』(서울: 探求堂, 1983), 180.

18) Peter Singer, 『실천윤리학』, 51-53.

다는 것이 교육이나 기타 다른 영역에서의 인종차별을 정당화하는 이유가 될 수 없다. 흑인이든 백인이든 간에 각 개인은 인종과는 무관하게 개별적인 기준으로서 다루어져야 한다.

셋째로, 평등의 원칙이 모든 인간이 공유하고 있는 어떤 실제적인 평등에 근거하고 있지 않다. 평등의 원칙을 옹호할 수 있는 유일한 근거는 이익에 대한 평등한 고려이다. 따라서 평등한 지위는 지능에 달려 있는 것은 아니다.

3 사회 문화적 환경의 차이

흑인들의 지능지수가 낮게 평가되는 이유는 사회 문화적인 환경으로 인한 요인이 더 크다. 백인 중산층에서 자란 아동들이 흑인 게토 지역에서 자란 아동들 보다 지능지수가 높게 나타나는 것은 당연한 결과이다. 이것은 사회 문화적인 환경이 아동들의 성장과 발달에 얼마나 큰 영향력을 끼치는가에 대한 단적인 예일 것이다.

차별을 가능하게 하는 사회 문화적 여건으로 인하여 소외 계층은 차별의 악순환을 되풀이하게 된다. 이러한 악순환의 고리를 끊으려면 그들이 빈곤으로부터 벗어날 수 있도록 특별한 계기를 마련해 주어야 한다. 그러나 이러한 계기는 소수에게는 가능하겠지만 다수에게는 쉽게 적용할 수 없는 한계가 있다.

4 경제적인 원인

노예제도가 인종주의로부터 생겨난 것이 아니라 도리어 인종주의가 노예제도의 결과이다. 처음 신세계에서는 갈색인, 백인, 흑인, 황인종 모두가 예속 노동을 했다. 플랜테이션 경제는 처음에는 계약고용 형태의 예속적 백인노동에 의존했는데, 백인들은 유럽에서 자유 이주증을 교환조건으로 3년에서 5년 동안 특정 주인에게 종속되어 노동하였다. 버지니아 식민지의 담배농장은 17세기 후반까지는 주로 영국의 계약고용 노동자들에게 의존하였었다.[19]

플랜테이션 정책은 1680년 이후부터 '점점 더 많은 수의 아프리카 노동자들을 수입'함으로써 노동력 공급 문제를 해결하였다. 인종주의는 신세계에서의 '제도적 노예제'의 발전이 창출한 사회적 상황 속에서 발전하였다. 흑인들은 '본성적으로 백인보다 열등하다'는 사상은 그들에게 '권리'를 주지 않아도 되고, 또 그들을 노예화해도 된다는 식의 사고를 정당화했던 것이다.[20] 인종주의는 노예제와 식민제국의 산물로서, 자본주의가 모든 인류에게 약속한 평등권을 피억압자들에게는 주지 않는 것을 정당화하면서 발전되었다.

현대 자본주의는 아직도 이러한 전통 속에 깊이 뿌리내리고 있다.[21] 문화적인 차이라는 수사에 천성적'열등성이라는 낡은 관념을 부단히 담아 보내고 있는 현대의 인종주의는 그 어느 경우를 막론하고 산업

---

19)   나이젤 해리스, "인종과 계급", 116.

20)   같은 책, 117.

21)   마틴 바커는 이러한 인종주의를 "신인종주의"라고 불렀다. 신인종주의는 다른 인종에 대한 생물학적 우월성이 아니라 '민족 단위들' 간의 문화적 차이점을 강조한다. M. Barker, The New Racism (London, 1981). 같은 책, 123 재인용.

자본주의라는 조건에서 그 영향력을 행사하였다.

　　그러나 인종적 구분이 반드시 자신들의 지위를 방어하고자 하는 숙련 노동자들의 시도에서 기인하는 것은 아니다. 19세기와 20세기 초 미국 흑인들은 백인 노동자들 때문에 그들이 가까스로 획득한 숙련직에서 쫓겨나는 경우가 비일비재했다. 남북전쟁 이전에는 흑인들이 비숙련 아일랜드 이주민에 의해 일자리를 잃었다.

　　이로 볼 때 경제적 경쟁과 인종적 구분 간의 관계는 훨씬 더 복잡하다. 노동자 집단들 간의 경제적 · 인종적 차이가 필연적으로 전면적인 인종적 적대감으로 굳어지는 것은 아니다. 또한 경제적 긴장들이 반드시 서로 다른 노동자 집단들 사이의 것일 필요는 없다. 또한 백인 노동자들에게 인종차별이 효력을 갖는 이유는 경제적 이해를 반영하고 있기 때문이라는 주장이 있어 왔다. 이러한 면들은 드 보아의 『미국에서의 흑인의 재건』(1935)에 잘 드러나 있다.

　　백인 노동자 집단은 비록 낮은 임금을 받을지라도 공적이며 심리학적인 임금으로 보상받는다. 그들은 마음대로 공식회합에 참여하고 공원에 출입할 수 있으며 공립학교 입학이 허가된다. 경찰은 백인들 중에서 뽑히고, 백인들의 투표에 의존하는 재판소는 무법성(Lawlessness)을 고무하기 위해 백인들을 관대하게 다룬다. 반면, 흑인은 공적 모욕을 감수해야 했다. 그들은 언제나 다양한 열등성의 징표를 달고 다니도록 강제당했다. 그 결과 흑인노동에 의한 직업상실을 두려워하는 백인과 항상 백인노동으로 대체될 위협을 받고 있는 흑인, 양쪽 모두의 임금이 낮게 유지될 수 있었던 것이다.[22]

---

22)　W.E.B.Du Bois, *Black Reconstruction in America 1860-1880* (New York,1969),700-701. 나이젤 해리스 "인종과 계급" 129 재인용.

이러한 면들은 경제적인 이해갈등의 현실에서 흑인들이 얼마나 공적으로 불평등하게 취급받았는가를 단적으로 보여주는 예라 할 것이다.

④ 인종차별, 어떻게 해결할 것인가?

1 자유시장경제제도

소웰과 윌리암스는 자유시장제도는 흑인의 권리 향상을 위한 확실한 길이며 자유시장에 대한 정부의 관여는 흑인 종속의 가장 큰 원인이 된다고 주장하였다. 미국에서 흑인들의 기본 문제는 자발적인 교환에서 심각한 정부가 부과한 제한들이며, 결국 미국에서의 자유 시장의 감소라는 결과를 가져오게 되었다. 따라서 정부의 개입이 최소화되어야 한다고 이들은 주장한다. 또한 불균형적으로 흑인들이 높은 실직률을 보이는 이유는 바로 정부의 간섭으로 인한 것이라고 보았다.[23] 그러므로 이

---

23) 정부에 의해 시행된 경제적인 성취를 위하여 인종차별이 심화된 예는 바로 레이건 행정부가 저지른 과오에서 찾을 수 있다. 레이건 행정부는 군비확장과 사회복지 프로그램을 감축했다. 사회복지 프로그램은 인간들을 게으르고 무기력하게 만들어 취업의욕을 상실케 하므로, 사회복지 프로그램을 최소화하고, 그 대신 기술을 가르치는 프로그램으로 전환시켜야 한다는 것이다. 이러한 주장은 신보수주의 이데올로기로의 기반에 있었다. 신보수주의 이데올로기는 빈민가에 살고 있는 흑인들이 가난한 이유는 그들이 게으르고 교육을 받지 못했고 열심히 일할 의욕이 없기 때문이라고 하면서 흑인들 자신에게 책임을 전가하여, 미국 정부의 책임 및 백인들의 인종차별의 책임을 동시에 회피하게 만들었다. 레이건 행정부는 중산층과 빈민층으로부터 세금을 징수해 기업활성화를 조장하며, 기업에 대한 면세혜택을 실시하여 생산력과 이윤을 높이는 기업 활성화 중심의 정책을 폈다. 결국 이러한 정책은 양극화현상을 초래하여 중산층은 줄고 부자와 빈민층이 동시에 증가하는 기현상을 초래하게 되었던 것이다. 장태한, 『흑인 그들은 누구인가』, 81-86. 이러한 결과로 빈민층이었던 흑인들은 경제적으로 상당한 압박을 받는 계기가 되었다.

를 해결하기 위해서 정부가 간섭할 것이 아니라 자유시장 경제제도에 맡기면 이윤추구의 원칙에 따라 인종차별이 최소화될 수 있다고 이들은 주장하였다.

이들의 관점에 따르면, 경제에 대한 정부의 관여 이후 흑인종속의 가장 주된 원인은 바로 흑인은 경제가 요구하는 그러한 가치있는 인격적 자질이 부족하다는 것이며 만약 흑인들이 종속된다면, 그 종속은 흑인들 자신의 부적절함과 무능력 때문이라는 것이다.[24]

소웰은 백인들이 원하고, 사회가 가치 있게 생각하는 기술을 흑인들이 습득할 것을 강조하였다.[25] 이러한 기술의 습득이 흑인들의 진보에 필수적인 요소라는 것이다. 소웰과 윌리암스의 견해에 따르면, 인종차별이 그 영향력을 미치는 것은 자유시장의 부재에서 기인되며 결과적으로 흑인종속의 원인은 바로 자유시장의 부재에서 시작된다고 해석된다.

그러나 소웰과 윌리암스가 주장하는 바와 같이 자유시장제도가 인종차별의 영향을 제거하는 경향이 있다고 하더라도, 자유시장의 부재는 흑인종속의 근본원인이라고는 할 수 없다. 왜냐하면 단단하게 강화된 동등한 기회의 법은 동등하게 인종차별의 효력을 제거하는 경향이 있기 때문이다.[26]

따라서 자유시장경제는 중립적이라고 보는 것이 보다 바람직할 것이다. 소웰과 윌리암스는 자유시장이 고용자들을 차별하지 않도록 강요한다는 것을 보여주는 논증이 오히려 자유시장이 고용주로 하여금 차별하도록 강요할 수도 있다는 점을 간과하고 있다.

---

24)   Milton Fisk, *Justice*, Bernard Boxill, "Black Progress and the Free Market", 256.
25)   같은 책, 257.
26)   같은 책, 262.

소웰과 윌리암스의 견해와는 달리 윌슨(W. Julius Wilson)은 자유시장에 있어서의 정부의 역할을 강조하였다. 윌슨은 최근에 정부, 경제, 사회에서의 복잡한 변화 때문에 인종차별은 이제 흑인진보의 장애물은 아니라고 보면서, 그는 시장에서 정부의 개입을 통하여 인종차별의 문제를 해결할 수 있다고 보았다.[27] 이를 실현하기 위해 윌슨은 Color-blind Policy를 제안한다. Color-blind Policy는 흑인과 백인 하층민들에게 상당한 임금을 지불하며 진보의 기회를 제공하여 개인의 자존심과 자기가치의 감정을 강화할 수 있을 것이라고 주장하였다.[28] 그러나 윌슨의 이러한 주장은 설득력을 잃게 된다. 문제는 이렇게 상당하게 지불되는 임금들이 얼마나 하층민들에게 혜택을 줄 수 있을지에 대해 의문을 품게 된다.[29]

지맨스키는 미국 50개주에서 백인과 흑인 노동자의 상태를 비교한 결과 다음과 같은 사실을 발견했다.[30] 첫째, 백인과 관련하여 흑인의 수입이 높은 지역일수록, 다른 지역의 백인에 비해 그 지역 백인의 수입이 높아진다. 둘째, 주의 주민들 중에 제3세계 주민들이 많을수록 백인들 간에 더 많은 불평등이 존재한다. 셋째, 인종차별이 강하게 존재할수록, 백인들의 수입이 떨어지는데, 그 이유는 노동자 계급의 단결이라는 매개변수 때문이다. 즉 인종주의는 경제적으로 백인 노동자들에게 불이익을 주는데, 그것은 인종주의가 흑인과 백인 노동자들의 단결을 파괴함으로써 노동조합 조직을 약화시키기 때문이었다.[31]

---

27) 같은 책, 265.

28) 같은 책, 270.

29) 같은 책, 271.

30) 나이젤 해리스 "인종과 계급", 136-137.

31) A. Szymanski, 'Racial Discrimination and White Gain',American Sociological Review, 41호 (1976), 409-412. 같은 책, 재인용.

이러한 지맨스키의 연구는 인종주의가 백인 노동자의 계급적 이익, 심지어 협소한 물질적 의미에서의 이익에도 모순된다는 것을 암시한다. 백인 노동자들이 인종주의를 받아들이는 것은 그것이 그들에게 이익이 되기 때문이 아니라, 자본가들의 의식적·무의식적 노력에 의해 서로 다른 노동자 집단들 간에 일어나는 노동시장에서의 경쟁이 전면적인 인종적 분열로 바뀌어 버리기 때문이다. 이러한 지맨스키의 분석은 백인 노동자들에게 유지되고 있는 인종차별을 깨뜨리는 중요한 단서를 제공한다.

그러나 경제제도적인 접근을 통한 차별 문제를 해결하는 시도는 장점을 가진 동시에 자본주의 시장경제에 내재된 위험성을 동반한다. 따라서 어느 정도까지는 차별을 제거하는 데 효과가 있을 수 있겠지만 충분할 정도로 해결하지는 못한다. 따라서 경제 제도적인 접근만으로는 해결의 한계가 있다.

❷ 소수자 보호정책

흑백차별을 해소하기 위해서는 자유시장 경제제도에 맡기기 보다는 정부가 특정 소수 소외계층을 대상으로 집중적으로 투자하고 기회를 제공해 주는 정책이 실행되었다. 소수자 보호정책(Affirmative Action)은 기회의 평등을 넘어서서 불리한 집단의 구성원들에게 우선적인 대우(preferential treatment)를 해주는 것이다. 이러한 우선적인 대우는 교육이나 고용의 경우에 자주 적용되었던 방법이다.[32]

---

32) 우선적인 대우는 백인과 흑인이 똑같은 자격을 갖는 경우 소외받는 소수 흑인에게 우선권을 부여하는 경우와 보다 강하게는 백인 보다 흑인이 자격이 부족할 경우에도 흑인에게 우선권을 부여하

정부주도의 소수자 보호정책은 역차별(reverse discrimination)이라는 부작용을 낳는다. 이러한 소수보호법을 통하여 흑인들은 사회경제적인 지위를 향상하였고, 백인들 보다 빠르게 발전하였다. 가장 두드러진 발전은 전문분야, 기술분야, 경영분야, 그리고 행정분야에서 흑인들의 지위가 향상되었다.

시민권 운동과 소수민 보호법(Affirmative Action)이 미국 흑인 중간계급의 잠재력 기반의 확장을 가져왔다.…1989년까지, 일곱 가구의 흑인 가정 가운데 한 가구가 연간 5만 달러를 초과하는 수입을 얻었는데, 평균 흑인 가구의 2만 2천 달러와 결코 비교할 수 없는 것이었다. 흑인들 간의 계급적 차별화 과정은 지금 미국의 도시들을 관리하고 있는 흑인 정치가들이 성장할 수 있는 토대가 되었다.[33]

소수자 보호법은 흑인 중간계급의 지위 향상을 가져왔지만 저소득 가구들은 높은 실업률과 가난, 불안정 등의 문제로 인해 전보다 더욱 사회적으로, 경제적으로 소외되었다. 이는 높은 지위에 있는 흑인들에게는 혜택이 미쳤지만, 소외 계층의 흑인들에게는 전혀 도움이 되지 못했

는 경우가 있다. 후자의 경우는 그 동안의 차별에 대한 보상의 의미를 지니기에 보상적 정의로 볼 수 있다. 이러한 보상을 통하여 흑인들은 지위와 생활의 질을 높이는 기회를 갖게 된다. 그러나 우선적인 대우는 공평한 기회를 제공해야 한다는 정의의 원칙을 어기는 것이며 부가적으로 악한 결과를 가져올 수 있기에 비판받기도 한다. Mike W. Martin, *Everyday Morality*, 120-122.

33) 나이젤 해리스 "인종과 계급", 141-142. Affirmative Action의 혜택을 많이 받은 계층은 흑인 중산층이었다. 학자들은 한인 상인들이 중간 소수민족 역할을 한다고 보기도 했다. 이러한 중간 소수민족은(middleman minority)은 유럽의 유태인들, 동남아시아의 중국인들, 아프리카의 인도인들의 경우인데, 중간 소수민족은 다음 세 가지의 특징을 지닌다. 첫째, 중간 소수민족은 지배자와 피지배자 사이의 완충지대 역할을 한다. 둘째, 중간 소수민족은 소매업과 서비스업에 집중되어 있다. 셋째, 중간 소수민족은 부르주아와 프롤레타리아가 아닌 프티 부르주아(Potite bourgeoisie), 즉 부자도 가난뱅이도 아닌 중류층을 형성한다. 장태한, 『흑인 그들은 누구인가』, 59-96.

던 것이다.[34] 이는 인종이나 민족에 초점을 둔 특별조치는 인종이나 민족 집단 내에서 비교적 높은 위치에 있는 자들에게는 혜택을 주었으나 실제로 소외받는 구성원들에게는 전혀 도움이 되지 못했다.[35]

이러한 인종자각정책(Color-Conscious Policies)의 비생산성에 대하여 소웰은 정면으로 공격했으며 장기적인 면에서의 정부의 개입은 오히려 사회적 정치적 불안정을 만든다고 비판했다. 소웰에 의하면, 소수자 보호법은 고용주로 하여금 무능한 흑인들의 해고를 어렵게 만들고 결국 고용주로 하여금 처음부터 흑인들을 고용하지 못하게 방해한다는 것이다. 결국 소수보호법은 오히려 역효과를 가져 왔다는 것이다.

특별한 역사적 시각에서 정부의 정책은 특별한 인종적 집단에게 이득을 줄 수도 있다는 점에서 자유시장에서의 정부의 간섭은 때때로 효과적이지만 장기적인 안목에서는 실현 불가능한 것이다. 이러한 정책을 실행하는 장기적인 의지는 일반적으로 예측할 수 없는 정책적 전망에서 볼 때 미심쩍다고 소웰은 비판하였다.[36]

❸ 흑인세력화 운동[37]

흑인세력화 운동(Black Power)은 인종차별을 관념의 문제가 아니라 억압의 문제 즉 착취적 사회구조에서 유래하는 권력 및 삶의 기회들에

---

34) William Julius Wilson, "Race-Specific Policies and The Truly Disadvantaged" Milton Fisk, *Justice* (New Jersey: humanities press, 1993), 240-241.

35) 같은 책, 245.

36) 같은 책. 272.

대한 제도적 불평등의 문제로 파악하였다. 이에 대한 해결책은 정치투쟁을 통하여 억압으로부터 흑인들을 해방하는 것이었다.[38] 오늘날 자본과의 투쟁에서 중요한 책임을 가지는 것은 투쟁 속에서 흑인 '하위계급'에 의해 형성된 '저항의 공동체들'[39]이라고 주장한 시바난단의 주장을 통해 우리는 흑인 세력화 운동의 면모를 잘 알 수 있다. 문화는 흑인들 자신들만의 공동체를 창출하는 데 중심 역할을 한다.

ⓐ 드 보아

드 보아(W. E. B. Du Bois)는 언론의 자유, 선거 참정권의 보장, 흑백분리 및 차별금지 등의 요구사항을 결의하면서 나이아가라운동을 조직하여 민권운동을 펼쳤다.[40] 인권은 양도할 수 없는 고유한 권리이며 특정한 이익을 위한 도구가 될 수 없는 인간성을 위한 보편적 가치이다. 인권은 인간이 존재함으로 인해 갖는 특정한 권리이며 유덕한 삶의 필수조건이다. 개인은 인권을 주장할 필요가 있으며, 사회는 그러한 주장을 수용

---

37) 흑인 세력화 운동은 급진적 진영 내에 분석과 전략에 있어서 두 부류가 있다. 흑인 민족주의자들은 인종주의가 자율적 현상이며 그 기원 구조와 연관되지만 자본주의 생산양식으로 환원될 수는 없다고 보고, 백인 반인종주의자들로부터 독립적으로 조직된 흑인들 자신의 힘에 의해서만 흑인해방이 성취될 수 있다고 주장한다. 반면 혁명적 마르크스주의자들은 인종주의가 노동자 계급을 분열시킴으로서 이 사회체제를 재생산하는데 기여하는 자본주의의 산물로 간주하고, 사회주의 혁명을 통해서만 철폐될 수 있는 것으로 주장한다. 나이젤 해리스 "인종과 계급", 103.

38) 같은 책, 102-103. Delany는 흑인 인권의 향상된 미래는 Africa로 이주하는 것에의 힘을 획득하고, 그 곳에서 위대한 흑인 국가를 창건하는 흑인들에게 달려있다고 주장했다. Bernard Boxill, "Black Progress and the Free Market", 274. 그러나 이러한 딜라니의 주장은 현실적으로 실현불가능하다.

39) A. Sivanandan, Communities of Resistance, 51-58. 나이젤 해리스 "인종과 계급", 140 재인용.

40) 흑인 사회의 교육가, 교수, 종교인, 판사, 사회사업가, 지식인 등이 모여 NAACP(National Association for the Advancement of Colored People: 전국 유색 인종 협회) 민권운동단체를 만들었다. NAACP는 흑백분리철폐를 위해 힘썼으며, 흑인 아동들에게도 백인 아동들과 동등한 교육을 시킬 것과 빼앗긴 선거권을 찾는 운동에 적극 앞장섰다. 장태한, 『흑인, 그들은 누구인가』, 151.

해야 한다. 그렇지 않으면 삶의 질은 심각하게 손상될 것이기 때문이다.[41]

드 보아는 흑인들이 인간으로서 당연히 누려야 할 인권을 유린당하며 침해당하고 있다고 보았다. 그리하여 그는 흑인들이 법적, 사회적 제약을 받고 있음을 분명히 했으며, 끈질긴 투쟁만이 불공평을 해소하는 길임을 강조했다. 그는 NAACP(전국유색인종협회)를 통하여 흑인들의 경제적 향상보다는 정치적 · 사회적 차별에 대항하는 법적 투쟁을 더 강조했다.

ⓑ 말콤 X

말콤 X(Malcom X)는 흑백연합을 부인하고 흑인들의 자생력을 길러 경제적 · 정치적 독립을 이룩하여야 하며, 이러한 목적을 성취하기 위해서는 어떠한 방법도 동원할 것을 주장했다. 말콤 X는 흑인들의 미국화(백인화)를 거부했으며 증오했고, 오직 자주독립만이 흑인들이 살아남을 수 있는 유일한 방법으로 믿었다.[42]

1955년부터 10여 년간 지속된 민권운동은 흑인들에게 흑백 분리법 철폐, 투표 참정권 획득, 정치력 신장 등의 실질적 향상을 가져왔다. 그러나 이러한 블랙파워운동은 지속적으로 미국사회에 영향력을 끼칠 수 없었고, 흑인의 경제적 지위 향상에는 미약한 영향을 끼쳤다. 블랙파워운동이 패배하게 된 주된 원인은 이 운동의 가장 선진적인 분파(말콤 엑스와 블랙 팬더스) 조차도 흑인 해방과 착취에 대항한 백인 노동자들의 투쟁을 결합시키는데 실패했기 때문이다. 이 때문에 지배계급은 흑인 급진파들을 고립시키고 마침내 파괴할 수 있었는데, 그 결과 가장 뛰어난 지도

---

41) Claude Ake, "The Africa Context of Human Rights", Larry May & Shari Collins Sharratt, *Applied Ethics* (New Jersey: Englewood Cliffs, 1994), 35–40.

42) Bernard Boxill, "Black Progress and the Free Market", 183.

자들의 다수가 살해되거나 투옥되었다. 그리고 두 번째 이유로는 이들은 새롭고 구체적인 방법이나 실천적인 프로그램을 제시하는데 실패했기 때문이다.

블랙파워운동은 니그로(Negro)에서 흑인(Black)으로의 자아정립을 시도했다는 점에서 의의가 있다. 더 이상 모욕적이며 멸시적인 '니거' 또는 '보이'가 허용되지 않으며 '흑인'으로서의 새로운 자아상 확립과 함께 평등한 대우를 받겠다는 운동으로서 정치적 평등의 차원을 넘어 경제적이고 정신적인 자유의 길을 모색하였던 것이다.[43]

④ 동화주의(Assimilation)

흑인 세력화 운동의 한계를 인식했던 더글라스(Frederick Douglass)는 흑인종속문제에 대한 다른 해결책을 제안했다. 더글라스는 흑인종속의 원인 중 일부는 백인들로 하여금 정의감을 일깨우는 흑인 자신들의 무력함과 무능력이었음을 부정하지는 않았다. 더글라스는 이민을 통하여 흑인국가를 만들어 흑백문제를 해결하려는 딜라니의 입장을 지지하지는 않았다. 왜냐하면 딜라니의 견해는 비현실적이라는 점에서 그리고 부정의를 폭로하고, 항의하고, 반대하여 싸울 의무를 회피하는 것으로 간주되었기 때문이다.

더글라스는 흑인들은 근본적인 면에서 백인과 다르다는 대부분의 백인들의 믿음을 공격함으로써 흑인종속의 문제를 해결하도록 제안

---

43)   같은 책, 235.

하였다. 더글라스는 모든 상황에서 단결만이 힘이라는 생각을 비판하고, 흑인들로 하여금 백인들 가운데로 분산시키도록 촉구했다. 그리고 이 분산의 효과를 지지하기 위해 편견은 자연스러우며, 흑인과 백인 사이에는 도덕적 차이가 있다는 생각에 가차없이 공격했다. 그는 "피부색에 관한 편견은 모두 잘못이며" 명백한 신체적 차이에도 불구하고 심지어 그 근본에서 다르다 할지라도, "한 인간은 인간 그 자체이므로 인간이다"라고 주장하였다.[44]

워싱턴(B. T. Washington)은 흑백 분리정책의 원칙은 인정하면서 흑인 전용의 학교·극장·기술학교 등을 널리 보급하여 흑인 사회의 실질적인 향상을 이루는 것이 바람직하다고 믿었다. 그는 흑인들의 정치적 투쟁 또는 향상 보다 경제적 향상에 중점을 두었으며, 그 결과 그는 미국 주류사회로부터 흑인사회지도자의 대우를 받았으며 백인 진보단체 및 유태계 단체로부터 많은 지원을 받아 흑인전용 대학들을 설립하는 데 크게 기여하였다. 1881년 워싱턴이 설립한 터스키기(Tuskeegee)대학은 흑인 교육에 많은 공헌을 하였다.

그러나 워싱턴은 정치 개혁에는 미진한 반응을 보였다. 워싱턴은 "남부에서 시민 권리를 확보하기 위하여 수행 가능한 최선의 길은 남부 혼자 내버려두는 것이다"[45]라고 주장한 점에서 그의 미진한 태도를 충분히 드러내고 있으며, 다소 편협한 시각으로 비춰진다.

---

44) 같은 책, 275.
45) 같은 책, 273.

⑤ 사회윤리적 총체적인 접근

사회정의의 문제가 발생한 경우, 어느 하나의 원칙만으로 그 문제를 근본적으로 해결하겠다는 태도는 실패할 수밖에 없다. 사회정의의 문제는 그 사회 내에 존재하는 거의 모든 요인이 복합적으로 연관되어 일어나기 때문이다. 따라서 사회정의의 문제는 인간의 권리나 법률을 위시하여 다각적으로 검토하여 상황에 따라 구체적으로 접근하는 것이 바람직하다.[46]

이러한 보편적이고 총체적인 접근은 인종차별문제에서도 그대로 적용될 수 있다. 인종차별은 백인들의 사회 문화적 편견과 자본주의 경제 이데올로기가 맞물려 뿌리 깊이 고착되었기에 장기적인 전망에서 접근하여야 한다.

인종차별은 어느 한 부분만의 해결로는 단편적인 해결밖에 기대할 수 없으므로 총체적으로 접근하여 해결의 실마리를 찾아야 한다. 이를 위해 합리적이고 사려 깊은 정부에 의한 효과적인 경제정책이 장기적인 전망에서 제시되어야 하며, 경제정책이 효율적으로 적용될 수 있도록 특성화된 경제 프로그램이 긴밀하게 운영되어야 한다. 또한 이러한 정부 정책에 대하여 전 국민의 전폭적인 지지와 후원이 있어야 한다.

정부에 의해 제시되는 경제정책은 특정 집단의 이익을 선호하기보다는 전 구성원들의 합의를 통해 국민 전체의 지위향상과 전반적인 발전이 보장될 때 가능하다. 이러한 보장은 고소득층뿐만 아니라 소외된 계층 특히 차별받는 계층들이 우선적으로 고려됨과 동시에 전체적인 경

---

46)   김기순, "윤리적인 관점에서 본 사회정의의 이념", 숭실대학교 社會科學論叢, 1983, 22.

제성장과 함께 삶의 질이 점차적으로 향상될 수 있는 장기계획까지 포함되어야 한다.

이러한 장기계획에 있어서 가장 중요시되어야 할 윤리원칙은 바로 이익평등 고려의 원칙이다. 이익평등 고려의 원칙에 있어서 본질적인 것은 우리가 도덕적 사고에 있어서 우리의 행위에 의해 영향을 받는 모든 사람들의 유사한 이익에 대해 동등한 비중을 둔다는 것이다. 따라서 이익평등 고려의 원칙은 가장 공공연한 형태의 인종차별주의가 배제될 수 있는 근거가 되며 위장된 차별도 고려할 수 있을 것이다.

이익평등 고려의 원칙은 존 롤즈의 정의론이 제시하고 있는 맥락과 같이 한다. 롤즈가 제시하는 사회계약적 방법의 목표는 공정성에 있다. 이기적 판단에서 벗어나 공정한 판단에 도달하기 위하여 필요한 것은 타인의 입장에서 자기 자신을 생각하는 것이다. 이것이 필요에 기초한 정의 개념의 심리적 기초라고 볼 수 있다.[47] 차별문제는 자신의 입장을 벗어나 타인의 입장에 설 때 해결의 실마리가 열린다. 어찌보면 타자성을 인정하는 것이 차별극복의 시발점인 것이다.[48]

롤즈가 제시하는 정의의 원리는 사회의 기본구조와 관련되어 있다. 즉 재산과 교환제도, 통치형태 및 계층 구조 등 정치적, 경제적, 사회적 체제에 적용되어야 한다. 이러한 기본 구조는 사람들이 그 속에서 살게 되는 근본 조건과 그들의 장기적인 전망을 규정하는 것이다.

롤즈는 정의의 두 원리를 주장하였는데, 그 하나는 기본적인 시민권과 관련되고, 다른 하나는 사회적 · 경제적 불평등과 관련된다. 첫째 원칙은 최대의 평등한 자유의 원칙(principle of equal liberty)으로서 각자는 다른 사

---

47)   전영길, 『윤리학』(서울: 민영사, 1995), 179.
48)   황경식, 『사회정의의 철학적 기초』(서울: 문학과지성사, 1985), 458.

람의 유사한 자유의 체계와 양립할 수 있는 평등한 기본적 자유의 가장 광범위한 체계에 대하여 평등한 권리를 가져야 한다. 둘째 원칙은 차등의 원리로서, 사회적·경제적 불평등은 다음의 두 조건을 만족시키도록 즉 ⓐ 모든 사람들의 이득이 되리라는 것이 합당하게 기대되고(협의의 차등의 원칙), ⓑ 모든 사람들에게 개방된 직위와 직책 위에 결부되게끔(공정한 기회균등) 편성되어야 한다는 것이다.[49]

　　롤즈가 제시하는 이익평등 고려의 원칙은 사람들이 이해관심을 가진다는 사실 외에, 능력이나 다른 사실에 근거해서 이익을 고려하려는 경향을 막아 준다. 어떤 것이 이익이 되는지 알 때까지 이 원칙에 따라서 우리가 해야 될 일이 어떤 일인지 알 수 없으며, 사람들의 이익은 그들의 능력과 그 밖의 특징에 따라 바뀔 수도 있다. 어떤 사람이든 간에 그 개인의 이익을 고려하는 기본적인 요소는 인종, 성별, 지능 등 검사 점수와 상관없이 모든 사람에게 적용될 수 있다. 지능검사에서 일정한 점수 이하를 받은 사람들을 노예화하는 것은 이익평등에 대한 사려 깊은 고려와는 결코 양립할 수 없을 것이다. 이익들에 대한 평등한 고려는 그것이 평등한 대우(equal treatment)를 지칭하지 않는다는 의미에서 평등의 최소한의 원칙이 된다.[50] 이러한 원칙이 사회전반에 적용될 때 인종차별의 문제는 해결될 것이다.

---

49)　John Rawls, 황경식, 『정의론』(서울: 이학사, 2003), 105.

50)　피터 싱어, 『실천윤리학』, 43-44.

인종차별은 차별을 당한 사람만이 그것이 지닌 파괴력과 치명적인 해악을 느낄 수 있다. 만약 기득권을 가진 자들이 입장을 바꿔놓고 생각하지 않는다면 그 해결점은 다시 원점으로 돌아갈지도 모른다.

차별은 자본주의적 경제구조와 맞물려 기득권을 가진 자들이 자신들의 착취를 정당화시켜 왔으며, 수많은 소외계층을 만들어 내었다. 또한 이러한 차별의 심각성과 폐해를 자각한 흑인들은 차별을 극복하기 위하여 거센 저항을 지속하여 왔다. 이와 동시에 자기 변혁을 통한 다양한 해결책도 함께 제시되었다.

경제적인 정책을 통한 차별의 해결은 경제적인 접근이 갖는 자체의 한계를 드러내고 있다. 주목해야 할 문제는 소수만이 혜택을 누리는 정책이 아니라 모두가 공평하게 향상되는 경제정책의 수립일 것이다.

흑인세력화(Black Power)의 전략과 동화주의자의 전략 가운데, 양자 모두 장점과 단점을 가지고 있기 때문에, 어느 것이 더 우월하다고 말하기는 어렵다. 양자가 지닌 단점을 보완하고 장점을 살리는 것이 바람직한 해결의 실마리가 될 것이다.

인종차별은 백인들의 문화적 편견과 자본주의가 맞물려 뿌리깊이 내려져 왔기에 차별문제를 근본적으로 해결하기 위해서는 사회윤리적 전망에서 다각적이고 총제적인 접근이 진행되어야 한다. 이러한 총체적이고 보편적인 접근을 위한 토대는 다문화주의의 기초 위에서 타자성을 인정하는 데서 시작되어야 한다. 다문화주의는 사회를 서로 다른 자신만의 문화를 가지고 있는 인종집단의 집합으로 보면서 서로 다른 집단들의 상호이해에 기초한 상호 문화의 다원주의적 이해를 바탕으로 하고 있다. 문화가 다양하듯 인종도 다양하다. 이러한 다양성을 인정한다면 편견이나 선입견에서 쉽게 벗어날 수 있을 것이며 나의 입장이 아니라 타인의 입장에서 상호 간의 이익을 동등하게 고려할 수 있는 안목 또한 갖게 될 것이다.

자기중심적인 소유욕이라는 인간의 경향, 즉 인간의 본성이 근본적으로 변화될 때에만 차별의 문제는 근본적으로 해결될 수 있을 것으로 보인다. 이를 위해서 인간의 도덕성을 고양시키는 인식과 가치의 전환을 위한 교육도 함께 병행되어야 하리라고 본다.

외국인 노동자의 윤리적 문제

① 외국인 노동자와 한국사회

한국경제가 급속도로 성장함에 따라 기초 산업 부분에서의 인력 수요가 급격히 늘어나게 되었다. 이에 반해 노동공급은 크게 둔화되어 인력부족이라는 수요와 공급의 불균형 현상이 초래되었다. 이러한 현상의 원인은 한국인의 고학력과 생활수준의 향상에 따라 이른바 3D업종에 대한 기피현상으로 인한 것이다. 이러한 문제를 해결하기 위해서 정부가 산업기술 연수생제도를 도입하여 시행함에 따라서 동남아 개발도상국 출신의 외국인 노동자들이 국내로 들어오게 되었다.[51]

---

51) 혹자는 법적인 개념을 존중하여 '근로자'라는 용어를 선호하여 사용하기도 하지만, 필자는 편의상 '노동자'로 사용하기로 한다. 역사 속에서 노동자들의 국제이동은 억압과 착취로 점철된 슬픈 역사

국내에 유입된 외국인 노동자의 수가 점차 증가하면서 예상치 못했던 사회문제들이 생겨나게 되었다. 이러한 문제들은 우리가 의식하지 못하는 사이에 우리 사회의 곳곳에 영향을 미치고 있다. 산업기술 연수생제도로 인하여 불법취업자의 수가 증가하게 되었고, 외국인 노동자들과 연관된 다양한 사회문제도 점점 증가하고 있다.

외국인 노동자들의 유입은 우리 사회에 커다란 부담으로 작용하고 있다. 외국인 노동자들은 노동시장에서 자국민과 경쟁자가 될 뿐만 아니라, 그들의 정착과정에서 주택문제나 그들 자녀의 교육 및 의료문제 등과 같은 적지 않은 문제들이 생겨나게 되었다. 노동자의 자격으로 혼자 입국한 외국인 노동자들은 시간이 지나면서, 기혼자의 경우 본국의 가족들을 초청하기도 하고, 미혼인 경우에는 본국 혹은 타국의 이성과 결혼함으로써 가족을 형성하게 된다. 이처럼 외국인 노동자 문제는 개인의 차원을 넘어서 가족문제 내지 공동체의 문제로 보다 복잡하게 확대된다.[52] 예를 들어 구로공단과 안산 등지에 산재해 있는 외국인 노동자들의 벌집 숙소와 그 곳에서 발생되는 범죄 사건들은 외국인 노동자들과 연관된 사회문제의 실례라고 볼 수 있다.[53]

외국인 노동자들(foreign workers)은 일시적인 이주자라고 할 수 있다. 출입국관리법상의 체류자격에 따르면, 이들은 고용허가를 받은 노동자,

---

였다. 1600년대부터 흑인들이 아메리카에 노예로 팔려가 노동력을 착취당했고, 산업혁명 당시에는 아시아와 아프리카인들이 유럽으로 이동하여 착취당했고, 일제 강점기 때는 수많은 한국인들이 일본에 끌려가 강제노역으로 착취당했다.

52) 정종훈, 『기독교 사회윤리와 인권』(서울: 대한기독교서회, 2003), 154.

53) 군포경찰서는 2006년 6월 16일 승용차에 탑승하던 피해자를 흉기로 위협하고, 돈을 갈취하려 한 몽골인을 체포했다. 또한 외국인 노동자끼리 다투다가 살인사건이 발생하기도 했다. 이처럼 한국 내 외국인 노동자를 비롯한 불법체류자의 숫자가 증가함에 따라 외국인의 범죄율도 증가하고 있다. 군포신문 2006년 6월 29일자.

산업기술 연수생, 그리고 법적인 보호를 받을 수 없는 불법체류노동자(미
등록 이주 노동자)로 나누어 진다.[54] 이들은 3D ─ 힘들고(difficult), 더럽고(dirty),
위험한(dangerous) ─ 업종에서 고된 일을 하면서도 그에 합당한 인격적인
대우와 대가를 받지 못하고 있다. 이들은 장시간 노동을 하면서도 저임
금과 임금체불 등의 불평등과 착취, 고용주나 상사에 의한 비인격적인
모독과 폭력을 겪으며, 한국인과의 차별을 경험하고 있다. 이러한 문제들
의 이면에는 한국인 노동자와의 문화적 갈등이 깊이 자리 잡고 있다.

현재 이들 외국인 노동자들은 법적이고 행정적인 보호에서 배제된
'행정의 사각지대'와 '인권의 사각지대'에 있다고 해도 과언이 아니다.[55]

왓서스트롬은 인종문제나 성차별과 같은 문제들은 쉽게 해결할
수 없는 주제들로 보면서, 이러한 문제들은 복잡한 주제들을 포함하고
있기 때문에, 신중하게 접근하면서 논의해야 할 것을 강조하였다.[56] 이
장에서는 외국인 노동자들이 한국 사회에서 겪는 여러 가지 현실적인 문
제를 살펴보면서 기독교 사회윤리적인 관점에서 다양한 해결책을 모색
하고자 한다. 이를 위해 우선 성서적인 시각으로 외국인 노동자들을 따
뜻하게 품을 수 있는 관점들을 찾아보고, 성서가 제시하는 이러한 통찰
들을 구체적으로 적용할 때 우리가 실천해야 할 과제가 무엇인지에 대해
서 고찰하고자 한다. 이러한 논의를 통해 외국인 노동자들에 대한 인식
의 전환과 더불어 사회제도적인 개선을 모색하고, 보다 현실적으로 반영

---

54) 2010년 9월 30일 법무부 출입국 외국인 정책본부의 자료에 따르면, 한국에 체류하고 있는 외국
   인 체류자들은 총 1,237,517명으로 이 가운데 합법적인 체류자는 1,066,159명이고, 불법체류자는
   171,358명이다.

55) 이종두, "외국인 노동자정책 변화와 시민단체 역할," 『민족연구』, 한국민족연구원, 2004년, 46.

56) R. A. Wasserstrom, "Racism, Sexism and Preferential Treatment: an approach to the topics" R.
   Chadwick and D. Schroeder, *Applied Ethics VI - politics* (New York: Routledge, 2002), 129.

해야 할 과제들을 제안하고자 한다.

② 외국인 노동자의 유입

■ 외국인 노동자의 유입 배경

우리 경제가 급속도로 성장함에 따라 산업인력의 수요가 꾸준히 늘어난 반면, 노동공급은 상대적으로 둔화되어 1980년대 말부터 인력부족현상이 나타나기 시작하였다.[57] 이러한 노동시장 여건의 변화는 외국인 노동자들이 국내로 유입하게 된 직접적인 배경이 되었다. 산업부문에서는 많은 노동인력을 요구하는 데 반해 한국인들의 3D업종에 대한 기피현상은 노동인력의 수요와 공급의 불균형 현상을 초래하였다. 이에 대해 정부는 적극적으로 외국 인력을 고용하여 3D업종에 대한 노동 불균형을 해소하려 하였다. 그럼에도, 현장에서 필요한 노동인력의 수요를 채우지 못하고 있어 고용주들은 불법으로라도 외국인 노동자를 고용할 수밖에 없었다.[58]

---

[57] 1960년대 이후 지속적으로 추진되었던 인구증가 억제정책으로 출산율이 저하되고, 인구증가가 둔화되어 젊은 노동층이 급격히 감소되었다. 또한 고학력화 현상으로 청소년의 노동시장 진입률이 줄어들었고, 소득수준이 향상됨에 따라 근로의욕이 줄어들고 법정 근로시간이 전반적으로 줄어들었다.

[58] 외국 인력을 활용할 수밖에 없는 것은 인력 부족에 기인한다. 이외에도 외국인 노동자들의 임금이 싸기 때문에, 휴일 또는 야간 근무자를 구할 수 없기 때문에 외국 인력을 활용하는 경우도 있다.

외국인 노동자들은 한국으로 취업을 하게 되면 이를 목돈마련과 인생역전의 기회로 여긴다. 그리하여 동남아시아의 많은 젊은이들은 고임금과 다양한 단순 노동을 제공하는 한국을 동경하여 이주를 결심하게 된다. 게다가 동남아국가의 정부들은 외화획득의 수단으로 이들 근로자들의 해외진출을 기대하고 있으며, 외교 관계에서도 이런 목적을 달성하기 위해 노력하고 있다. 한편 사회적인 측면에서 볼 때 외국인 노동자의 유입은 개방화와 국제화의 추세와 더불어 점점 증가하고 있다.

② 한국의 외국인 노동자 정책

한국의 외국인 노동자 고용정책은 다음과 같은 과정을 겪었다.[59] 외국인 노동자의 유입은 1987년부터 서서히 진행되었는데, 1991년까지는 외국인 노동자에 대한 정책이 전무한 상태였다. 1991년 11월 1일부터 산업기술 연수생제도가 시행되었는데, 이는 외국의 단순기능인력을 수입하기 위한 목적에서 시행되었다. 1993년이 되자 국내의 실업률이 상승하는 등 경기하강에 따른 고용사정이 악화되고 연수생의 증가에 따른 이탈과 관리 등의 문제점이 제기되자 1993년 4월 산업기술 연수생제도를 중단하기로 결정하고, 이미 입국한 연수생에 대해서는 체류기간을 2년으로 연장해 주었다. 11월에는 제조업체의 인력난 해소를 위해서 중소기업중앙회를 통하여 기존의 제도를 보완하여 더욱 확대하여 시행하였다.

1997년 9월부터 산업기술 연수생제도를 보완하여 연수취업제도

---

59) 이명원, 외국인 노동자의 법적 보호방안에 관한 연구, 미간행 석사학위논문, 숭실대, 2003. 62-69.

를 확정하였다. 그런데 산업 연수생으로 입국한 외국인 노동자들은 1-2년 연수와 2년의 취업 기간동안 받은 임금으로는 인력송출업체에 지급한 비용을 회수하기에도 충분하지 않아 취업 기간이 끝났음에도 사업장을 이탈하여 불법체류자의 신분으로 다른 사업장에 취업을 할 수 밖에 없는 문제가 발생하였다.[60]

　　이러한 문제를 보완하기 위해 고용허가제가 2004년 8월 17일부터 시행되었다.[61] 법무부는 체류기간이 3년 이상 4년 미만인 외국인 근로자에 대해서는 체류허가를 얻어 출국 후 재입국하여 최장 2년간 취업허용을 해주었고 4년 이상인 자는 자진 출국 시 범칙금을 면제해 주었고, 재입국시에는 입국규제를 하지 않기로 하고, 만약 이를 어길 경우 강제출국과 동시에 5년간 입국금지조치를 취하였다. 정부는 고용허가제와 병행 시행하였던 산업 연수생제가 송출비리나 편법적 인력활용, 연수생 이탈 등의 다양한 문제로 인하여 2007년부터 산업 연수생제도를 폐지하고 고용허가제로 일원화하여 운영하였다. 대만, 싱가포르, 홍콩은 고용허가제를 두고 있고, 프랑스, 독일, 스위스 등 대부분의 유럽 국가들은 외국인 근로자의 사업자 이동이 비교적 자유로운 노동허가제를 도입하여 운영하고 있다.

60)　이동재, "한국내 외국인 근로자와 관련된 법적연구", 『민족연구』, 한국민족연구원, 2004년, 53.

61)　고용허가제는 외국인 노동자가 국내 기업에 취업해서 일하는 동안 내국인 노동자와 동일한 권리를 보장한다. 단결권, 단체교섭권, 단체행동권 등 노동3권이 보장되며, 최저임금, 산업재해보험, 의료보험, 퇴직금을 보장받고, 일부는 국민연금도 가입가능하다. 최초 계약기간은 1년 미만이고, 계약 갱신이 가능하나 정주화 방지를 위해 단기간 취업 기간(3)을 넘지 않는다. 고유미, "외국인력 고용 현황과 정책 변화", 『민족연구』(한국민족연구원, 2004), 22.

③ 외국인 노동자의 현실

외국인 노동자들은 장시간 노동, 저임금, 폭행 및 괴롭힘, 임금체불, 열악한 작업조건, 한국인과의 차별, 폭언 및 모욕, 산업재해 및 직업병, 한국인 노동자와의 갈등 등 수많은 문제들을 겪으면서 지내고 있다.[62]

■ 장시간의 노동

노동법에 의하면 근로자는 하루 8시간 이상, 그리고 한 주간에 44시간 이상을 일할 수 없다. 그러나 외국인 노동자들은 사업주나 감독자의 묵인이나 강요에 의해 하루 10-12시간 또는 그 이상의 연장근로를 하는 경우가 많다.[63] 이는 고용주가 외국인 노동자들에게 장시간 근로를 요구하기 때문이다. 뿐만 아니라 막대한 비용을 지불하고 입국한 외국인 노동자들은 단기간에 고소득을 올리기 위해 연장근로를 자원하게 된다.[64] 그리하여 외국인 노동자들은 무리를 하면서 장시간의 노동을 하게 된다.

---

62) 김윤규, "한국의 외국인 노동자가 겪는 폭력극복을 위한 대책", 한국기독교학회, 2005년, 256-258.
63) 외국인 여성노동자의 경우 생리휴가, 월차휴가, 연차휴가는 현실적으로 얻기 어려운 형편에 있다.
64) 송병준, "외국인력의 고용현황과 주요국의 외국인력정책," 송병준 외, 『외국인 노동자의 현실과 미래』(서울: 미래인력연구센터, 1997), 11.

② 저임금

외국인 노동자의 임금은 한국인 노동자의 70-80%에 불과하다. 또한 규정 근로 시간 이외에 연장근로를 하더라도 당연히 받아야 할 초과수당을 받지 못하는 경우도 허다하다.

③ 임금체불

외국인 노동자들은 자신이 일한 대가를 정당하게 받지 못하는 경우가 많다. 외국인 노동자들이 일하는 사업장은 대기업과 같은 안정된 직장이 아니라 자금유통이 불안한 중소기업이 대부분이다. 그리하여 그들이 일하던 사업장이 파산하여 폐쇄되거나 고용주가 도피할 경우 임금을 받지 못하게 된다. 또한 악덕 고용주들은 외국인 노동자들의 불법 체류를 빌미로 의도적으로 임금체불을 하는 경우도 많다.

④ 산업재해로 인한 상해

외국인 노동자들은 열악한 작업장에서 3D업종에 종사하고 있기 때문에 산업재해에 쉽게 노출된다. 위험한 작업환경에서 일하기 때문에 산업재해를 당할 가능성이 많다. 그럼에도 산업재해를 당할 경우 그들에게 주어지는 보상은 미약할 뿐이다.

⑤ 폭력을 동반한 비인격적인 대우

외국인 노동자들에 대한 폭언이나 폭력은 아직도 여전하다. 폭력 이외에도 비인격적인 대우를 하는 경우도 많다. 외국인 노동자들은 한국인들에게 일방적으로 굴복하는 지배-복종의 관계를 갖는데, 이러한 구조적인 모순 때문에 외국인 노동자들에 대한 인권유린은 매우 심각하다.[65]

⑥ 여성 외국인 노동자들에 대한 차별과 성폭력

여성 외국인 노동자들은 남성 외국인 노동자와 달리 임금 차별, 작업현장에서 성적 괴롭힘 등을 당하고 있으며, 강제해고와 강제추방 등의 협박 때문에 학대신고도 하지 못하는 실정이다. 여성 외국인 노동자들은 종종 성폭력을 당하거나, 자신의 의지와는 상관없이 성매매의 대상이 되기도 한다. 심지어는 쉽게 일자리를 얻지 못한 여성 외국인들은 극단적인 상황에서 성을 생계유지의 수단으로 선택하게 되는 경우도 있다.

따라서 이러한 문제를 해결하기 위해서는 조속히 여성차별 금지를 담고 있는 여성차별철폐협약 '직장과 일의 평등권 · 여성노동 착취 금지 · 정부의 차별제거 정책 추구' 등 국제인권법을 준수하도록 힘쓰고, 만약 지켜지지 않을 경우에는 국제협약에 준하도록 하는 특별 조치를 취해야 한다.

---

65) 정현숙, "문화간 커뮤니케이션 갈등에 대한 연구", 『커뮤니케이션학 연구』 제12권 3호, 한국커뮤니케이션학회, 2003년 가을, 27.

이외에도 외국인 노동자들을 힘들게 하는 것은 한국인과의 문화적 커뮤니케이션으로 인한 오해 내지 갈등이다. 이러한 갈등을 촉발하거나 악화시키는 요인은 한국인들의 위계중심의 감정적 인간관계, 외집단과 내집단을 구별하는 폐쇄주의와 차별주의, 그리고 전체 지향적 사고에 근본원인이 있다.

이러한 문제들은 외국인 노동자들을 열등한 인종으로 생각하는 한국인들의 인종주의와 맞물려 있다. 한국인들은 한국 사회 안에서 인종의 다름을 기준으로 해서 인종적 위계의 체계를 세웠다. 이러한 인종적 위계에 따라 외국인 노동자들을 낮게 평가함으로써 자본주의 체제 속에서 외국인 노동자들에 대한 노동착취를 정당화시키는 이념으로 작용하게 되었다.[66] 이러한 인종주의는 편견에 바탕을 둔 것으로써 시급히 청산되어야 할 과제라고 생각된다.

④ 성서적 관점으로 본 외국인 노동자

① 하나님의 형상

성서는 인간을 하나님의 형상으로 지음받은 존귀한 존재(창 1:27-28)

---

66) 함한희, "외국인 노동자의 갈등과 적응", 송병준 외, 『외국인 노동자의 현실과 미래』, 176-177.

라고 말한다.[67] 인간이 '하나님의 형상'으로 창조되었다는 사실은 인간의 가치와 존엄성에 대한 신적 근거로 작용했을 뿐 아니라 인간의 신체적, 정신적, 영적인 요소를 해명하는 원리로 제공된다. 즉, 인간이 하나님의 형상으로 지음 받았다는 사실은 인간이 하나님과의 관계의 빛에서 자유를 얻는다는 것을 보여준다. 이 자유는 정치적, 사회적, 경제적인 모든 억압에서의 해방을 의미한다. 그리하여 인간은 그의 빈부와 계급, 인종을 떠나서 하나님의 형상이며 존귀한 존재인 것이다.

성서적 관점으로 본다면, 외국인 노동자들 역시 하나님의 형상이다. 비록 피부색이 다르고, 언어가 다르고, 문화가 다를지라도, 외국인 노동자들도 동일하게 하나님의 형상으로 지음받은 피조물이다. 따라서 우리는 외국인 노동자들 속에서 하나님의 형상을 발견할 수 있어야 하고, 그들을 하나님 형상을 지닌 한 인격체로 대우해야 한다.

하나님의 형상으로 지음받은 인간은 자유롭게 하나님과의 관계 속으로 부름을 받고 반응하는 책임적 존재이다. 따라서 우리가 하나님의 형상이 함의하는 자유와 책임을 인식하게 될 때, 외국인 노동자들이 열악한 작업환경 속에서 착취당하거나 억압당하도록 방치할 수 없다.

---

67) 초대 교부들은 하나님의 형상을 인간의 합리성과 자유를 의미하는 것으로 해석하였다(Irenaaeus). 아우구스티누스는 자기 이해의 능력, 자기 기억, 자기 사랑으로 이해했고, 토마스 아퀴나스는 지성이나 이성으로 해석하면서 이것을 인간 속에 있는 하나님의 형상의 본질로 보았다. 하나님의 형상을 인간의 영성, 합리성, 도덕성이라는 측면에서 이해하였다. 종교 개혁자들은 하나님의 형상을 인간의 지배적 기능으로 보았다. Anthony A. Hoekma, *Created in God's Image* (Grand Rapids: Reformed Free Publishing, 1986), 49.

② 나그네 환대사상

　　나그네는 정착민들과 문화적으로 다르기에 쉽게 배척을 당하고 멸시를 당하게 된다. 이스라엘 민족은 나그네로서 살아가는 것이 얼마나 큰 고통인지, 사회적 약자로서 나그네가 얼마나 쉽게 억압당하고 착취당할 수 있는지를 체험하였다. 그리하여 신명기 법전에서는 이스라엘 민족이 사랑과 정의의 공동체로서의 사명과 책임을 자각하고 그들의 나그네 시절을 회상하면서 그들 가운데 거하는 나그네들을 환대할 것을 명시하고 있다.[68]

　　크리스천들이 신앙적인 의미에서 나그네들이라고 한다면, 외국인 노동자들은 실질적인 나그네들이다. 이들은 자본주의 시대의 흐름에 따라 보다 많은 임금을 기대하면서 삶의 근거지를 자발적으로 이탈한 나그네들이다. 그러나 이들이 자발적으로 선택한 나그네라고 해서, 우리는 이들을 낯설고 이질적인 이방인으로 대해서는 안 된다. 나그네였다가 노예로 전락하였던 이스라엘 민족이 울부짖었을 때, 그 울부짖음을 외면하지 않으셨던 하나님께서는 이방 나그네들을 우리와 같은 이웃으로 보고, 우리 자신을 사랑하듯이 사랑하라고 명령하시기 때문이다.[69]

---

68)　"타국인이 너희 땅에 우거하여 함께 있거든 너희는 그를 학대하지 말고, 너희와 함께 있는 타국인을 너희 중에서 낳은 자같이 여기며, 자기같이 사랑하라. 너희도 애굽 땅에서 객이 되었느니라. 나는 너희 하나님 여호와니라." (레위기 19:33-34) 이러한 나그네 의식은 신약성경에도 그대로 이어진다. 예수 그리스도는 3년 동안 떠돌이 전도자로서 제자들과 함께 나그네의 삶을 살았다. 또한 베드로전서 2:11에서는 성도들을 "나그네"와 "행인"으로 칭하고 있다.

69)　정종훈, 『기독교 사회윤리와 인권』, 161-162.

❸ 예수 그리스도와 작은 자

예수 그리스도는 최후 심판의 비유(마태복음 25:31-46)에서 자신을 사회에서 소외된 '지극히 작은 자 하나'와 동일화시켰다. 외국인 노동자들은 우리 사회에서 소외된 지극히 작은 자 하나라고 할 수 있다. 우리는 이들을 영접하고 우선적으로 배려해야 할 사명과 책임이 있다. 그러므로 우리들은 이들이 인간답게 살만한 삶의 조건을 적극적으로 배려하고, 그들의 자녀들도 잘 적응할 수 있도록 도와주어야 한다. 외국인 노동자들은 스스로 변호하거나 권리를 호소할 수 있는 능력을 결여하고 있다. 따라서 우리는 이들 편에 서서 이들을 변호하고 이들이 누려야 할 권리를 보장해 줄 수 있어야 한다.

⑤ 외국인 노동자들에 대한 현실적인 해결책

❶ 외국인 노동자들의 인권 회복

한 인간이 인간적인 대우를 받고, 인간다운 삶을 누릴 수 있도록 하는 것은 모든 인간에게 부여된 최소한의 권리이다.[70] 외국인 노동자

---

70) 세계인권선언 제1조에 보면, 모든 인간은 태어날 때부터 자유롭고 동등한 존엄과 권리를 가지고 있다고 규정하고 있으며, 제2조에서는 모든 인간은 인종, 피부색, 성별, 언어, 종교, 정치적 또는 다른 의견, 출신, 재산, 출생 혹은 다른 지위에 관계없이 무차별적으로 권리와 자유를 향유할 수 있다고

들도 노동자이기에 앞서 인간이기에, 한 인간으로서 인간다운 삶을 누릴 수 있는 최소한의 권리가 보장되어야 한다. 그런데, 안타깝게도 외국인 노동자들은 다양한 인종차별과 인권침해를 겪고 있다. 그들은 여전히 임금체불 등 노동법의 사각지대에 놓여 있다.[71]

외국인 노동자들이 통상적으로 겪는 인권침해의 유형은 다양하다. 산업 연수생들의 이탈을 막는다는 명목으로 여권 및 외국인 등록증을 압수당하고, 외출이나 외박이 금지당한 채 자유로운 사생활의 보장을 침해받고 있다. 또한 언어폭력과 구타, 성폭행과 살인에 따른 인권침해의 우려가 많다. 외국인 노동자들은 송출이나 적립에 있어서 강제성이 많아 그들의 임금을 정당하게 보장받지 못하여 임금처리에 있어서 많은 인권을 침해당하고 있다.[72]

이러한 인권침해의 근본원인으로는 외국인 노동자의 유령적 성격에 주목할 필요가 있다. 이들은 공장 안에서는 존재하되 공장 밖에서는 존재가 무시되는, 이 땅에서 살아가고 있지만 일손으로서만 존재하며 인간으로서의 존재는 거부되는, 그래서 보이지만 보이지 않는 외국인 노

규정하고 있다.

71) 노동부는 2006년 8월까지 외국인 다수고용사업장 647곳을 대상으로 근로기준법을 비롯한 노동관계법(체불임금, 폭행, 근로시간, 최저임금, 근로계약 등) 준수여부 점검 자료를 분석한 결과 전체의 81.1%에 달하는 524곳이 노동관계법을 위반한 것으로 밝혔다. 위반 건수는 1,397건에 달한다. 이는 2005년 보다도 수치가 증가한 것으로 나타나 근본적 대책 마련이 시급한 상황이다. 매일노동뉴스 2006년 10월 11일자.

72) 연수생들이 사업장을 이탈하게 됨에 따라 이들이 그동안 직장에서 적립했던 적금과 급여 등의 수십억 원이 '임자 없는 돈'으로 남게 되었다. 중소기업중앙회와 노동부 등은 1999년 국정감사 때 이 돈을 연수생들에게 되돌려주라고 지적받았음에도 지금까지 별다른 조처를 하지 않았다. 중소기업중앙회는 연수생들이 찾아가지 못한 적금이 38억 원(6642명)이라고 밝혔다. 이러한 '강제 적금'은 2002년 1월 수협의 관련 규정이 개정되면서 금지됐고, 중소기업중앙회 · 대한건설협회 · 농협중앙회 등 다른 연수생 추천기관들도 이미 1999년부터 이 제도를 없앤 터였다. 그러나 업체들은 이후에도 도주 · 이탈을 막는다는 명분으로 외국인 노동자들로 하여금 강제 적금을 들게 해 왔던 것이다. 한겨레 2006년 10월 12일자.

동자로서의 존재양식 때문이다.[73]

그러나 우리는 외국인 노동자들 속에서 하나님의 형상을 발견할
수 있어야 하고 그에 합당하게 대우해야 한다. 우리는 외국인 노동자들
의 노동의 권리와 함께 그들의 삶의 권리를 동시에 배려해야 한다.[74]

우선 외국인 노동자들에 대하여 법적인 신분을 보장할 수 있도록
해야 한다. 이를 위해 국제법과 우리 실정에 맞는 외국인 노동자정책의
정착이 시급하다. 국제앰네스티 한국지부에서는 고용허가제(2004년 8월 시행)
가 2년이 지났지만 여전히 '한국판 노예제'라는 비난을 면치 못하고 있다
며 국제법 기준에 맞는 정부 대책을 요구했다.[75]

독일의 외국인 노동자정책은 여러 국가의 선례이자 모델로 검토
대상이 되어 왔다. 독일의 노동허가제는 교체순환정책과 사회통합정책
으로 나뉘어진다. 교체순환정책은 자국민 혹은 유럽연합 회원국 우선원
칙에 의하여 외국인 노동자가 취업할 수 있는 지역과 직종을 제한하고,
외국인 노동자의 취업에 대해서도 유효기간 1년인 노동허가증을 발급하
여 체류기간을 제한할 뿐 아니라 일정기간 체류한 외국노동자는 모국으
로 돌려보내고 다른 사람을 받아들인다. 사회통합정책은 장기간 고용이
이루어진 외국인 노동자에게 지역과 직종의 제한을 두지 않을 뿐만 아니
라 독일인과 동일한 권리를 누릴 수 있도록 한다. 투표를 제외하고는 사

---

73) 유명기, "외국인 노동자와 한국문화," 송병준 외, 『외국인 노동자의 현실과 미래』, 101.

74) '외국인 근로자 구인 · 구직 만남의 날'과 같은 행사가 좋은 예가 된다. 서울서부 종합고용지원센터
　　는 관할지역 거주 외국인 근로자의 구직활동을 지원하고 일반음식점의 인력난 완화 등을 통해 지
　　역경제에 보탬이 되고자 2006년 10월 19일 '외국인 근로자 구인 · 구직 만남의 날'을 기획하였다.
　　관할구역 거주 외국인 노동자 50여 명과 강진수산 등 12개 업체가 참여하는 가운데, 맞춤면접과 자
　　유면접을 통해 현장채용을 결정하고, 외국인 노동자들에게 고용허가서를 발급하였다. 또한 외국인
　　노동자 고용관리, 출입국 만기보험 등 각종 보험제도 등 고용허가제 주요 내용을 설명하고 상담하
　　는 자리도 마련하였다.

75) 인터넷 시민의 신문 2006년 8월 18일자. http://www.ngotimes.net/news_read.aspx?ano=39425

실상 내국인과 다르지 않을 정도로 외국인 노동자에 대해 적극적인 사회
통합정책을 실시하고 있다.[76)]

  이와 동시에 외국인력 수급과정에서의 정부의 역할이 중요하다.
현재 시행되고 있는 고용허가제는 송출비리 문제를 여전히 해결하지 못
해 불법체류를 낳고 있다. 브로커들의 만연은 송출비용 급증 문제와 연결
된다. 이러한 문제를 해결하기 위해서 정부는 외국인력의 수급과정에서
브로커들이 개입함에 따른 부정비리를 차단할 수 있도록 관리 · 감독을
철저히 해야 한다. 외국정부나 브로커의 개입 여지를 없애고 한국어시험
성적순으로 입국해 자유롭게 취업하는 방문취업제를 실시해야만 송출비
리를 근원적으로 차단하고 불법체류를 막을 수 있다. 또한 고용허가제의
취지대로 이권단체의 개입을 배제하고 공공기관으로 대행기관 업무를
일원화시켜 고용허가제의 바람직한 방안을 마련해야 한다. 이를 위해 정
부는 토론회, 간담회 등을 거쳐 각계 의견을 충분히 수렴한 뒤 관계부처
와 면밀한 협의 · 조정 등을 거쳐 보다 세부적인 시행계획안을 마련한 뒤
외국인력고용위원회의 사전심사를 거쳐 바람직한 대책을 만들어야 한다.

  외국의 선례들을 모델로 하여 우리 실정에 맞는 외국인 노동자의
고용에 관한 법률의 개정을 통하여 현재 불법체류 중인 외국인 노동자들
을 예외없이 합법화함으로써 음성적으로 근로를 제공하는 외국인 노동
자들의 증가 및 그로 인한 인권침해를 방지하도록 해야 한다.[77)] 또한 관

---

76) 강권찬, "교체와 통합 양축으로 고용허가제 대표적 모델," 『민족연구』, 한국민족연구원, 2004년,
    87-88. 독일의 외국인 노동자정책은 대략 55%가 10년 이상을 거주한 경우이며, 20년 이상도 33%
    에 이른다. 또한 내국인과 완전히 동등한 권리를 가지게 되는 8년이 되는 경우도 약 10%에 이른다.
    같은 책, 92.
77) 현재 우리나라는 UN과 ILO의 외국인 근로자 관계협약을 비준하고 있지 않으며 국제인권규약만
    을 채택하고 있다. 세계인권국가로 나아가기 위해서는 조속히 외국인 근로자보호를 위한 관계협약
    의 비준과 동시에 UN과 ILO의 이주 근로자 권리협약의 체결이 선행되어야 하며 헌법과 노동관계

련기관에 의한 철저한 관리를 통하여 단속을 통한 불법체류자들의 강제
퇴거보다는 그들로 하여금 합법적인 기간의 종료와 함께 자진출국 할 수
있는 동기를 마련해 주는 것이 바람직하다.[78] 이와 동시에 인도주의적인
법률인의 자발적인 도움이 필요하다. 전문 법률인들에 의한 인권상담은
외국인 노동자들을 효율적으로 도울 수 있을 것이다.

한국인들과 동일 직종에서 일하는 외국인 노동자들에게는 한국인
과 차별 없는 임금과 대우를 받도록 법적으로 보장해야 한다. 동일 직종
에서 동일하게 일하는데도 단지 외국인 노동자라는 이유만으로 임금차
별을 하는 것은 옳지 않다. 시간외 수당과 휴가수당, 의료보험과 산업재
해보험 그리고 퇴직금의 적립 등 노동자들에 대한 법적인 의무를 외국인
노동자라고 제외시키는 것은 옳지 않다. 따라서 적정임금과 더불어 각
종 법적인 혜택을 실행하지 않는 기업들을 감시하고, 외국인 노동자들에
대한 처우를 개선하도록 촉구해야 한다. 또한 이를 효과적으로 수행하기
위해 외국인 노동자들에 대한 노동 상담을 제공할 수 있어야 하며, 외국
인 노동자들의 일터에 대한 철저한 검증과 감시가 병행되어야 한다.[79]

❷ 사랑과 정의가 구현되는 사회정의 실현

모든 개인은 자아실현을 추구하는 하나의 인격이다. 외국인 노동

법, 사회보장법상의 동등한 지위를 제한적 범위 내에서 인정해 주어야 한다. 이명원, "외국인 노동
자의 법적 보호방안에 관한 연구", 84.

78) 이동재, "한국내 외국인 근로자와 관련된 법적연구," 『민족연구』, 한국민족연구원, 2004년, 62.

79) 정종훈, 『기독교 사회윤리와 인권』, 167. 이를 위해 시민 단체나 자원 봉사자들이 노동 현장을 수시
로 돌아보고 문제점을 도와주는 세밀한 사랑과 관심이 필요하다.

자들이 온전한 자아실현을 할 수 있기 위해서는 먼저 우리 사회가 사랑과 정의의 공동체가 되어야 한다. "각자에게 제 몫을" 분배하는 공정한 사회적 정의가 이루어지기 위해서는 먼저 외국인 노동자들을 억압하고 수탈하는 삶의 환경을 바꾸어야 한다. 서로에게 상처를 가하고, 서로에 대한 팽팽한 긴장감만 있는 왜곡된 사회구조를 바꾸어야 한다. 부정의하고 불공평한 제도적 모순들은 조속히 바꾸어 각자가 노력한 대로 합당한 대가를 받는 정의로운 사회를 구현해야 한다. 사회정의의 실현이란 곧 정의로운 사회적 정책과 제도와 체제의 수립과 운영을 의미한다. 사회정의의 실현은 권리나 법률을 위시하여 다각적으로 검토하여 구체적으로 접근해야 한다.[80]

정부는 그동안 비현실적이고 일관성 없는 정책으로 외국인력 정책에 신뢰를 상실했었다. 그리하여 불법체류 미등록 노동자들의 실체를 법과 제도로 인정하지 않을 수 없는 상황에 이르자 관련법을 만들었다. 그러나 앞으로는 외국인 노동자의 결혼과 출산 등으로 인한 정주화 등 장기적인 안목으로 제도를 정비해 나갈 필요가 있다.[81] 또한 외국인 노동자를 지역 주민으로 인정하고 복지시설, 지원조례 등을 마련하는 보다 적극적이고 구체적인 노력이 요구된다.

정부에 의한 제도적인 개혁과 함께 시민단체의 역할도 중요하다. 외국인 노동자문제에 대해 제일 먼저 인식하고 참여한 것은 노동단체가

---

80) 대기업의 지원 사업은 좋은 예가 된다. 현대·기아차 그룹은 외국인 노동자 지원 사업에 8억 원을 전달할 것이라고 밝혔다(2006년 10월 17일). 이 지원금은 외국인 노동자들의 의료 지원비, 자녀 보육사업, 쉼터 난방지원비로 쓰일 예정인데, 현대차그룹은 지난 2004년부터 지속적으로 외국인 노동자 지원 사업을 후원해 왔다. 이데일리뉴스 2006년 10월 17일자. http://www.edaily.co.kr/news/newsread.asp.

81) 고유미, "외국인력 고용 현황과 정책 변화", 27.

아니라 시민단체들이었다.[82] 외국인 노동자들에 대해서 관심을 갖기 시작한 것은 92년경부터였다. 초기에는 전문인권단체보다 교회 등 종교단체에서 선교와 인권차원에서 관심을 보이면서 지원을 하였다. 시민단체들은 외국인 노동자들을 조직화하고 사회적인 문제로 제기하는 데 큰 역할을 하였다. 이들의 노력은 법원의 판결, 국회 입법청원 등을 통해 정부에 영향을 미쳤다.[83]

또한 사회구성원의 외국인 노동자들에 대한 인식의 전환과 함께 외국인 노동자를 위한 따뜻하고 편안한 쉼터를 제공하는 것 또한 중요하다. 쉼터는 외국인 노동자들이 겪고 있는 여러 문제들을 드러내고, 보다 나은 해결책을 찾도록 실제적인 도움을 제공하는 상담소가 될 것이다. 외국인 노동자들이 우리 사회에 머무는 동안 우리 사회를 보다 깊이 이해하고 자신들의 삶의 환경으로 쉽게 받아들일 수 있도록 조건을 제공할 수 있다. 또한 쉼터를 통하여 제공하는 한국말 교육은 외국인 노동자들에게 최소한의 의사소통이 가능하도록 도울 뿐 아니라, 그들이 우리 사회에 쉽게 적응하도록 도울 수 있다. 또한 그들이 독자적으로 경험하기 어려운 우리 사회의 문화적 환경을 경험할 수 있는 귀중한 통로가 될 것이다.

❸ 사회보장제도의 실현

외국인 노동자들은 주로 대기업보다는 중소기업이나 소규모 사

---

82) 이종두, "외국인 노동자정책 변화와 시민단체 역할," 『민족연구』, 한국민족연구원, 2004년, 40.
83) 같은 책, 46.

업장에서 일하고 있다. 이들은 열악한 근무환경 속에서 산업재해의 위험에 노출되어 있다. 그럼에도 이들에게 산업재해가 발생할 경우, 이들은 산업재해와 보상에 대하여 차별적이고, 차등적인 불이익을 당하고 있다. 우선 이들에 대한 이러한 차별을 없애고, 산업재해에 대한 합당한 보상과 후속적인 지원이 동시에 이루어져야 한다. 보다 근본적으로는 이들에 대한 바람직한 의료보험제도를 동반한 사회복지제도가 보장되어야 한다.

노동자는 법적으로 매년 한 번 이상 건강검진을 받도록 의무화되어 있다. 특별히 위험한 업종에 종사하는 노동자는 6개월에 한번 이상의 검진을 받아야 한다. 이 경우 검진비용은 고용주가 부담해야 한다. 그러나 외국인 노동자들의 경우 그렇지 못하다. 의료보험의 혜택을 받지 못하는 외국인 노동자들은 진료를 받을 수 없기 때문에 고통을 참거나 가벼운 진통제로 해결하는 경우가 많다. 또한 고용주가 질병으로 고통당하는 외국인 노동자들을 기피하거나 외면하는 경우도 많다.

의료지원사업은 필수사항이다. 이들의 건강과 질병에 대한 돌봄은 선택이 아닌 필수사항이라는 인식이 절실하다. 이러한 인식 하에 외국인 노동자 전용의원이 2004년 7월 개원되어 외래 진료 및 입원과 수술 등 모든 비용을 무료로 제공하고 있다. 2006년 6월 말까지 41,000여 명의 외국 노동자들이 도움을 받았었다. 그런데 무료로 의약품과 숙식까지 제공하다보니 운영난에 시달리고 있다.[84]

이러한 문제점들을 인식하게 될 때, 외국인 노동자들을 보다 현실

---

84) 한 고교 교사가 시가 6억 원이 넘는 아파트를 지난 8월 서울 가리봉동 외국인 노동자 전용 의원에 기부하여 사회적으로 귀감이 되었다. 익명으로 기부한 이 교사는 1970년대 외국계 기업 부품공장에서 일하면서 공부하여 야간대학까지 마칠 수 있었고, 교원자격증을 획득하여 교사로 일할 수 있었다며, 이제 그 빚을 외국인 노동자들에게 갚기 위해 기부하였다고 밝혔다. 국민일보 2006년 10월 16일자.

적이고 구체적으로 도울 수 있는 체계적이고 종합적인 지원체계가 필요
하다. 정부의 주도 하에 복지, 보건, 법률, 한국어 교육 등의 서비스를 종
합적으로 지원할 수 있는 체계화된 시설이 행정, 기업, 노조, 민간단체 등
의 협력 하에 조성되어야 한다.

④ 다문화주의에 근거한 연대성 회복

　　외국인 노동자에 대한 차별의 문제는 다문화주의적 관점에서 새
롭게 조명되어야 한다. 다문화주의는 사회를 서로 다른 자신 만의 문화
를 가지고 있는 인종집단의 집합으로 보면서 서로 다른 집단들의 상호이
해에 기초한 상호문화에 대한 다원주의적 이해를 바탕으로 한다. 외국인
노동자들이 그들의 다양성이 손상되지 않으면서 한국사회에 잘 적응할
수 있도록 모든 여건과 환경이 구비되어야 한다.

　　한국도 이젠 다인종 · 다문화 사회로 접어들게 되었다. 정부가 '세
계화'와 '국가 경쟁력 강화'를 목표로 삼고 있는 반면, 국민들의 외국인
노동자들에 대한 인식은 너무 부정적이고 소극적이다. 정부의 목표에 걸
맞는 국민의 인식 전환이 시급히 요청된다. 타인종 · 외국인 100만 명 시
대에 걸맞는 사회 전체적인 제반 여건이 좀 더 체계적으로 준비되어야
한다. 외국 인력의 대거 유입과 국제결혼 자녀의 출산율을 감안할 때 한
세대가 지나면 한국사회의 인구구조마저 변화될 수 있다. 이러한 다인종
다문화 사회로의 점진적 변화를 준비하지 않을 경우 '문화충돌'과 같은
사회적 비용을 치를지도 모르기 때문이다.

　　다민족, 다문화 사회는 우리에게는 피할 수 없는 숙명이 되었다.

우리 국민들은 한국 사람들의 해외 진출은 긍정적으로 보는 반면, 외국인의 한국 유입은 부정적으로 보는 경향이 강하다. 이러한 경향은 외국인에 대한 배타적인 문화가 깔려있기 때문이다.

한국은 해외동포 수가 중국인, 유태인, 이탈리아인 다음으로 세계 4위의 나라이다. 인구비례로 볼 때, 한국인은 이스라엘인에 이어 두 번째에 해당된다.[85] 이러한 현실을 인식할 때 우리에게 요청되는 것은 인식의 전환이다. 이제 세계는 점점 지구촌화되면서 공존과 상호협력의 차원으로 발전하고 있다. 어느 민족도 자신의 힘만으로는 생존할 수 없을 정도로 긴밀하게 상호 연결되어 있다. 이러한 현실은 외국인 노동자들에 대한 우리의 고정된 편견이나 선입견이 얼마나 잘못되었는가에 대한 반성을 촉구하면서, 현실에 적합한 응답을 요청한다.

이러한 인식의 전환은 임박하게 도래할 다민족, 다문화사회에 대한 우리의 적응능력을 키우게 할 뿐 아니라 다민족 간 문화교류와 문화이해에 관한 기반을 조성하는 귀중한 계기가 될 것이다. 지구촌의 다양한 삶에 대한 감수성을 갖는 것은 타문화에 대한 지식은 물론 우리 자신에 대한 통찰을 갖는 데도 중요하다.

다문화주의는 타자성을 인정하는 데서 시작된다. 문화가 다양하듯 인종도 다양하다. 다양성을 인정하면 편견이나 선입견을 버리고 서로의 입장에서 배려할 수 있다. 또한 자기중심적인 소유욕이라는 인간의 본성을 극복할 수 있다. 이러한 인식의 전환 위에 정부에 의해 합리적이고 효과적인 정책이 제시되어야 하며, 이러한 정책에 대해 전 국민의 지지와 후원이 있어야 한다.

---

85) 이종두, "외국인 노동자정책 변화와 시민단체 역할", 46.

또한 공동체의 온전한 통합을 위해서는 연대성이 귀중한 자원이다. 연대성은 공동체의 경험적 실재뿐만 아니라 공동체 구성원들 간의 상호 도덕적 의무들도 포함한다.[86] 외국인 노동자들이 우리 사회에 동화되지 못할 경우 이질적인 집단으로 고착되어 다양한 사회문제를 파생시킬 수 있다. 이러한 문제점들을 수정 보완할 수 있는 개념이 연대성이라고 생각된다. 이는 이방인을 환대하고 공동체의 일원으로 포용하는 관용의 정신이라고 할 수 있다.[87]

⑥ 섬김의 정신으로 더불어 사는 공동체 만들기

위에서 외국인 노동자들이 우리 사회에서 겪는 다양한 문제들을 검토하면서 기독교 사회윤리적인 관점에서 외국인 노동자들에 대한 현실적인 해결책들을 모색해 보았다. 외국인 노동자와 연관된 문제들은 단순히 인식하는 차원을 넘어서는 현실적인 문제들이다. 이들 문제들은 전 국민의 인식의 전환과 더불어 정부주도 하에 구체적이고도 실천적으로 해결해야 할 과제들이다.

외국인 노동자들의 법적인 신분보장문제와 산업재해에 대한 보상 및 처우개선 등의 문제는 기독교 사회윤리적인 관점에서 다각도로 접

---

86) U. K. Preuss, "National, Supranational And International Solidarity", R. Chadwick and D. Schroeder, *Applied Ethics VI - politics* (New York: Routledge, 2002), 245.

87) 외국인 노동자들이 고국으로 귀환할 것을 고려한다면, 이들과의 연대의식과 환대는 매우 중요하다. 이들이 그리스도를 믿고 신자가 된다면 이는 효과적인 선교가 될 것이며, 이들이 한국에서 환대를 받고 고국으로 돌아간다면 동족들에게 한국에 대한 좋은 인상을 이야기할 것이다.

근하여 점진적으로 해결되어야 한다. 성서적 관점에서 볼 때 우리는 외국인 노동자들 속에서 하나님의 형상을 발견할 수 있어야 하고, 그들을 하나님 형상을 지닌 한 인격체로 대우해야 한다. 또한 이방 나그네들을 우리의 이웃으로 보고, 이들을 변호하고 권리를 보장해 주어야 한다. 이는 외국인 노동자들도 노동자이기에 앞서 인간이며, 한 인간으로서 인간다운 삶을 누릴 수 있는 최소한의 권리를 지닌 존엄성을 지닌 존재이기 때문이다.

이러한 해결책들은 타문화에 대한 존중의 기반 위에서 이루어져야 한다. 우리는 그들의 고유한 문화와 전통을 이해하면서 그들의 법적인 지위를 보장하고, 사회보장제도를 누릴 수 있도록 돕고, 세계시민적인 차원에서 공존을 도모해야 한다. 우리는 이제 국경이 없는 시대를 살고 있다. 인터넷뿐만 아니라 노동 영역도 이제 국경을 초월하여 진행되어지고 있다. 외국인 노동자들은 국경이 없는 인류 공동체의 한 구성원들이다. 국경 없는 시대에는 적극적인 사랑과 돌봄의 정신이 요구된다. 따라서 우리가 추구해야 할 미래의 사회상은 공존(symbiosis)의 가치가 지배하는 세계화된 사회라고 할 수 있다. 이러한 세계화된 사회를 준비하기 위한 우리의 과제는 내국인이든지 외국인 노동자든지 누구나 일한 만큼 정당하게 보상받고, 일체의 차별대우를 받지 않는 복지 사회이다.

따라서 외국에서 인력을 도입할 경우 가장 우선적으로 고려할 사항은 외국인 노동자를 한 인간으로서 정당한 대우를 받을 수 있도록 보장하는 일이 되어야 한다. 그에 상당하는 임금, 복지, 인권을 보장할 수 있어야 한다. 이것이 바로 공정하고 정의로운 사회의 이상이며, 더불어 사는 공동체의 이상인 것이다. 섬김은 예수 그리스도가 본을 보이면서 가르친 제자도의 핵심이었다. 예수가 친히 보여 준 섬김과 헌신의 정신은 외국인 노동자문제로 왜곡된 우리의 현실에 대한 가장 책임 있는 응답이라고 생각된다.

3장

동성애의 윤리적 문제

① 성개방 문화와 동성애

성에 대한 개방적인 사회분위기는 다양한 성담론이 자연스럽게 논의되는 장을 마련하는 계기가 되었다. 이 가운데서 동성애 운동은 주도적으로 새로운 성담론을 형성하면서 사회 전반에 영향력을 행사하고 있는데, 동성애는 대중문화의 핵심 키워드로 자리 잡으면서 더욱 광범위하게 영향을 미치고 있다.[88] 포스트모던적 사고가 진리를 상대화시키고 전통적 가치관을 근본에서부터 무너뜨리고 있는 상황에서 교회는 동성애, 트랜스젠더, 혼전성관계, 이혼 등과 같은 새로운 성담론에 대해 일관성 있고 책임 있는 답변을 하기가 쉽지 않게 되었다.

---

88) 대표적인 예로 이안감독의 <브로크백 마운틴>, 이준익 감독의 <왕의 남자> 등의 영화들은 수많은 관객들을 동원하면서 동성애에 대한 편견을 깨뜨리는 데 지대한 공헌을 하였다.

오늘날 동성애 논의의 주된 흐름은 심하게 반대하는 경향에서 점차 관용하는 분위기로 급변하고 있다. 전통적인 입장에서는 동성애를 지옥에 떨어질 대죄로 규정하여 엄격히 반대하였다.[89] 이는 자연의 섭리를 거스르는 본질적인 악한 행위로 인식되었기 때문이다. 또한 동성애는 근본적으로 불완전한 형태로서 인식되어 성관계의 왜곡이나, 비정상적인 성도착으로 간주되었기에 사회로부터 격리되거나 비난을 받은 때도 있었다. 그리하여 동성애자들은 성적 소수자로서 우리 사회에서 설 자리를 잃은 채 법의 보호도 제대로 받지 못했다. 그들은 사회의 한 구성원으로서 당연히 누려야 할 권리도 제대로 누리지 못했던 것이다.

그러나 최근에는 동성애를 하나의 성적 취향으로 인식하면서 점차 수용하는 분위기로 전환되고 있다. 동성애 문제가 우리 사회의 성담론을 주도하면서 동성애는 지극히 자연적이며 도덕적으로 전혀 문제시되지는 않는다는 전제 하에 동성애를 합법화하려는 움직임을 보이고 있으며,[90] 심지어는 성직까지도 개방되어야 한다고 주장하고 있다. 동성애자들에 대한 인식이 이렇게 변화된 것은 동성애 관련 단체의 지속적인 활동과 더불어 사회 구조가 다양화되면서 사람들의 의식이 변화된 결과로 보인다.[91]

---

89) 로마제국의 경우 동성애는 로마 제국의 멸망을 경고하는 부도덕과 타락의 한 측면으로 받아들여졌고, 중세 이후 18세기까지도 동성 간에 이루어지는 성 행위는 범죄로 취급되었다. 박노권, "동성애에 대한 목회상담적 접근", 『한국기독교신학논총』 28집, 2003년, 246.

90) 덴마크(1989), 노르웨이(1993), 스웨덴(1994), 아이슬란드(1996) 등이 동성애자들의 법적 지위를 보호하는 법률을 두고 있으며, 프랑스는 1999년에 이성애자와 거의 비슷한 동성애자의 권리를 인정하는 법률을 도입하였다. 네덜란드는 2001년에 동성애자가 혼인할 수 있는 길을 열어주었다. 독일에서는 비교적 늦게 동성애자 차별금지법을 제정하였고, 미국은 2000년 버몬트(Vermont)주가 처음으로 시민결합에 관한 법률을 제정하여 동성애자들의 법적 권리를 보호하고 있다. 조재현, "동성애에 관한 법적 고찰", 『헌법학연구』 8, 2002년 3월, 147.

91) 미국 정신의학회는 1973년 동성애를 정신질환 장애 목록(DSM)에서 제외시켜 성적 지향의 장애(sexual orientation disturbance)로 분류했고, 1980년에는 자아 비친화성(자아 이질적, ego-dystonic)

동성애자들은 성적인 자유를 외치고 인간으로서 당연히 누려야할 자신들의 기본 권리를 되찾기 위해 다양한 성담론을 이끌면서 주도적으로 영향력을 행사하여왔다. 이러한 영향에 힘입어 우리 사회는 동성애에 대해 점차 관용하는 분위기로 전환되고 있다.

이제 우리 사회는 동성애에 대해서 더 이상 편견이나 선입견으로 거부하거나 배척하지는 않는다. 그들이 단지 동성애자라는 이유만으로 혐오하거나 차별하지도 않는다. 이러한 태도변화는 동성애운동으로 인한 사회문화적 환경의 변화와 더불어 사회 구성원들의 의식이 변화된 결과로 해석된다. 이러한 변화는 자연스러운 성의식 해방의 결과라고 할 수 있다.

이러한 상황에서 동성애 문제에 대해 전통적이며 보수적인 입장에서 반대입장만을 고수하는 것은 시대에 뒤떨어진 발상으로 인식될 가능성이 높다.[92] 동성애 논의에서 간과할 수 없는 점은 동성애자들은 그동안 우리 사회에서 설 자리를 찾지 못하고 소외된 채 방치되어 왔다는 점이다. 사랑과 정의와 평화를 외치는 교회 안에서조차 동성애자들은 설 자리를 찾지 못하고 소외당해왔다. 이는 동성애에 대한 교회의 편견과 부정적인 태도로 인한 결과라 할 수 있다.

동성애의 원인을 분석하면서 동성애에 대한 찬성론과 반대론에 대한 다양한 주장들을 성서와 기독교 전통에서 검토하는 것은 의미있는 일이라 보여진다. 이와 더불어 동성애에 대한 윤리적 판단기준들을 고찰

이라고 썼다가 1987년에는 이 조항마저 삭제시켰다.

[92] 전통적인 가톨릭교회는 동성애 성향을 객관적으로 무질서한 것으로 평가하며, 동성 간의 성행위를 부도덕한 것으로 비난하였다. 그러나 동성애자들의 거센 반발에 직면한 가톨릭교회는 동성애자들을 환영하며, 그들과 그 가족을 위하여 적절한 사목적 배려를 하는 방향으로 전환하였다. Eileen P. Flynn, "동성애 문제에 대한 가톨릭의 입장과 개인적 제안", 『사목』, 2000년, 103-104.

하면서 동성애에 대해서 교회가 취해야 할 바람직한 태도가 무엇인지 고민해 보고자 한다.

② 동성애의 다양한 원인

동성애의 원인에 대해서 여러 측면에서 다양한 해석이 시도되었으나 아직까지 명확한 근거는 제시되지 못하고 있다.[93] 1948년의 킨제이 보고서는 1만 2,000명의 백인 남성의 성생활을 연구하였는데, 그 방법이 매우 엄격하여 후속적인 사회과학연구의 모범이 되었다. 킨제이 보고서의 결과는 충격적이다. 남성의 37%가 최소한 한 번의 황홀경(orgasm)에 이르는 동성애 경험이 있었다. 13%는 황홀경에 이르는 동성애적 환상을 가졌다. 4%는 전적으로 동성애자였다. 다른 5%는 실제로 이성애적 경험이 없었다. 거의 1/5이 최소한 이성애적 성경험과 같은 수많은 동성애를 가졌다고 보고하였다. 또한 1953년의 킨제이 보고서는 8,000명의 여인들의 성생활을 연구하였는데 남성의 절반비율이 동성애 행위를 가진 것으로 보고했다.[94] 이에 따르면 대략적으로 전체 남성의 약 5%

---

93) 한 연구에서 남성들이 게이가 되는 12가지 원인을 가지고 정신과 의사들에게 설문조사를 하였는데, 선천적인 요인 4가지가 가장 높게 나타났고, 후천적인 요인은 그 다음으로 보고되었다. 동성애의 선천적인 요인들로는 ① 유전인자, ② 출생 전의 호르몬 발달, ③ 시상하부의 구조차이, ④ 뇌의 조직 등이고, 후천적 요인으로는 ① 우세한 어머니, ② 약한 아버지, ③ 성인 남성으로부터 유혹받았던 경험, ④ 부모가 여자 옷을 입히는 것을 격려함, ⑤ 부모가 아들보다도 딸을 원함, ⑥ 부모의 결혼생활의 역기능, ⑦ 외아들, ⑧ 응석을 많이 부리는 첫 아이 등이다. 윤가현, 『동성애의 심리학』(서울: 학지사, 1999), 148-149.

94) R. D. Mohr, "Prejudice and Homosexuality", B. Mackinnon, *Ethics Theory and Contemporary Issues*

와 전체 여성의 약 2.5%가 동성애적 정체성을 가지면서 성장한다고 보고되었다.[95] 동성애 원인이 선천적인지 후천적인지에 대한 문제는 동성애자들에게는 매우 중요한 정치적 의미를 지닌다. 동성애가 개인의 신체적 형성에서 기인한 선천적 요인이라면 동성애자들에 대한 편견과 차별은 그만큼 줄어들게 될 것이기 때문이다.[96]

1 선천적 요인설

선천적 요인설(Nature)은 동성애의 원인이 특정한 유전적 특색이나 성 정체성을 조정하는 기능의 결함에서 온다고 설명한다. 염색체나 뇌신경에 이상이 생기거나 성 호르몬의 비정상적 분비 등의 유전적이며 신체적인 요인들로 인하여 동성애적 성향을 띠게 된다는 것이다.[97]

그러나 이러한 생물학적 유전학적 요인들이 동성애적 성향을 갖게 만드는 결정적인 요인이 된다는 가설을 입증할 만한 뚜렷한 증거는 아직 밝히지 못하고 있다.[98] 또한 1960년대와 70년대 서독의 외과의사

(Belmont: Wadsworth/Thomson Learning, 2001), 222.

95) Lewis B, Smedes, 안교신, 『크리스챤의 성』(서울: 두란노, 1993), 53.

96) William Dudley, *Homosexuality* (San Diego: Greenhaven Press, 1993), 16.

97) 바리나가(M. Barinaga)는 동성애의 원인을 뇌 구조의 차이에서 오는 결함으로 보았다. M. Barinaga, "Differences in Brain Structure may cause Homosexuality", William Dudley, *Homosexuality* (San Diego: Greenhaven Press, 1993), 17-22. 미국 국립암연구소는 X염색체에서 동성애와 관련된 유전자를 발견했다고 보고하고 있다. 이경직, 『기독교와 동성애』(서울: UCN, 2006) 7. 카플란은 생화학적, 뇌 생리학적 연구사례를 분석하면서 임신 13주째에서 15주째 사이에 태아의 성중추들이 형성되는데, 이때 태아의 혈액순환에서 성 호르몬의 발달정도에 따라 이성애자, 동성애자, 동성애호자, 양성애자 가운데 한 유형이 된다고 주장하였다. Leon Kaplan, 박영구, 『모나리자 신드롬』(고양: 자작, 2002), 13-14.

98) 정신의학자들과 과학자들은 성전환자들이 생리적 비정상의 결과라는 전제를 규명하기 위하여 신

들이 28명의 게이를 이성애자로 만들기 위해 뇌수술을 시행했으나 실패
했던 사실은 동성애가 선천적인 요인이 아님을 입증하는 증거가 된다.[99]

　　해리슨(B. G. Harrison)은 뇌 구조의 차이가 동성애의 원인이라는 주장
은 인간의 성(性)을 지나치게 단순화시켜 설명하는 것이라고 비판하면서
생물학적 원인을 찾기보다는 동성애자들에 대한 사회적 편견을 줄이는
데 힘써야 할 것을 주장하였다.[100]

❷ 후천적 요인설

　　후천적 요인설(Nurture)은 동성애자들이 사회 심리적 · 환경적 요인
으로 인해 성정체성의 혼란을 겪으면서 동성애적 성향을 띠게 된다는 주
장이다. 아이가 태어난 후 가족 및 다른 사람과의 사회성을 익혀가는 과
정에서 가족역학관계의 역기능으로부터 왜곡된 성심리가 형성되면서 발
전되어 굳어지거나, 사회화와 학습에 의해 성역할에 대한 잘못된 정체감
을 갖게 되면서 발생한다는 입장이다. 마스터스(Roy Masters)는 동성애의 원
인을 빈약한 부모 자식관계에서 기인한 감정적, 정신적인 혼란이라고 보
았다.[101] 그런데 동성애의 원인을 일종의 학습이나 왜곡된 성 정체성의

경학적 및 생리학적 조직, 신체구조나 염색체 이상, 호르몬 밸런스 이상 등을 규명하려 했으나 실패
했다. 그들은 생리적 이변이나 특수성이 오직 성전환자들에게만 발견될 수 없다는 점을 밝혀냈을
뿐, 성전환적 성향의 생리적 차이를 규명하지는 못했다. 변영인, "우리 사회의 이중적인 성 문화",
『기독교사상』, 2002년 2월. 70.

99)　Colin Wilson & Susan Tyburn, 정민, 『동성애자 해방운동의 역사』(서울: 연구사, 1998), 24.

100)　B. G. Harrison, "The link between brain structure and homosexuality remains unproven", William
　　　Dudley, *Homosexuality* (San Diego: Greenhaven Press, 1993), 23.

101)　Roy Masters, "Poor Parent-Child relationships cause homosexuality", William Dudley, *Homosexuality*
　　　(San Diego: Greenhaven Press, 1993), 28. 가령 남자아이가 계속해서 여자의 옷을 입고, 또한 그러한

결과만으로 단정짓기는 어렵다. 보다 복합적인 여러 요인으로 인해 동성애적 성향을 갖게 된다고 생각된다.

❸ 복합원인설

성 정체성 전문가들은 동성애가 선천적, 혹은 환경적인 요소 등과 같은 한 국면에 의해서가 아니라, 여러 복합적인 요소들의 상호작용으로 발생한다고 해석한다(Nature and Nurture). 개인의 성적인 관심은 다양한 시간과 환경 하에 다양한 사람들에게서 나타난다는 점에서 복합적인 특징을 지닌다.[102] 뇌기능적인 요소나 호르몬 분비에서 결함을 지닌 선천적인 요인들이 역기능적인 가족환경이나, 사회 환경적인 요인들과 결합하여 성 정체성 장애가 일어나면서 동성애적 성향을 드러내게 된다.

이로 볼 때 동성애는 선천적인 요인이라거나 후천적 요인이라고 보는 단선적인 시각에서 벗어나 사회문화적, 정신병리학적, 생물학적, 환경적 요인들을 포함하는 복합적 원인들의 상호작용으로 나타난다고 보는 것이 바람직하다.[103]

여성적인 행동에 대해서 지속적인 학습을 받게 되거나, 여자아이가 남성적인 행동이나 남성적인 역할의 것들을 하게 되면 반대의 성 정체성을 습득할 가능성이 많게 된다.

102) D. A. Miller & A. Waigandt, "The cause of homosexuality are uncertain", William Dudley, *Homosexuality* (San Diego: Greenhaven Press, 1993), 48.

103) M. J. Erickson, *Relativism in contemporary christian ethics* (Michigan: Grand Rapids, 1974), 82.

동성애자라는 용어는 1869년 헝가리 의사 카를-마리아 벤케르트 (Karl-Maria Benkert)에 의해 처음 사용되었으며, 이후 변태성욕자(pervert)나 성대 상 도착자(invert)라는 용어가 사용되었다.[104] 흔히 남성이 같은 남성에게 사랑의 감정을 느끼게 되는 남자 동성애자를 게이(Gay), 여성이 같은 여성 에게 사랑의 감정을 느끼게 되는 여성 동성애자를 레즈비언(Lesbian)이라고 부른다. 동성연애(homosexuality)는 희랍에서 "같다"는 의미를 지닌 호모스 (homos)에서 유래되었다. 흔히 남색(sodomy)라고 일컬어지는 성 행위는 인류 역사의 시초부터 존재해왔지만, 동성애자라고 불리는 특별한 인격적 유 형에 대한 관념이 나타난 것은 1870년대 이후라고 할 수 있다. 그 이전까 지는 남색에 대한 사회적 금지와 억압이 '행위'에 초점을 맞추었던 반면, 그 이후부터는 동성애자를 특별한 성 심리적 조건을 갖는 존재로 인식하 면서 병리학적 치료의 대상으로 보기도 하였다.[105]

■ 동성애 반대의 성서적 근거

동성애를 반대하는 전통적 입장이 근거로 삼는 성서구절들은 다 음과 같다.

---

104) 설혜심, "더 풍부한 '섹슈얼리티의 역사'를 위해", 『역사비평』 75집, 2006년, 426.
105) 같은 책, 426-427.

너는 여자와 교합하듯 남자와 교합하지 말라. 이는 가증한 일이니라.
(레위기 18:22)

누구든지 여인과 교합하듯 남자와 교합하면 둘 다 가증한 일을 행함인즉 반드시 죽일지니 그 피가 자기에게로 돌아가리라.(레위기 20:13)

동성끼리 성관계를 갖는 것은 "하나님께서 가증히 여기는 일"임을 명확히 밝히면서 이는 "반드시 죽음에 해당하는 죄"로 규정하고 있다. 맹용길은 이러한 규정의 의도는 이스라엘 사회의 질서를 지키기 위함이요 하나님의 백성으로서의 바람직한 삶의 질서를 나타내는 것이라고 보았다.[106]

음란한 자나 우상숭배하는 자나 간음하는 자나 탐색하는 자나 남색하는 자(동성애자)… 하나님의 나라를 유업으로 받지 못하리라.(고린도전서 6:9-10)

남색하는 자, 즉 동성애자는 하나님 나라를 유업으로 받을 수 없다고 규정하였다.

로마서 1:26-27은 동성애를 창조섭리를 거스르는 행위로 보면서, 다른 모든 악한 죄들과 함께 사형에 해당하는 것으로 정죄하면서(롬 1:24-32), 그에 합당한 보응을 받았다고 기록하고 있다.[107]

성서는 동성애가 남자와 여자로 창조한 하나님의 창조질서에 역

---

106) 맹용길, "동성애를 반대한다", 『기독교사상』, 1999년 7월, 133.

107) 로마서 1:26-27에서 바울은 '비정상적인(unnatural)', '부끄러운(degrading)', '망측한(shameless)'이라는 표현을 하면서 동성 간 성행위의 잘못을 드러내고 있다.

행하는 부자연스러운 관계이며 하나님께서 싫어하시는 죄악으로 규정한다. 하나님은 인간을 남자와 여자로 창조하시고, 서로 간의 관계를 통해 사랑을 확인하고 생명을 출산하여 생육하고 번성하게 하셨다(창 1:27-28). 하나님의 선한 창조계획은 남녀의 결합을 통해 서로 온전한 사랑을 지속하며 생육하고 번성하는 복을 누리는 데 있다. 이러한 남녀의 온전한 관계성을 보장하는 것이 결혼제도이다. 그런데 동성애는 정상적인 남녀 관계를 왜곡시킬 뿐 아니라 전통적 의미의 결혼과 그로 인한 출산까지도 무시하기 때문에 심각한 문제로 인식된다.

크리소스톰은 동성애를 악한 것으로 정죄하면서 이는 참된 남성성을 잃어버리는 것이며 하나님의 계획에 반대되는 것으로 이해하였다. 또한 토마스 아퀴나스도 동성애는 출산을 전제로 해야 할 성 관계에 정면으로 대결하는 행위이기 때문에 용납할 수 없다고 하였다.[108]

전통적인 입장에서 볼 때 동성애는 성 관계를 자연스럽지 못한 것으로 왜곡시키는 것이며, 성적 열망을 방자하게 만드는 죄악으로 이해된다. 뿐만 아니라 동성애는 이성애와 일부일처제를 기반으로 하는 기존의 사회질서와 양립할 수 없기에 반대되고 금지되었다.

❷ 동성애자들에 대한 편견

동성애는 기존의 가치체계를 갖고 있는 이성애자들에게는 비정

---

108) 이문균, "동성애와 기독교", 『대학과복음』 10집, 2004년, 34, 동성애 반대론자들은 소돔과 고모라도 동성애 때문에 망했으며, 로마제국도 동성연애가 성행할 때 가장 타락했고 멸망하게 되었다고 주장한다.

상적인 형태로 비친다. 그리하여 이성애자들은 동성애를 일종의 병으로, 또는 도착적이며 부도덕한 행위로 규정짓기도 하였다. 이러한 영향은 오늘날에도 지속되어 동성애는 성적 성향의 장애로 간주되기도 하였으며, 성적인 도착이자 정신질환으로 오인되기도 하였다.[109] 동성애의 역사는 침묵과 검열, 금기 등으로 점철되어 있다고 해도 과언이 아니다. 사람들은 동성애자들을 용납하지 않고, 편견과 노골적인 혐오감을 드러내면서 동성애자들을 폭행하고 심지어 살해하기까지 하였다.[110]

1950년대 초반 동성애자 해방운동이 등장하기 전까지 대부분의 동성애자들은 게이바에서만 만날 수 있었다. 대부분의 게이바들은 어두 침침했고 인권의 사각지대였다.[111] 또한 1952년 미국정신의학회는 동성애를 '사회병리학적 인격장애' 중 하나로 간주했고, 1968년에는 페티시즘, 페도필리아, 트랜스베스티즘, 노출증, 관음증, 사도 마조히즘(Sado-masochism)과 같이 '정신병이 아닌 기타 정신 장애' 범주에 편입시켰다.[112]

또한 최초의 동성애자 교회였던 메트로폴리탄 커뮤니티 교회는

---

109) 김철운, "성과 금기 그리고 페미니즘", 양해림 · 유성선 · 김철운, 『성과 사랑의 철학』(서울: 철학과 현실사, 2001), 217.

110) 1989년 게이런던감시그룹은 게이의 40%와 레즈비언의 25%가 최근에 폭행당한 적이 있다고 밝혔으며, 1994년 게이타임즈의 조사보고에 따르면 1986년 이후 영국에서 155명의 게이가 살해되었다. Colin Wilson & Susan Tyburn, 『동성애자 해방운동의 역사』, 15.

111) 헬미니악은 동성애자들에 대한 사람들의 편견이 얼마나 끔직스러운 결과를 낳는지를 다음 사실들을 근거로 강조하였다. 거리에서 방황하는 젊은이들 가운데 30-40%가 동성애자라는 이유로 집에서 쫓겨났거나 가출할 수밖에 없었던 십대들이었다. 십대 자살 인구의 30%가 동성애자 청소년들로서 다른 청소년들의 자살보다 서너 배 더 높다. 동성애자인 부모들은 동성애자라는 이유만으로 자녀를 양육하거나 방문할 권리를 빼앗긴다. 동성애자들은 세 든 집에서 쫓겨나거나 집에 방화를 당한다. 동성애자들은 빈번히 구타당하거나 살해된다. AIDS에 걸린 이들은 식구들이 남에게 알리고 싶어하지 않는다는 이유로 외부와 단절된 채 어떤 치료도 받지 못 한 채 죽게 된다. D. A. Helminiak, *What the Bible really says about Homosexuality*, 김강일, 『성서가 말하는 동성애』(서울: 해울, 2003), 25-26.

112) Florence Tamagne, 이상빈, 『동성애의 역사』(서울: 이마고, 2007), 178.

설립 이후 25년 동안 8번이나 방화를 당하는 고초를 겪어야 했다. 그리고 1999년 1월부터 6월까지 미국에서 남녀 43명이 반동성애 증오범죄(hate crime)로 살해되었다.[113] 살해, 총격, 심한 육체적 상해, 재산의 손상, 언어적 모욕, 증오로 가득한 편지글 등은 동성애자들에 대한 증오범죄의 대표적 유형들이다.[114]

이성애자들의 동성애에 대한 편견과 선입견은 동성애 혐오증으로 드러나기도 하였다. 동성애 혐오증(homophobia)은 동성애에 대한 무조건적인 거부감을 드러내는 것으로서 특정한 논리적 배경 없이 동성애를 억압하거나 강한 혐오감을 드러내는 태도이다. 동성애 혐오증은 일부 남성들 특히 어린 남성들에게 공포심을 불러일으키는데, 이러한 공포는 도피나 공격 또는 노골적인 혐오행위로 나타난다.[115] 이는 일종의 심리적 방어기제이며, 자신이 받아들일 수 없는 사실을 인정하지 않으려는 전략의 일종이다. 따라서 동성애자를 공격하는 것은 자신의 갈등을 드러내는 것이다.[116] 동성애 혐오증은 심한 경우 동성애자들에 대한 살해, 총격, 심한 육체적 상해, 재산의 손상, 언어적 모욕, 증오로 가득한 편지글 등의 극단적인 형태로 나타나기도 하였다.[117] 이성애자들의 동성애 혐오증으로 인하여 수많은 동성애자들은 받아야 할 사랑과 지원을 받지 못한 채 벽장 속에서 살도록 강요받았다.

이러한 이성애자들의 편견과 선입견으로 인한 혐오증과 같은 태

---

113) D. A. Helminiak, 『성서가 말하는 동성애』, 5.

114) Jeff Peters, "Society should accept homosexuality", William Dudley ed, *Homosexuality* (San Diego: Greenhaven Press, 1993), 64.

115) Elisabeth Badinter, 최석, 『남자의 여성성에 대한 편견의 역사』(서울: 인바이로넷, 2004), 139.

116) 같은 책, 141.

117) Jeff Peters, "Society should accept homosexuality", William Dudley, *Homosexuality* (San Diego: Greenhaven Press, 1993), 64.

도들은 동성애자들에 대한 부정적 이미지를 조장시켜 동성애자들을 비극으로 몰아넣었다.[118] 그리하여 동성애자들은 자신들의 정체성을 드러내지 않고 은폐하는 것이 수치스럽고 저주받은 성 정체성에 대한 올바른 대처방식으로 생각하였다. 대부분의 동성애자들은 자신의 성정체성을 숨긴 채 은밀하게 지내게 되었다. 일부는 자신이 동성애자임을 가족들이나 친구들에게 밝히기 하지만 직장이나 사회에서 공개적으로 자신이 동성애자임을 밝히는 것은 현실상 불가능하다. 만약 그렇게 할 경우 억압을 당하거나 심할 경우에는 직장을 잃을 수도 있기 때문이다. 이는 동성애자들이 우리 사회에서 얼마나 많은 고통을 겪었으며, 부당하게 증오와 탄압의 대상이 되어 왔는가를 잘 드러내는 사실들이다.

그러나 이러한 태도나 행위들은 그에 합당한 논리적인 근거를 찾을 수 없는 부도덕한 행위들임에 틀림이 없다. 이는 단지 이성애자들의 편견과 선입견으로 말미암은 극단적인 폭력이며, 부도덕한 행위였음을 부인하기는 어렵기 때문이다.

동성애는 어느 시대나 사회에서도 존재했던 하나의 현상이었다.[119] 김진은 동성애 문제를 철학에서의 아킬레스건으로 해석하였다.[120] 우리가 심정적으로는 동성애에 대해서 혐오감을 숨길 수가 없지만 동성

---

118) Jeff Peters, "Society should accept homosexuality", 67. 동성애자들은 비도덕적이고 일하는데 맞지 않으며, 정신적으로 불균형적이고, 함께 일하는 동료들과 다른 사람들이 좋아하지 않기 때문에 일터를 혼란시킨다는 이유로 고용에서 제외되기도 하였다. Matthew A. Coles, "Homosexuals need civil rights protection", William Dudley ed, *Homosexuality* (San Diego: Greenhaven Press, 1993), 80.

119) 고대 그리스와 로마, 아메리카 원주민, 중세 일본, 중세 페르시아, 미국 개척기의 카우보이들의 동성애 행위에 대한 기록이 등장한다. 또한 로마 황제 줄리어스 시이저, 샬롯 브론테(Charlotte Bronte), 블루스가스 베시 스미스, 엘리엇(T. S. Eliot), 루드비히 비트겐슈타인(Ludwig Wittgenstein), 존 던(John Donne), 영화배우 제임스 딘과 그레타 가르보(Greta Garbo) 등은 동성애자들이다. Colin Wilson & Susan Tyburn, 『동성애자 해방운동의 역사』, 21. Vanessa Baird, 김고연주, 『성적 다양성, 두렵거나 혹은 모르거나』(서울: 이후, 2007), 74.

120) 김진, 『동성애의 배려윤리적 고찰』(울산: 울산대학교출판부, 2005), 5.

애가 잘못된 것이라고 반박할 만한 그 어떤 논리적 근거도 찾기 어렵고 동성애를 부정할 수 있는 정당성을 갖지 못하기 때문이다.

④ 동성애 옹호론

▋1 동성애 옹호론의 사회 문화적 배경

　　동성애를 다룬 TV와 영화 등의 대중 매체들은 동성애에 대한 편견과 선입견을 깨뜨리는 사회적인 반향을 불러일으켰다. 또한 차이와 다름을 긍정하고 수용하는 포스트모던적 사회의식이 동성애를 적극적으로 수용하게 만들었다. 포스트모던적인 사고방식은 어떤 전통적인 기준이나 틀에 얽매이지 않고 각자가 자신의 취향이나 기호에 따라 표현하는 것을 당연하게 생각한다.

　　미셸 푸코는 『성의 역사』(1976)에서 동성애적 정체성의 문화적 형성을 강조하는 한편, '동성애'라는 정의 자체가 사회의 통제의지를 내포하며, 소수집단들을 정해진 위치에 한정시키려는 인위적인 카테고리에 불과하다는 의견을 피력했다.[121] 푸코의 성찰은 동성애자들과 같은 성적 소수자들을 인위적인 정형화된 틀 속에서 가두어 편견과 차별을 정당화시켰던 기성 체제에 대한 의문을 갖게 하면서 동성애 해방의 사상적 기

---

121)　Florence Tamagne, 이상빈, 『동성애의 역사』(서울: 이마고, 2007), 220.

반을 제공하였다.

이러한 변화는 교회에도 영향을 끼쳐 동성애를 강하게 정죄하거나 반대하는 경향에서 점차 수용하는 방향으로 전환되고 있다.[122] 넬슨(J. Nelson)은 '성에 대한 신학(theologies about human sexuality)'이라는 옛 패러다임에서 '성적인 신학(sexual theologies)'이라는 새로운 패러다임으로 전환할 것을 강조하였다. 옛 패러다임은 성을 신과 인간의 관계에서 부차적이거나 유해한 것으로 보며, 죄란 본질적으로 잘못된 성 행위 또는 성 규범을 어긴 것이며, 구원을 성과 반대되는 것으로 보았다면, 새 패러다임은 성을 신과 인간의 관계에서 본질적인 것으로 보며, 죄란 신이 의도한 성으로부터 소외된 것이며, 구원이란 성적인 전인성의 회복을 포함하는 것으로 본다.[123] 성에 대한 전통적인 입장은 부정적이며 왜곡된 면에 주목하고 있다면, 새로운 입장은 성 본래의 의미와 온전한 회복을 통한 성적인 통전성을 확보하는데 있다고 할 수 있다.

넬슨(J. B. Nelson)은 동성애에 대해서 성서가 말하는 바는 명확하지 않으며 직접적으로 역점을 두어 다루지 않기 때문에, 동성애를 다루기 위해서는 전통, 이성, 경험 등과 같은 도덕적 지혜의 여러 추가적 자료들로부터 통찰력을 얻어야 할 것을 강조하였다.[126] 이러한 넬슨의 입장을 수용한다면 성서에서 불분명한 부분들을 전통이나, 이성 등과 같은 다양

---

122) 김희수는 성의 의미와 목적 그리고 성 행위의 기준은 역사 속에서 정치적 문화적 종교적 의도에 따라 규정되어 오면서 동성애가 존재론적인 의미에서 죄라기보다는 특정 시기 특정 집단에 의해 죄로 규정된 것임을 강조하면서, 기독교적인 관점에서 볼 때 영적 윤리적 죄를 범하지 않는 한 동성애자라고 해서 죄인이라고 할 수는 없다고 주장하였다. 김희수, "동성애에 대한 윤리적 고찰", 『기독교사회윤리』 13집, 2007년 6월, 126-127.

123) James Nelson, "The Liberal Approach to Sexual Ethics", W. G. Boulton, T. D. Kennedy, A. Verhey, *From Christ to the World* (Michigan: Grands Rapids, 1994), 354-356.

한 사회적 경험에 비추어 그 본래 의미들을 재해석할 수 있다.

2 역사 비평적 성서해석

동성애 옹호론자들은 성서가 동성애에 관한 모든 논의의 귀결점이 아니라 출발점이 된다는 점을 강조하면서, 성서를 역사 비평적으로 해석할 것을 강조한다. 역사-비평적 성서해석방법은 성서 이야기의 요점이 무엇인지 주목하면서, 성서 저자가 말하려는 본래의 뜻을 오늘의 현실에 반영해서 해석하는 방법이다.[125] 역사 비평적 해석방법을 적용하여 동성애에 대한 성서 본문을 현대적인 정황과 통찰을 따라 재해석하게 되면 동성애에 대해 극단적인 비난이나 정죄를 할 수 없다는 것이 이들의 주장이다.[126]

동성애 옹호론자들은 레위기에서 제기한 성결법(레 18:22, 20:13)은 성적인 이유가 아니라 종교적 이유로 남성 간 성행위를 금하고 있다고 해석한다. 레위기에서 남성간 섹스(동성애 행위)를 금지한 이유는 오로지 부정함과 거룩함에 대한 관심 때문이라는 것이다. 즉 섹스 자체가 옳으냐 그르냐 하는 것이 문제가 아니라 거룩한 공동체로서의 유대인의 정체성을 유지하려는 성결이 주된 관심사였다는 것이다.[127] 성결의 기준으로 볼

---

124) J. B. Nelson, "Sources for Body Theology: Homosexuality as a Test Case", P. B. Jung & S. Jung, *Moral Issues and Christian Response* (Belmont: Wadsworth/Thomson Learning, 2003), 276-285.

125) D. A. Helminiak, 김강일, 『성서가 말하는 동성애』(서울: 해울, 2003), 27-31.

126) 헬미니악은 『성서가 말하는 동성애』(2003)에서 동성애는 신이 허락하였지만 인간이 금지한 사랑이라고 주장하였다.

127) 같은 책, 59.

때 남자가 항문 성교로 다른 남자에게 성기를 삽입하는 행위는 남자다움과 여자다움의 기준을 뒤섞어서 혼란스럽게 하는 행위였다. 그것은 남자를 여자의 기능으로 이용하는 것이다. 따라서 레위기 18:22이 금지하는 것은 이렇게 다른 종류를 뒤섞는 것, 곧 용인된 성역할의 혼란을 야기하는 것이다. 남성 간 삽입성교는 만물의 이상적인 질서를 깨뜨리므로 부정하게 여겨졌으며, 그것은 망측한 짓이었기에 금지되었다는 것이다.

또한 동성애 옹호론자들은 창세기 18장~19장에 나오는 소돔의 멸망에 관한 성서 본문은 성의 폭력성을 정죄하는 것이지 동성애 자체를 반대하고 정죄하는 것은 아니라고 주장한다. 이들의 주장에 따르면, 12세기경부터 소돔 이야기는 동성애를 정죄하는 이야기로 받아들여졌다는 것이다. 그리하여 '소돔사람'이라는 단어는 '항문성교를 하는 사람'을 가리키며, 소돔의 죄악은 남성 간의 동성 성교 행위였다고 해석하게 되었다는 것이다. 구약성서에서 '야다(알다)'라는 동사는 943번 나오는데, 그 중에서 육체적인 관계를 의미하는 경우는 10회에 불과하며, 이 또한 이성애자 간의 성관계를 의미할 때 사용되었다. 따라서 '야다'라는 단어가 반드시 섹스를 의미한다고 볼 필요는 없기 때문에 이 구절은 "우리가 그들과 알고 지내려고 한다"로 해석하는 편이 더 낫다는 것이다.[128] 또한 실제로는 소돔 사람들이 롯에게 찾아온 이방인들이 누구이며 소돔에서 무엇을 하려고 했는지 알아보려 한 것으로 추측할 수 있다는 것이다.[129] 고고학자들이 발견한 바로는 그 당시에 난잡한 성행위, 근친상간, 소아기

---

128) D. S. Bailey, 『동성애와 서구 기독교 전통』(1955), J. Stott, 양혜원, 『존 스토트의 동성애 논쟁』(서울: 홍성사, 2006), 19 재인용.

129) D. A. Helminiak, 『성서가 말하는 동성애』, 40-41.

호증(pedophilia), 수간(bestiality) 등이 성행했다고 한다.[130] 따라서 소돔과 고모라에 대한 심판은 동성애 행위 자체 때문이라기 보다는 다른 사람의 존엄을 더럽히고 그들을 학대하는 비열한 집단 강간, 수치, 치욕 등과 같은 도덕적인 방종과 극단적인 타락에 대한 심판으로 해석될 수 있다.[131] 사사기 19장에 나오는 기브아 사람들의 근본적인 죄도 동성애로 보기 보다는 비열함과 잔인함, 학대로 이해될 수 있다는 것이다.

그런데 에스겔 16:49-50, 예레미야 23:14, 이사야 1:10, 유다서 7절에서 언급하고 있는 소돔의 죄는 동성애를 의미할 뿐 아니라 이 외에도 교만의 죄, 가난한 자를 돕지 않고 거만하고 가증한 일을 하였던 죄악, 불친절, 강간 미수, 천사들과 동거하려는 욕망 등으로 다양하게 소개된다.[132] 따라서 소돔은 동성애를 포함한 다양한 죄 때문에 멸망했다는 사실은 분명하다. 존 스토트는 소돔의 죄가 동성애와 분리될 수 없는 이유를 다음과 같이 제시하였다.[133] 첫째, '악한', '망령된', '수치스러운'이라는 형용사를 단순히 손 대접의 법을 어긴 것으로 해석하는 것은 적합하지 않다는 것이다. 둘째, 롯이 자신의 딸들을 천사들 대신 소돔 사람들에게 내놓으려고 한 것은 성적인 함의를 내포하는 증거가 된다. 셋째, 히브

---

130) Jack O. Balswick & Judith K. Balswick, 홍병룡, 『진정한 성』(서울: IVP, 2002), 110-111. 헬미니악은 소돔의 죄는 동성애가 근본원인이 아니라, 이방인들을 학대하고 모욕한 죄이며, 나그네들을 욕보이고 궁핍한 사람들을 냉대한 죄로 해석한다. D. A. Helminiak, 『성서가 말하는 동성애』, 43-44.

131) 역사적으로 당시에는 남자에게 섹스를 강요하는 것은 굴욕감을 주는 한 방법이었다. 전쟁 기간 동안 승리자들은 여자들을 겁탈하고 어린이들을 살육하는 것 외에도 패배한 병사들에게 흔히 비역질(sodomize)도 했다. 그것은 남자들을 여자처럼 취급해 모욕을 주려는 생각에서 이뤄진 것이었다. 서구 역사에서 남성 간 성행위를 반대했던 주된 이유는 남자를 여자처럼 행동하게 만든다는 생각 때문이었다.

132) 신원하, 『교회가 꼭 대답해야 할 윤리 문제들』(서울: 예영커뮤니케이션, 2002), 41. S. J. Grenz, 남정우, 『성윤리학』(서울: 살림, 2003), 392-393.

133) J. Stott, 『존 스토트의 동성애 논쟁』, 19-23.

리어 동사 "야다"가 구약성서에서 성관계의 의미로 쓰인 경우가 10번이지만, 그 가운데 6번이 창세기에 나오며, 그 중 한번은 소돔 이야기에서 '롯의 딸들이 아직 남자를 가까이 하지 아니한' 이라는 부분에 쓰이고 있다. 이로 볼 때 소돔의 멸망원인은 동성애 때문만은 아니라고 하더라도 동성애가 소돔 사람들의 죄에 중요한 요소로 포함된다는 점을 부인하기는 어렵다.

❸ 성 지향성의 개념

동성애 옹호론자들은 성 지향성(sexual orientation)이라는 개념이 비교적 현대에 알려진 개념으로서, 성서를 기록할 당시 성서 기자들은 이 개념을 몰랐다는 점을 강조한다. 헬미니악은 성서가 기록될 당시에는 하나의 성적 지향으로서 동성애에 대한 복잡한 이해가 존재하지 않았으며, 고대 이스라엘인들은 섹스를 그런 관점에서 생각하지 않았다고 주장한다.[134] 스크로그스(R. Scroggs)도 동성애를 죄로 규정한 바울이 현대적인 의미의 성적 정체성 내지 성 지향성이란 관념을 갖고 있지 않았다고 주장하였다. 바울은 로마서 1장에서 이방인들이 동성애 행위를 선택하여 하나님의 뜻을 거역한 죄악을 기록하고 있다. 그런데 여기에서 바울은 이방인들의 난잡한 동성애 행위를 비판한 것이지 동성애적 성향을 가진 사람 자체를 문제 삼지는 않았다는 것이다. 그러므로 동성애를 정죄하는 본문을 가지고 바울이 신실한 관계를 맺고 살아가는 동성애자까지 정죄

---

134)   D. A. Helminiak, 『성서가 말하는 동성애』, 32.

했다고 확대해석하는 것은 논리적인 비약이라고 볼 수 있다는 것이다.[135]

동성애 옹호론에 따르면, 현대적인 의미에서 동성애는 그저 성적인 성향일 뿐, 그것이 정죄되어야 할 죄에 해당하는지에 대해 논란이 된다는 것이다. 성 지향성에 대한 이해가 없던 당시 성서 기자들은 동성애를 왜곡된 성적 충동의 표출이며, 출산과 무관한 죄악이라는 편견을 바탕으로 동성애를 비판하였기 때문에 현대적인 의미에서는 큰 의미가 없다는 것이다.

4 동성애 해방운동

최근 동성애에 대한 지지가 큰 힘을 얻는 것은 그들이 그동안 성적 소수자로서 인권을 인정받지 못하고 제대로 누리지 못했다는 인식에서 비롯되었다. 게이들의 권리를 지지하는 최초의 모임은 1897년 5월 15일 유럽에서 창설된 '과학적 인도주의 위원회(The Scientific Humanitarian Committee)'이다. 1924년 미국 시카고 시 당국에서 공인한 최초의 게이권리운동 집단의 명칭은 '인권을 위한 모임'이었다.

스톤월 사건을 계기로 시작된 미국 동성애자들의 자긍심 행렬은 인권운동의 흐름을 타고 강력하게 진행되었다.[136] 1969년 6월 뉴욕에서

---

135) 이문균, "동성애와 기독교", 41. 윌슨과 터번에 따르면, 인간의 성 취향은 너무 다양하고 복잡해서 동성애와 이성애의 범주로 단순히 나누어지지 않는다. 1940년대와 50년대 미국의 한 조사보고서에 따르면 3명의 남자 중 적어도 1명이 다른 남자와 성경험을 가졌으며 8명의 여자 중 1명은 다른 여자와 성경험을 가졌다. 1980년대의 한 보고서도 미국에서 남자 5명 중 1명이, 프랑스에서는 4명 중 1명이 다른 남자와 성경험이 있음을 밝혔다. Colin Wilson & Susan Tyburn, 정민, 『동성애자 해방운동의 역사』(서울: 연구사, 1998), 21-22.

136) 이문균, 「동성애와 기독교」, 31.

일어난 스톤월(Stone Wall) 항쟁은 동성애운동이 폭발적으로 증가하는 데 중요한 촉매제가 되었다.[137] 스톤월사태는 동성애자들을 하나의 응집력 있는 정체적 세력으로 결집시켰고, 커밍아웃에 대한 적극적이고 공적인 격려를 제도화하는데 크게 기여하였다. 스톤월 사태 1주년을 기념하여 시작된 게이행진(gay pride march)은 연례행사가 되어, 동성애자들의 존재를 공적으로 과시하는 동시에 숨어있는 동성애자들에게 적극적인 커밍아웃을 독려하는 축제로서 정착되었다. 또한 이 사건은 동성애자 해방의 담론생성에 결정적으로 기여하였는데, 게이해방전선은 정례적 회합을 열어 동성애 해방담론을 지속적으로 확장시켜 나갔다.[138]

이러한 전투적인 동성애자모임의 집단적 항거는 1974년 미국 정신병리학협회가 동성애를 정신질환목록(DSM)에서 삭제하도록 이끌었다.[139] 동성애의 성향을 질병이 아닌 마치 왼손잡이와 같이 다른 성적인 성향으로 보았던 것이다.

그리하여 스웨덴은 1994년 유럽 최초로 동성 부부의 법적 권리를 인정했으며, 1996년 미국 대법원은 동성애자에 대한 차별을 위헌이라고 판결했다.[140] 또한 프랑스에서는 1999년 10월 동성 커플 사이의 결합을 공인하는 시민연대협(PACS)이 통과되어 동성 커플이 동거계약서를 법원에 제출하고 3년 이상 지속적인 결합을 유지한 사실을 인정받으면, 사회

---

137) 1969년 6월 27일 뉴욕 경찰이 그리니치 빌리지의 선술집 스톤월을 급습한데 반발한 동성애자들은 이 사건 이후로 공격적인 조직적 집단행동으로 저항하게 되는 계기가 되었다. 미국에서의 게이와 레지비언 조직의 숫자는 1969에는 50여 명에 불과하였으나 1973년에는 800명이 되었고 1990년에는 수천 명이 되었다. 1970년에는 5천 명이 게이행진에 참여했으나 1987년에는 60만 명 이상이 평등과 시민권을 주장하며 행진하였다. William Dudley ed, *Homosexuality* (San Diego: Greenhaven Press, 1993), 12.

138) 김문조 · 김철규 · 최은정, 「미국 동성애운동의 역사, 현황 및 사회적 의의」, 270-271.

139) 설혜심, 「더 풍부한 '섹슈얼리티의 역사'를 위해」, 『역사비평』, 428.

140) 이경직, 『기독교와 동성애』, 8.

보장, 납세, 유산상속, 재산증여 등에서 일반 부부와 똑같은 권리를 누릴 수 있게 되었다. 2000년 7월 미국 버몬트 주의 한 교회에서는 미국 최초의 동성 부부가 탄생하였다. 또한 영국 노동당 정부는 동성 커플에게 자녀입양권을 허용하는 방안도 추진하였다.[141]

이제는 동성애자들에게 성직까지도 개방해야 한다는 주장이 강하게 제기되었다. 일례로 2003년 9월 5일 미국 성공회 총회가 13년 이상 남성파트너와 동거해 온 진 로빈슨 신부를 뉴햄프셔 주교로 인준하고 동성결혼을 허용키로 결정한 바 있다.

⑤ 윤리적 관점에서 본 동성애

① 자연법적인 관점에서 본 동성애

자연법의 방법론은 다음의 두 가지 기본입장을 함축하는데, 첫째, 자연의 흐름 속에서 찾을 수 있는 경향성 혹은 법칙성은 신적 이성의 표현이라는 점에서 윤리적 판단의 근거가 된다. 둘째, 자연법은 기본적으로 인간의 이성과 본성에 근거한다는 것이다.[142]

자연법의 측면에서 볼 때 동성애는 신이 부여한 인간의 자연적 본

---

141) 우리나라의 경우 동성애에 대한 논의는 대학가를 중심으로 촉발되었다. 1995년 연세대의 Come Together, 1999년 서울대의 "마음006" 동아리 등이 활동하면서 동성애 담론을 주도하였다.

142) 기독교사상편집부, "동성연애에 대한 기독교 사회윤리적 이해", 『기독교사상』, 1991년 7월, 69.

성에 반하는 부자연스러운 행위로 인식된다. 그러나 코르비노(J. Corvino)는 동성애가 부자연스러우며 심지어는 해롭기 때문에 반대하는 주장들은 논리적으로 설득력이 없다는 점을 지적하면서 다음과 같이 반박한다.[143] 부자연스럽다는 개념은 가치중립적이며 상황이나 여건에 따라 다르게 해석될 가능성이 많기 때문에 동성애에 적용하여 윤리적으로 판단하기에는 부적절하다는 것이다. 가령 많은 사람들이 가치 있게 여기는 의복이나 집, 약, 정부 등은 어떤 의미에서는 부자연스럽다. 그렇다고 도덕적으로 잘못이라고 판단하지 않는다. 반면 많은 사람들이 싫어하는 병이나 고통, 죽음 등은 자연스럽게 발생하게 된다. 그렇다고 이것들을 도덕적으로 권장하지는 않는다.[144]

또한 동성애가 비일상적이라는 의미에서 부자연스럽다고 단정짓는 것은 도덕적으로 부적절하다. 동성애자의 입장에서 본다면 그들은 본래부터 동성애적 성향을 갖고 태어났으므로 동성애가 더 자연스러울 수도 있다.[145] 또한 동성애가 출산을 위한 성기관의 근본적 목적을 파괴하기에 부자연스럽다는 주장도 설득력이 없다. 왜냐하면 우리 몸의 기관들은 다양한 목적을 갖고 있기에, 그 본래의 목적 외에 다른 용도로 사용하는 것은 부도덕한 것이 아니기 때문이다. 성기관의 근본목적이 출산을 위해 존재한다는 이유만으로 출산 외의 다른 목적으로 전혀 사용할 수 없다는 뜻은 아니다. 비록 성기관이 출산을 하지 않더라도, 쾌락을 주고받으며, 서로의 관계를 증진시키면서 사랑을 표현하는 데 유용하게 사용할 수 있

---

143) J. Corvino, "Why Shouldn't Tommy and Jim Have Sex?", T. A. Mappes & J. S. Zembaty, *Social Ethics: Morality and Social Policy* (New York: McGrew-Hill Company, 2002), 189.

144) 같은 책, 189-190.

145) 같은 책, 190.

기 때문이다.[146]

이런 관점에서 본다면 성을 단순히 출산을 위한 도구적 차원을 넘어 인간의 존재방식으로 이해하게 된다.[147] 따라서 출산과 관련된 이성애만이 성의 바른 표현이라는 전통적 관념은 편협하다. 성을 단순히 출산을 위한 수단으로만 볼 것이 아니라 생명을 고양시키고 사회적으로 책임적이고 정직하고 상대방과 풍요로운 관계를 형성하는 보다 폭넓은 차원으로 이해할 수 있다. 또한 결혼이 상호 간에 친밀한 성적 행위를 교환하는 것을 포함한다고 볼 때, 성행위의 주된 목적이 출산이 아니라 양자 간의 신실한 결합이라면 그 두 사람 가운데 반드시 한 사람은 남자고 한 사람은 여자일 필요는 없다.

또한 동성애가 혐오스럽고 불쾌하기 때문에 부자연스럽다는 주장은 부적절하다. 가령, 뱀을 만진다든가 달팽이를 먹는다든가 검시(해부행위)는 모두 혐오스러운 일이다. 그것은 비록 부자연스러울지는 몰라도 부도덕한 일로 보지는 않는다.[148] 이는 문화나 생활방식에 따른 차이일 뿐이며 동일하게 도덕적 판단의 근거로 삼을 수는 없다. 따라서 동성애가 부자연스럽기에 본질적으로 악하다는 주장은 논리적으로 설득력이 없다.

따라서 자연법의 관점에서 볼 때 동성애를 자연적 성향의 일부로 본다면 이를 반대할 도덕적 근거는 없다.[149] 동성애적 성향도 자연의 일부이기에 이는 자연스러우며 도덕적으로도 용인되어야 마땅하다.

---

146) 같은 책, 191.
147) 동성애 지지자들은 성은 단순히 출산을 위한 성적 행위 이상이며, 성의 본래 의도는 성을 통해 상호 간의 친밀감을 확장시키는 것이라고 주장한다.
148) 같은 책, 192.
149) 프로이드는 동성애 행위는 비교적 단순한 사회에서 쉽게 일어날 수 있다고 보았으며, 모든 인간들은 양성 지향적인 잠재력과 사회적 경험에 근거하여 동성애적 대상을 선택할 수 있다고 보았다.

② 공리주의적 관점에서 본 동성애

공리주의자인 벤담(J. Bentham)은 동성애가 다른 사람에게 고통을 주기보다는 오히려 어떤 사람에게는 쾌락을 주기 때문에 사회적으로 아무런 문제가 되지 않는다고 주장하였다. 그에 의하면 동성애는 강간의 경우와 같이 다른 사람의 신체와 인격을 해치지 않는 한 도덕적으로 정당화될 수 있다는 것이다.[150)]

누스바움(M. Nussbaum)은 고대 그리스의 남성 간의 사랑에 대한 칭송을 예로 들면서 남성 간의 성적 관계는 사랑과 우정을 드러낼 수 있으며 인간의 선을 위해서도 중요하다고 주장하였다.[151)] 위의 주장대로 모든 사람에게 성적인 쾌락을 추구할 자유와 권리가 있다면, 마땅히 동성애자들도 성적 쾌락을 추구할 자유와 권리를 가지도록 허용하는 것이 바람직하다. 이 경우 동성애자가 비도덕적인 것이 아니라 그들이 한 인간으로서 당연히 누려야 할 자유와 권리를 빼앗는 사회적 편견과 억압이 오히려 비도덕적일 수 있다.[152)]

또한 골드만(Alan Goldman)은 소박한 성(Plain Sex)이라는 개념을 제안하면서, 성은 단순하게 성적 욕구의 만족이라고 보았다. 성적인 욕구는 단순히 다른 사람의 육체와의 접촉을 위한 욕구이며 그러한 접촉이 발생시키는 쾌락을 위한 욕구라고 보았다.[155)] 그에 따르면 동성애는 성적인 도착이지만 통계적으로 단지 비정상을 의미할 뿐이며 도덕적으로 잘못은

---

150) 추병완, 『정보사회와 윤리』, 101.

151) Martin Nussbaum, "Homosexual Conduct is not Wrong", J. E. White, *Contemporary Moral Problems* (Belmont: Wadsworth Publishing Company, 2000), 325-326.

152) 추병완, 『정보사회와 윤리』, 101.

아니라는 것이다. 그러나 골드만은 서로 간의 신뢰를 기반으로 하는 의사소통, 사랑의 표현과 같은 성이 본래적으로 갖고 있는 본질적인 도덕성을 의도적으로 무시하였다. 다른 행위들과 마찬가지로 성적 행위는 호혜성의 원리와 같은 도덕 원리로 평가되어야 마땅하다.

폴락은 효율성이라는 측면에서 동성애에 접근하였다. 애정과 쾌락을 향한 모든 종류의 행위가 위험을 최소화하고 효과를 극대화하는 것이라면, 동성애는 "행위에 이르는 의식을 최소화하고, 행위 후 즉시 관계를 단절할 수도 있다는 차원에서" 이성애에 비해 훨씬 큰 효율성을 갖고 있다고 보았다.[154] 그런데 이러한 효율성은 단지 표면에서 그칠 뿐 상호 간에 깊은 사랑과 신뢰를 동반하지 못한다는 점에서 오히려 효율성이 떨어진다고 생각된다.

동성애를 사회 공동의 선의 차원에서 판단한다면 윤리적으로 많은 문제점을 지닌다. 이문균은 동성애 관계의 만연은 건강한 사회에 해가 되기 때문에 우리가 속한 공동체와 미래 세대를 위하여 금지되어야 한다고 주장하였다.[155] 따라서 사회 전체의 공동선을 위해서라면 오히려 동성애를 자제하거나 금지하는 것이 더 바람직할지도 모른다.

---

153) Alan Goldman, "Plain Sex", J. E. White, *Contemporary Moral Problems* (Belmont: Wadsworth Publishing Company, 2000), 310.

154) 폴락은 동성애 관계가 갖는 이런 특성 때문에 서로 간에 지속적인 관계를 유지하기가 어렵고, 그로 인해 동성애자들은 안정적이며 변치 않는 연인관계에 대한 엄청난 갈망을 지니게 된다고 보았다. 설혜심, "더 풍부한 '섹슈얼리티의 역사'를 위해", 432.

155) 이문균, "동성애와 기독교", 35.

❸ 의무론적 관점에서 본 동성애

칸트는 결혼 관계 밖의 모든 성애와 마찬가지로 동성애는 다른 인격을 오직 쾌락을 위한 수단으로만 사용하기 때문에 부도덕한 성도착이라고 보았다. 또한 그는 동성애적 행동의 보편화는 이성애적 성애의 배제를 포함하고 있기 때문에 동성애를 반대하였다.[156]

그러나 칸트의 견해를 동성애에 적용하면 다른 사람의 인격을 수단으로 대하지 않는 한 동성애는 정당화될 가능성이 있다. 또한 동성애 관계가 상호존중과 신뢰, 사랑을 기반으로 한다면 도덕적으로 허용될 수도 있다.[157]

그런데 동성애 행위의 의도와 관계성을 보면 의무론적 관점에서는 도덕적 정당성을 얻기가 어렵다. 동성애 관계 안에서도 상호 간의 사랑, 감정이입, 친밀감, 신뢰의 가능성이 많다. 어떤 동성애 커플은 십년이나 심지어는 25년 이상 동안 성공적인 관계를 발전시킨 경우도 있다.[158] 그러나 동성애 관계는 그 특성상 관계를 지속시키는 경우가 매우 드물다. 동성애 결속의 깨어지기 쉬운 성격은 동성애 관계가 전반적으로 불안정하다는 연구결과를 통해 알 수 있다.[159] 동성애가 상대를 가리지 않는 난잡한 행위로 드러나는 점으로 볼 때 상호존중과 신뢰를 기반으로 하고 있다고 보기는 어렵다.

또한 피니스(J. Finnis)는 동성애는 사람의 몸을 도구로 다루는 것을

---

156) 추병완, 『정보사회와 윤리』, 101.

157) 같은 책, 102.

158) M. J. Erickson, *Relativism in contemporary christian ethics*, 84.

159) 벨과 와인버그의 연구조사(1978)는 백인 동성애 남성 17%만이 50명 이하의 파트너를 가졌고, 반면 28%가 1,000명, 또는 그 이상의 파트너를 가졌다고 보고하였다. S. J. Grenz, 『성윤리학』, 410-411.

포함하기 때문에 본질적으로 비도덕적이라고 주장하였다. 동성애는 몸을 단순한 도구로 다룸으로서 자아를 분리시키는 것이며, 자신을 유사노예로 만들어 무가치하게 만든다고 주장하였다.[160] 그러므로 동성애는 다른 사람의 인격을 도구화할 가능성이 많기에 의무론적 관점에서는 비난을 면치 못하게 된다.

⑥ 동성애에 대한 윤리적 판단의 기준

동성애에 대한 윤리적 판단에서 고려되어야 할 중요한 기준은 동성애적 성향(지향성)과 동성애적 행위를 엄격하게 구분해서 판단하는 것이 바람직하다.

1 동성애 성향에 대한 윤리적 판단

반센(G. L. Bahnsen)은 동성애적 행위와 동성애적 상태를 구별하였다. 동성애 행위가 일시적이며, 상황적이며 외상적 행위(traumatic behavior)라고 한다면, 동성애 상태는 내적인 성향을 의미한다.[161] 내적인 성향은 비자

---

160) John Finnis, "Homosexual Conduct is Wrong", J. E. White, *Contemporary Moral Problems* (Belmont: Wadsworth Publishing Company, 2000), 322.

161) Greg L. Bahnsen, *Homosexuality: A Biblical View* (Michigan: Grand Rapids, 1991), 63. 동성애자의 성정체성과 성적인 활동, 성적 선호와 성 행위 그리고 타고난 기질과 행위를 구분해야 한다는 입장이다. J. Stott, 『존 스토트의 동성애 논쟁』, 14.

의적인 심리적 성향이며 도덕적으로 중립적이기 때문에 개인이 도덕적으로 책임질 수 있는 성질의 것이 아니다. 따라서 내적으로 동성애 성향의 상태에 있는 자들을 정죄하는 것은 바람직하지 못하다.

요한복음 9장에는 선천성 시각장애인을 둘러싸고 제자들 사이에 논쟁이 벌어진다. "이 사람이 태어나면서부터 시각장애로 고통받는 것은 누구의 죄 때문입니까?"라고 제자들이 예수께 물었을 때, 예수는 "이 사람이나 그 부모의 죄가 아니라 그에게서 하나님의 하시는 일을 나타내기 위함"이라고 대답하셨다. 태어나면서부터 장애를 갖게 된 것이 자신의 죄가 아니라면, 태어날 때부터 동성애적인 성향을 갖고 있다면 그에게서 죄를 물을 수는 없다.

그렌즈(S. J. Grenz)는 동성애가 평생 동안 지속되는 성 지향성으로서, 그리고 성적 표현의 대안방식으로 제시되는 새로운 사회적 상황은 기독교 성윤리의 발전에 대한 엄청난 도전으로 보았다.[162] 그렌즈의 주장에 따르면 동성애자의 성적인 성향은 타고난 것일 수도 있고 환경에 의해 자신도 모르게 체득된 것일 수도 있다. 그러므로 동성애 성향 자체가 하나님의 심판을 받을 기질은 아니라는 것이다.

따라서 성 지향성의 관점에서 보면 이성애가 정당하듯이 동성애도 옳고 정당할 수 있다. 또한 이 시대가 요청하는 덕을 관용이라고 본다면 동성애나 동성애자가 잘못이라기보다는 나와 성 지향성이 다르다는 이유만으로 이들을 수용하지 못하고 차별하고 억압하는 이성애자들의 편견이 도리어 도덕적으로 문제시될 수 있다.

---

162) S. J. Grenz, 『성윤리학』, 383.

❷ 동성애 행위에 대한 윤리적 판단

동성애자들은 동성애적 성향을 갖고 있기에, 이성애보다 동성애를 오히려 더 자연스럽고 선한 것으로 인식한다. 그러나 동성애적 성 지향성을 갖고 있다고 해서 동성애적 행위까지 도덕적으로 허용되고 정당화되는 것은 아니다. 왜냐하면 인간의 본성 자체가 모두 선하다고 볼 수 없기 때문이다. 가령 어떤 사람이 본성적으로 폭력적인 성향을 갖고 있다고 해서 폭력을 행사할 권리를 갖는 것은 아니다.[163] 마찬가지로 동성애 성향 자체가 허용된다고 해서, 동성애적 행위까지 도덕적으로 허용되는 것은 아니다.

피텐저는 동성관계에서 헌신, 서로 주고받음, 부드러움, 신실성, 기대함, 연합하고자 하는 욕구 등의 여섯 가지 특징이 나타나고 있다면, 이러한 동성애 관계는 선한 것으로 인정되어야지 악한 것으로 거부해서는 안 된다고 주장하였다.[164] 진정한 사랑에서 드러나는 이러한 특징들은 동성애자들로 하여금 외로움, 이기심, 그리고 난잡한 성관계로부터 구해주기 때문이라는 것이다. 따라서 동성애 관계가 서로 신뢰와 헌신을 기반으로 한다면 이성애 결혼만큼 풍성하고, 서로를 책임지며, 자유를 경험할 뿐 아니라 서로를 충족시켜 줄 수 있기 때문에 허용되는 것이 바람직할 수 있다.

그러나 동성애적 성향이 실제 행위로 표출될 경우 다음의 두 가지 심각한 문제가 발생하게 될 가능성이 많다. 첫째, 동성애적 성 충동이 남

---

163) J. Corvino, "Why Shouldn't Tommy and Jim Have Sex?", T. A. Mappes & J. S. Zembaty, *Social Ethics: Morality and Social Policy* (New York: McGrew-Hill Company, 2002), 190-191.

164) J. Stott, 『존 스토트의 동성애 논쟁』, 50.

용될 가능성이 많다는 점이다. 인간내면에 잠재된 성적 욕구가 실제 행위로 표출되는 과정에서 성적 자기만족을 충족시키기 위해 성 충동이 지나치게 남용된 결과이다. 벨과 와인버그의 조사(1978)에 따르면 백인 동성애 남성 17%만이 50명 이하의 파트너를 가졌고, 28%가 1,000명 또는 그 이상의 파트너를 가졌다고 보고했다.[165] 위의 조사에서 동성애자들의 성 충동이 얼마나 난잡하게 행위로 표출되는가를 잘 알 수 있다.

둘째, 동성애 관계가 지닌 불완전성이 크다는 점이다. 동성애 관계는 실제로 성에 대한 신중함과 책임성이 결여되어 있기에 온전한 사랑으로 발전하기가 어렵다. 이는 동성애 관계가 본질적으로 불안정한데서 기인하기 때문이다. 제프리 사티노버의 연구에 따르면, 동성커플 156쌍 중 단 일곱 쌍만이 성적 정절을 지키고 있었고, 5년 이상 함께 산 100쌍 가운데서 성적 정절을 지킨 경우는 단 한 쌍도 없었다고 보고하고 있다. 따라서 동성애적 성 관계는 서로 간의 헌신과 신뢰를 기반으로 하기 보다는 성적 무질서와 문란함에 더 가깝다고 판단된다. 이는 동성애적 성 관계가 갖는 비본래적 속성에 기인한다. 이는 또한 구강성교(oral sex) 혹은 항문 성교(anal sex)를 통해서 전염되는 일곱가지 비바이러스성 감염과 네 가지 바이러스성 감염 등의 질병들은 이성애자들보다 동성애자들에게서 더 많이 나타나는 점에서 잘 드러난다.[166] 또한 1980년대를 통틀어 수많은 동성애자, 특히 게이들이 에이즈로 사망한 실례는 동성애자들의 성관계가 전반적으로 문란한 결과 성병의 주요 전염 루트가 되어 왔던 사실

165) A. P. Bell & M. S. Weinberg, *Homosexualities: A Study of Diversity among Men and Women*, 308, S. Grenz, 『성윤리학』, 410-411 재인용.

166) J. Stott, 『존 스토트의 동성애 논쟁』, 53.

을 반증한다.[167]

이로 볼 때, 동성애적 성향과 행위를 명확하게 구분할 경우 동성애적 성향 내지 기질은 도덕적으로 중립적이므로 어느 정도 용인할 수 있겠지만, 동성애적 성향이 구체적인 행위로 드러나는 경우에는 도덕적으로 용인하기가 어렵다고 판단된다.

❸ 성적 자기결정권에 대한 판단

동성애에 대한 윤리적 판단의 또 하나의 기준은 성적 자기결정권에 대한 판단이다. 인간은 자신의 삶을 스스로 선택하고 만들어 나가는 존재라는 점에서 자율성(autonomy)을 가진 존재이다. 만약 인간에게 자신의 성 취향을 스스로 선택할 수 있는 자유의지가 허용된다면 동성애는 더이상 정죄받아야 할 죄도 아니며, 도덕적으로 금기시되어야 할 잘못도 아닌 것이 된다.

그러나 성서에 따르면 인간은 창조된 피조물이며 자기한계를 지

---

167) 에이즈(AIDS)는 그동안 동성애자들과 동성애운동에 큰 충격을 안겨주었다. 록 허드슨과 같은 유명 인사들에 대한 동성애 및 에이즈에 관한 소문들이 사실로 드러나게 되면서 동성애에 대한 사회적 억압도 강화되었던 것이다. 김문조 · 김철규 · 최은정, "미국 동성애운동의 역사, 현황 및 사회적 의의", 「한국사회」 2(1999), 273. 동성애를 에이즈와 직접적으로 연관시키는데 대한 반론도 있다. 그 실례로 1992년 말까지 전 세계에 1300여 만 명이 에이즈 바이러스 HIV에 감염되었는데, 이들 중 소수만이 동성애자들라는 것이다. HIV에 감염된 대다수의 사람들은 실제로 가난 때문에 바이러스에 감염된 것으로 보고되었다. 케냐에서는 인구 18명 중 한 명꼴인 4만 명이 감염되었고, 짐바브웨에서는 성생활이 가능한 5명 중 1명이 에이즈에 걸렸다. 우간다의 수도 캄팔라에서는 젊은 여자의 4분의 1이 HIV보균자들이다. 이들 중 절대다수가 남녀 사이의 성행위로 감염되었다. 그 밖의 사람들은 종합병원이나 전문병원에서 다른 환자들로부터 감염된 주사바늘을 통해 HIV에 걸렸다. Colin Wilson & Susan Tyburn,『동성애자 해방운동의 역사』, 17. 이제는 더 이상 에이즈와 동성애를 직접적으로 연관시키기는 어렵겠지만, 동성애자들의 문란한 성관계가 에이즈에 더욱 쉽게 노출된다는 사실을 부인하기는 어렵다.

닌 유한적 존재이다. 하나님이 인간을 창조하셨을 때 남자와 여자라는 생물학적으로 서로 다른 성을 지닌 존재로 창조하셨다. 하이데거의 표현 대로 하면 인간은 "던져진 존재"이며, 그런 점에서 인간의 성은 창조주에 의해 이미 결정된 것이라 할 수 있다. 이러한 창조의 섭리를 받아들인다면 인간의 자유는 한정된 자유(a finite freedom)이며, 한계 안에서의 자유라고 할 수 있다.[168] 만약 인간이 이 자유를 하나님의 뜻에 대항하여 사용할 경우 이는 자유의지의 한계를 넘어설 뿐만 아니라 죄가 된다. 죄는 인간이 하나님이 주신 자유를 하나님의 뜻에 대항하여 자신을 위하여 쓰고, 그의 통제로부터 벗어나려고 할 때 들어오게 되기 때문이다.

이는 성(性)에 관해서도 동일하게 적용된다. 성(性)은 마치 원래의 수로를 따라 흐르는 강과 같다. 그러나 강물이 일단 둑을 넘게 되면 파괴적이듯이, 성(性)이 하나님이 주신 한계를 넘게 되면 파괴적이 된다. 동성애적 성향을 지닌 채로 태어났거나 처한 환경에 의해 어쩔 수 없이 동성애적 성향을 지니고 있다고 해서 동성애적 행위를 표출할 수 있는 자유가 주어진 것은 아니다. 자유의지에 따라 동성애적 성향을 행위로 표출한다면 이는 한계를 넘어선 자유가 된다.

인간에게는 의지를 표현할 수 있는 자유가 있을 뿐만 아니라 의지를 스스로 제한시킬 자유 또한 있다. 중요한 것은 무엇을 위해 어떤 목적으로 사용하느냐에 달려 있다. 자유를 가지고 동성애 성향을 행위로 표출하기보다 스스로의 의지력으로 자제하는 것이 바람직할 것이다. 따라서 동성애자들 스스로가 자신들의 성적 자기결정권을 제한하는 것이 바람직하다고 생각된다.

---

168) 한중식, 『기독교의 진수』(서울: 숭실대학교출판부, 2002), 124-125.

존 스토트는 창조질서를 단순히 문화 현상으로만 보는 차원을 넘어 창조질서의 유효성은 영구하며 보편적으로 적용 가능한 것으로 보았다.[169] 만약 창조질서의 유효성을 인정한다면 인간이 창조규범으로부터 벗어나기 위해 자유를 사용하기 보다는 오히려 창조규범의 본뜻에 합당하게 자유를 사용하는 것이 더욱 바람직한 모습이 될 것이다. 따라서 인간은 하나님으로부터 부여받은 성을 인정하고 그에 부합하여 행동하는 것이 하나님 앞에서 책임적인 태도라고 할 수 있다.

④ 동성애와 도덕적 책임

ⓐ 자율성과 책임

모든 인간은 도덕적 행위의 주체로서 존재론적 자유와 책임을 갖는다. 인간은 책임적 존재이기에 자율적인 선택과 행위에는 반드시 책임이 뒤따른다. 책임을 벗어난 자유는 자신뿐 아니라 자신이 속한 공동체 구성원 모두에게 예상치 못한 해악이나 악영향을 초래할 수 있기 때문이다.[170] 만약 우리가 자신의 행위에 대해서 책임을 지지 않는다면 도덕적 방종과 일탈로 치닫기 쉽다.

---

169) J. Stott, 『존 스토트의 동성애 논쟁』, 43.
170) 프랑케나(Frankena)는 어떤 행위자에게 도덕적(道德的) 책임(責任)을 부여할 경우 다음의 세 가지 방식으로 설명하였다. 첫째, 우리가 X라는 사람을 추천하는 경우, 그는 책임감이 있다거나 책임있는 사람이라고 말하는데, 이 말은 그의 성품이 도덕적으로 바람직하다는 것을 의미한다. 둘째, 과거의 행위나 범행에 대해서 책임이 있다고 말한다. 셋째, 어떤 행위야 할 것과 관련하여 책임이 있다고 말한다. 이 말은 직책상에 의해서나 혹은 어떤 것을 행한다는 사전 합의에 의해서 의무를 갖는다는 말이 되므로 규범적인 의무판단과 연관된다. W. K. Frankena, Ethics (New Jersey: Prentice-Hall, 1973), 71. 위의 두 번째의 경우 자신의 행위에 대하여 책임진다고 할 때, 이 책임은 행위의 동기와 직접적으로 연관된다.

우리가 자신의 행위에 대한 책임을 지게 되는 조건은 첫째 강제당하지 않아야 하며, 둘째 무지의 결과가 아니어야 한다. 이러한 경우에만 자발적인 행위라고 할 수 있기 때문이다. 따라서 강제나 무지가 아닌 경우, 인간은 자신의 행동에 책임질 수 있는 책임적인 존재여야 한다.[171] 이때 적용되는 책임은 자발적인 의지에 의한 선택에 대한 책임이며, 자신의 행위에 대한 책임인 것이다. 반면 강제나 무지에 의한 행위일 경우에는 자발적인 행위가 아니므로 책임으로부터 면제될 수 있다.

따라서 자율성과 책임은 불가분의 관계라고 볼 수 있다. 책임이 뒤따르지 않는 자율은 방종이 되기 쉽고, 자율성의 무분별한 확장은 타인에게 피해나 해악을 끼칠 수 있기 때문이다. 이러한 자율성과 책임의 긴밀한 연관성은 인간의 성에도 적용되며, 이성애와 마찬가지로 동성애에도 동일하게 적용된다.

동성애자들의 성 정체성과 성 역할에는 반드시 책임이 뒤따라야 한다. 동성애자들에게 적용되는 책임은 이성애자들과 마찬가지로 동일하게 적용된다. 한 개인이 자신의 동성애적 정체성을 인식하고 동성애적 삶을 선택하는 과정은 오랜 기간 동안 자연스럽게 진행된다. 그렌즈(S. J. Grenz)에 따르면, 한 개인이 형성하는 최종적인 성 정체성은 사춘기 이후까지, 또는 초기 장년기까지 굳어지지 않은 채 점진적으로 형성된다고 한다.[172] 동성애자들은 자신의 성 지향의 점진적인 발달에 능동적으로

---

171) 이종원, "책임적 생명윤리", 196. 호스퍼스는 사람이 자신의 행위 때문에 칭찬이나 비난을 받는 것이 정당화되는 경우 우리는 그러한 행위에 대해서 도덕적으로 책임이 있다고 말한다. 우리는 사람들이 자신의 행위를 제어할 능력을 가질 때 그들의 행위에 대해 책임이 있다고 말하며, 따라서 그들의 책임이 그들에게는 도덕적 비난의 근거가 되기도 한다. J. Hospers, 최용철, 『인간행위의 탐구』(서울: 지성의 샘,1996), 523.

172) S. J. Grenz, Sexual Ethics: An Evangelical Perspective, 남정우, 『성윤리학』(서울: 살림, 2003), 398.

관여하며 최종적으로는 동성애적 삶을 살기로 선택하는 것이기 때문에 자신의 성적 지향에 대한 선택과 결단에는 책임이 부과될 수밖에 없다.

허쉬(P. Hersch)는 성은 다양한 원인과 특징을 갖는 행동의 폭넓은 스펙트럼이라는 점을 강조하면서, 만약 동성애가 선택이라면 게이와 레즈비언은 완전히 동성애자가 "되는 것으로" 선택하게 된 것이며, 에이즈의 위험과 법적인 차별을 포함하여 그 결과까지도 받아들이는 것임을 의미한다고 하였다.[173] 따라서 동성애자가 자신의 성 지향성을 인식하고 동성애자로 살기로 결단하고 선택했다면 그러한 행위에 대한 결과도 책임지는 것이 바람직하다.

ⓑ 도덕적 책임의 필연성

동성애를 하나의 내적인 지향으로 볼 경우 동성애에 대해서는 도덕적 책임을 물을 수 없다는 논의가 있다. 반센은 동성애적인 지향성의 내적인 요소는 동성에게 선호적으로 끌림, 감정적이고 물리적인 성적 경향, 동성과의 희열에로 향하는 성적 갈망, 동성을 향한 성애, 사고와 감정의 방식 등으로 묘사되며, 이러한 내적인 지향성은 개인이 도덕적으로 책임질 수 있는 것이 아니며 그런 점에서 도덕적으로 중립적이라고 보았다.[174] 더 나아가 몰(R. D. Mohr)은 만약 한 개인이 성 지향성을 실제적으로 통제할 수 없다면 동성애자들에 대한 차별은 인종차별과 마찬가지로 도덕적으로 잘못이라고 주장하였다.[175] 몰이 지적한 것처럼 동성애가 통제

---

173) P. Hersch, "The cause of homosexuality are unimportant", William Dudley ed, *Homosexuality* (San Diego: Greenhaven Press, 1993), 52-53.

174) Greg L. Bahnsen, *Homosexuality: A Biblical View* (Michigan: Grand Rapids, 1991), 64.

175) R. D. Mohr, "Prejudice and Homosexuality", 225.

불가능한 것이라면, 동성애자들은 도덕적 책임으로부터 면제되는가 ?

존 호스퍼스(J. Hospers)는 어떤 행위자가 도덕적 책임을 면제받을 수 있는 면책 조건들 중의 하나로 내면의 강제를 언급하였다.[176] 도저히 스스로 감당할 수 없을 만큼 어떤 강렬한 충동에 휩싸일 때가 있는데, 이러한 충동은 스스로 통제하거나 억제할 수 없기 때문에 내적인 강제라고 볼 수 있으며, 만약 이러한 충동이 불가항력적이라면 그 당사자에게 책임을 물을 수 없다는 것이다.

하지만 문제는 이러한 충동이 정말 불가항력적이냐 하는 것과 행위 당사자가 이러한 충동에 저항하려고 노력을 거듭하였음에도 불구하고 어쩔 수 없었다는 것을 객관적으로 측정할 기준이 없다는 점이다. 우리가 알 수 있는 것은 당사자가 그러한 충동에 저항할 수 없었다는 것이 아니라, 그러한 상황에서 실제로 저항하지 못했다는 사실일 뿐이다. 따라서 불가항력적인 충동이 어떤 특정 상황에서 일어난다면 책임을 모면할 수 있는 구실이 될 수 있을지는 몰라도, 그런 경우에 그 같은 충동이 있었다는 것을 보여 줄 방도는 없다고 호스퍼스는 지적하였다.[177] 또한 어떤 충동은 아무리 강해도 우리가 전혀 극복할 수 없을 정도로 강하지 않을 수도 있다. 심지어 어떤 이들은 극단적인 상태에 처하더라도 그러한 충동을 견딜 수 있고 실제로 견디어내는 경우도 있기 때문이다.

그러므로 인간의 성적 충동이 행위로 표출될 때에는 책임이 필연적으로 뒤따라야 한다. 만약 성적 행위에 책임이 뒤따르지 않는다면 심각한 문제가 발생할 수 있기 때문이다. 따라서 동성애적 충동이 행동으로

---

176) 호스퍼스는 이외에도 무지, 실수, 의도하지 않은 행동들, 강제, 무의식의 상태, 정신이상을 면책 조건으로 열거하였다. J. Hospers, 『인간행위의 탐구』, 523-561.

177) 같은 책, 549.

표출될 때에는 도덕적인 책임이 뒤따를 수밖에 없다. 동성애자들의 성적 자율성에 책임이 뒤따르지 않을 경우 성적 쾌락을 향한 무한한 탐닉으로 확장될 가능성이 많기 때문이다. 책임이 뒤따르지 않는 성적 자율성은 자칫 성적 방탕과 일탈로 치닫게 되어 자기 파멸뿐 아니라 상대방에게까지 폐해를 끼치게 될 가능성이 많다.[178] 칸트는 성애(sexual love)는 사랑의 대상을 욕망의 대상으로 삼아 인간 본성을 훼손한다고 경고한 바 있다.[179] 성적 충동은 너무나 강렬하기 때문에 자신의 쾌락을 추구하기 위해 상대방의 주관이나 목적을 무시하고 기만과 조작으로써 당연히 존중해야 할 상대방의 인격을 대상화하고 도구화할 위험성이 크다는 것이다. 따라서 쾌락을 전제로 한 섹스는 도덕적으로 위험에 처할 가능성이 많다.

첫째, 동성애적 성관계는 진정한 사랑이나 헌신을 벗어나게 되면 상대의 인격을 단지 성적 욕구의 만족이나 쾌락을 위한 도구로 삼을 가능성이 많다. 피니스(J. Finnis)는 동성애적 성관계는 사람의 몸을 성적인 도구로 다루는 것을 포함하기 때문에 본질적으로 비도덕적이라고 보았다.[180] 동성애는 몸을 단순한 성적인 도구로 다룸으로서 자아를 분리시키며, 자기 자신을 유사 노예로 만들어 무가치하게 만드는 결과를 초래하게 된다는 것이다. 동성애가 진정한 사랑이나 헌신을 동반하지 않을 경우, 존중해야 할 상대방의 인격을 쾌락을 위한 수단으로 도구화할 위험성이 크다.

상호 간 합의 하에 하는 성교라면 얼마든지 윤리적이고 정당하다

---

178) 구승회는 성행위는 인간의 다른 활동과 비교해 볼 때 상당히 비합리적이며, 성적인 열정은 완전히 의지적이지 않다고 보았다. 구승회, 『현대사회윤리』, 117.

179) 김진, 『동성애의 배려윤리적 고찰』, 47.

180) John Finnis, "Homosexual Conduct is Wrong", J. E. White, Contemporary Moral Problems (Belmont: Wadsworth Publishing Company, 2000), 322.

는 생각은 매우 위험한 생각일 수 있다. 이는 성교 그 자체가 좋은 것으로서 어떤 헌신도 심지어는 애정도 더 이상 필요 없다는 생각으로 연결될 수 있기 때문이다. 구승회는 오직 상호동의만 있고, 사랑과 친밀성을 결여하고 있거나 광범위한 사회적 영향에 대해 무관심한 동성애는 비록 법적 사회적으로는 해가 없을지라도, 도덕적으로는 악행으로 규정할 수밖에 없다고 보았다. 이러한 무해한 악행으로서의 동성애에는 협박, 기만, 상대방의 절망적인 처지를 악용하는 등 성적 착취가 개입되기 마련이기 때문이라는 것이다.[181] 동성애적 성관계는 다른 사람의 인격을 존중해야 할 대상이 아니라 성적 쾌락을 위한 수단으로 도구화할 가능성이 많다는 점을 주의해야 한다.

둘째, 동성애적 성관계는 본질적인 취약성을 지닌다. 이성애자들에 비해 동성애자들은 서로 간에 지속적인 관계를 유지하기가 어렵고, 그로 인해 동성애자들은 더욱 안정적이며 변치 않는 연인관계에 대한 간절한 갈망을 지니게 된다. 동성애는 상호 간에 깊은 사랑과 신뢰를 갈망하지만 그러한 관계를 형성하지 못하는 악순환을 거듭할 가능성이 많다는 것이다. 이는 동성애자들이 이성애자들에 비해 상대적으로 상호 간에 인격적이고 헌신적인 관계를 지속시키는 경우가 매우 낮다는 연구조사를 통해서도 잘 드러난다. 대부분의 남성 동성애자들이 상대를 가리지 않는 난잡한 성행위를 하고 있음이 드러나는데, 이러한 난잡한 성관계에서 상호존중과 신뢰를 찾기는 어렵다. 동성애적 결속이 깨어지기 쉬운 성격은 동성애 관계가 본질적으로 갖고 있는 불안정함을 여실히 드러낸다.

---

181) 구승회, 『현대사회윤리』, 127.

ⓒ 책임의 윤리

리차드 니버는 책임에 대하여 묻는 것은 우리 자신들에 대하여 묻는 것으로 보고, 자아인식(self-knowledge)은 책임적인 삶을 위하여 필수적이고 본질적인 것으로 보았다.[182] 즉, 인간은 올바른 자아인식을 통하여 책임적인 삶을 살아가게 된다는 것이다.[183] 니버가 제안한 책임 개념은 응답의 윤리로서, 도덕적 행위란 우리에게 부딪혀 오는 행위에 대한 응답이라고 보았다. 니버가 제안한 책임을 동성애에 적용하면 동성애자들은 자신의 성 정체성에 대한 올바른 자아인식은 책임과 긴밀하게 연계되어야 함을 인식하게 된다. 동성애자들은 자신의 행위에 대해 언제든지 응답할 수 있는 책임의 한계 내에서 행동하여야 한다는 것이다. 이러한 책임은 동성애자뿐 아니라 모든 이성애자들에게도 동등하게 적용된다.

윌리엄 슈바이커는 행위자 책임론, 사회적 책임론, 대화적 유형의 세 가지 책임이론을 변증법적으로 통합시켜 통전적 책임윤리(integral theory of responsibility)를 전개하였다.[184] 슈바이커는 책임이 하나의 전체적이고 종합적인 틀 안에서 통합될 때 온전한 책임이론이 형성되는 것으로 보면서, 이러한 종합적인 틀을 통전성이라는 개념과 연관시켜 해석하였다. 슈바이커가 제시한 통전성이란 개념은 삶 전체가 조망되고 평가되는 어떤 과제나 원리에 자신을 위탁 혹은 헌신한다는 의미를 내포한다.[185] 슈바이커는 삶의 통전성을 도덕적인 선으로 해석하였다. 즉 도덕적 성찰이 의

---

182) J. M. Gustafson, "Introduction", H. Richard Niebuhr, *The responsible Self* (New York: Harper & Publishers, 1963), 15-16.

183) H. R. Niebuhr, *The Responsible Self*, 61

184) W. Schweiker, *Responsibility and Christian Ethics* (Cambridge: Cambridge University Press, 1995, 40-42.

185) "통전성(integrity)"이라는 개념은 '전체로서의(as whole)'라는 뜻을 지닌 라틴어 itegri에서 유래한 것으로 전체성(wholeness) 혹은 완전성(completeness)을 의미한다. 같은 책, 32.

도하는 것은 삶의 통전성을 존중하고 그 가치를 함양하는데 도움이 될 지식을 더해주고, 사랑을 개발시키는 데 있다는 것이다. 슈바이커가 제안한 삶의 통전성을 동성애에 적용하면 동성애자들은 삶의 통전성을 존중하고 그 가치를 함양하는 데 자신의 삶을 위탁해야 한다.

테일러는 도덕적 책임의 의미는 두 가지 기본개념, 즉 인과적 책임의 의미와 도덕적인 성품상의 흠이나 약점의 의미로 분석될 수 있다고 보았다. 즉 어떤 사람이 어떤 행동에 대해 도덕적 책임이 있다고 말하는 것은 첫째, 그의 그릇된 행동이 원인이고, 둘째, 그의 행위는 도덕적 성품상의 결점을 어떤 방식으로 나타낸다고 말하는 것이다.[186] 도덕적 책임을 동성애자들에게 적용할 경우 동성애자들은 자신의 그릇된 행동에 대한 책임을 져야 하며, 또한 자신들 안에 도덕적 성품상의 결점이 있다면 이를 극복하기 위해 부단히 노력해야 할 것이다.

따라서 동성애자들은 다음과 같은 점들을 염두에 두고 삶의 통전성을 존중하고 함양하기 위해 힘써야 한다. 첫째, 동성애자들의 자율성은 책임의 한계 내에서의 자율임을 인식해야 한다. 만약 동성애자가 성적 자율성에 따라 동성애적 성향을 행위로 표출할 경우 책임의 한계를 넘어서지 말아야 한다. 동성애자가 성적인 쾌락이나 향락만을 쫓아 자율성을 오용하거나 남용한다면 자신뿐 아니라 타인에게 해를 끼칠 수도 있다. 따라서 성적 자율성에는 반드시 도덕적 책임이 뒤따라야 함을 자각하여야 한다.

둘째, 동성애자들은 상호 간의 관계에서 호혜성의 원리에 기초하여 사랑과 신뢰의 관계를 형성하기 위해 노력해야 한다. 동성애가 온전

---

186) P. W. Taylor, 김영진, 『윤리학의 근본원리』(서울: 서광사, 1985), 227.

히 소통하는 관계로 나아가기 위해서는 성적 쾌락만을 쫓는 난잡한 성관계가 아니라 서로 간의 신뢰를 기반으로 한 의사소통, 사랑의 표현과 같은 본질적인 도덕성에 기초하여야 한다. 만약 동성애자들이 서로의 인격을 수단이 아니라 목적으로 대하는 한 동성애는 도덕적으로 정당화될 수 있다. 따라서 상호 간의 관계가 존중과 신뢰, 사랑과 헌신을 기반으로 하는 수준 높은 관계가 형성되도록 노력을 게을리 하지 않아야 한다. 상호 간의 사랑, 감정이입, 친밀감, 신뢰를 통해 서로의 인격적인 관계를 위해 노력해야 한다.

셋째, 서로의 인격을 존중하고 서로를 위해 헌신해야 한다. 동성애적 관계가 쾌락만을 주목적으로 한다면 도덕적 비난은 면치 못할 것이다. 따라서 성을 쾌락을 위한 수단을 넘어 서로의 인격을 존중하고 헌신해야 한다. 온전한 사랑은 일회적인 쾌락을 넘어 인격적인 헌신을 기초로 세워나가는 과정에서 이루어지기 때문이다.

넷째, 동성애자들이 성적 소수자로서 그동안 사회에서 받았던 불이익과 소외를 극복하고, 사회 공동의 선을 이루기 위해서는 우선 그들 스스로가 사회 구성원으로서 의식을 새롭게 하고 선한 영향력을 끼치기 위해 도덕적인 삶을 선택하고 그에 합당한 미덕을 함양해야 한다. 구승회는 성의 목적 중에서 출산과 쾌락만큼이나 중요한 것이 친밀성의 확대라고 보면서, 친밀성의 확대는 성적 역할에 대한 관용으로부터 나오는데, 성은 가족, 친족, 공동체 차원으로 확대됨으로써 사회적 결속을 강화한다고 보았다.[187] 또한 리차드 니버는 사회적 연대성을 강조하면서 각 개인은 그가 속해 있는 공동체 안에서 끊임없는 연대성과 상호의존과 반

---

187) 구승회, 『현대사회윤리』, 132.

응 속에서 책임적 삶을 살아가게 된다고 하였다.[191] 동성애자들은 친밀한 사회적 연대성 속에서 우리와 함께 살아가야 할 우리의 이웃이며 우리의 가족이다. 이러한 공동체성과 연대성의 회복을 위해서 서로가 함께 소통하면서 사회적 결속을 강화하기 위해 힘써야 할 것이다.

⑦ 동성애에 대한 교회의 바람직한 태도

■ 동성애자들의 인권 회복

모든 사람은 사람답게 살 권리가 있으며 행복을 추구할 권리를 갖고 있다. 그런 점에서 동성애자들도 우리와 똑같은 인간이며 권리와 행복을 가지고 있다. 그럼에도 동성애자들은 언제나 소수였으며, 보편적인 사회질서 내에 편입되지 못하고 전통과 도덕이라는 그늘에 가려져 있었다. 이성애자들은 미리 정해놓은 법과 제도의 틀 속에서 축복을 받으며 사랑하는 사람과 안정된 삶을 꾸려갈 수 있는 반면, 동성애자들은 상상할 수 없는 정도로 무서운 고독과 불확실하고 즉흥적인 관계를 맺으며 불안하게 살 수 밖에 없었다. 동성애자가 성 지향성을 이유로 어떠한 생활영역에서도 차별을 받지 않도록 하는 것은 그들이 향유할 수 있는 기본권의 인정보다도 더 우선적으로 보장되어야 할 사항이다.[192] 따라서

---

188)　H. R. Niebuhr, *The Responsible Self*, 65.

동성애자들이 인간다운 삶을 살 수 있도록 법과 제도적인 차원에서 도움
을 주는 것이 바람직하다.

혼인이나 가족의 소중함은 동성애자들에게 절실하게 필요한 요
소들이다. 그런데 동성애자는 헌법에서 규정하고 있는 혼인과 가족제도
의 보장을 받을 수 없다. 동성애자를 위한 법적, 제도적 장치들은 그들의
법적인 지위를 실제적으로 보호하는 기반이 된다. 따라서 동성애자에게
헌법상의 기본권을 부여하여 그들로 하여금 한 인간으로서 누려야 할 기
본 권리를 누리도록 배려해야 한다.[190] 동성애자의 지위를 보호하기 위
한 법률을 두고 있는 나라로는 덴마크(1989), 노르웨이(1993), 스웨덴(1994),
아이슬란드(1996) 등이 있다. 이들은 동성애자가 상호 간의 생활공동체를
형성하기 위해 공적 기관에 등록한 경우에는 결혼과 거의 동일한 지위를
인정하고 있다. 프랑스도 1999년에 동성애자에게 이성애자와 거의 비슷
한 권리를 인정하는 법률을 도입하였다. 네덜란드는 2001년에 동성애자
가 혼인할 수 있는 길을 열어주었다. 독일에서는 비교적 늦게 동성애자
차별을 금지하는 법률을 제정하였다. 미국은 2000년 버몬트(Vermont)에서
처음으로 시민결합에 관한 법률을 제정하여 혼인할 수 없는 동성애자에
게 일정한 결합관계를 유지하도록 하였다.[191]

우리 사회에서 동성애자들과 더불어 살기 위한 현실적인 방안들
로는 첫째, 가족제도와 유사한 동성애자들만의 생활공동체를 형성하도
록 허용함으로써, 그들이 정신적인 안정과 평온을 누리게 하는 방법이 있

---

189) 조재현, "동성애에 관한 법적 고찰", 『헌법학연구』, 한국헌법학회, 2002년 10월, 165.
190) 프라이버시 존중, 인격권, 평등권 등의 법적 장치들은 동성애자들의 기본권을 보장하는 효과적인
     방법이다.
191) 조재현, "동성애에 관한 법적 고찰", 147.

다. 조재현은 대안가족이라는 개념을 통해서 동성애자의 결합을 헌법상의 혼인 또는 가족제도에 포함시켜 그들의 인권을 존중할 수 있도록 배려할 수 있는 방안을 제안한 바 있다. 조재현은 동성애자들이 혼인과 유사한 부양과 책임을 기초로 하는 포괄적인 생활공동체관계를 형성하기를 원하는 경우 헌법에서 보장하고 있는 혼인, 가족제도 이외의 새로운 제도를 창설하는 방법을 제안하였다. 그런데 그는 새로운 제도는 기존의 혼인과 가족 제도와는 구별되는 제3의 새로운 제도여야 하며, 그것은 혼인 가족제조의 변경을 가져와서는 안 된다고 명확하게 규정하고 있다.[192]

둘째, 동성애자들을 위한 커뮤니티센터를 만들어서 동성애자들이 주거, 법률, 의료 등의 전반적인 문제들을 도움받도록 하는 방법이다. 이성애자와 마찬가지로 동성애자도 자신만의 생활영역을 필요로 한다. 그들도 상호 간에 신뢰를 바탕으로 한 인격적인 관계의 형성이 필요하다. 그런 점에서 커뮤니티센터는 동일한 성 정체성을 지닌 사람들끼리 상호 이해와 협력을 통해 자신들의 존재가치를 확장시키는 소중한 장이 될 것이다.

② 동성애자들에 대한 교회의 수용

동성애 옹호론자들은 동성애 성향에 대한 문화비판적 수용가능성을 전제하면서 동성애를 적극적으로 포용하였다. 이들에 따르면 동성애적 성향이 합법적이고 자연스러운 것이라면 동성애 행위 또한 동일하게

---

192) 같은 책, 171-173.

합법적이고 자연스러운 것으로 받아들여야 한다고 주장하면서 적극적으로 수용하였다. 이러한 주장의 기저에는 이성애적 성향과 행위가 인간의 성에 대한 절대기준이 될 수 없다는 문화비판적 전제가 내포되어 있다.[193] 이러한 주장의 영향으로 교회는 동성애자들을 점진적으로 수용하는 방향으로 전환하였다. 다음은 그 실례들이다.

게이들을 위한 최초의 동성애 교회 LCC(Liveral Cathoric Church)는 1916년 호주 시드니에서 창건되었으며, 게이들을 위한 최초의 미국 교회는 가톨릭 목회자 하이드에 의해 1946년에 애틀랜타에 설립되었다.[194] 그 후 1968년 페리(troy Perry) 목사에 의해 메트로폴리탄교회가 설립되어 상당수의 기독교 동성애자들이 자신들의 정체성을 찾았다. 또한 그리스도연합교회는 1972년 최초로 게이 남성을 성직자로 임명하였다. 1977년 1월 영국 성공회는 엘렌 바레트(Ellen Barrett)라는 레지비언 여성을 성직자로 임명하였다. 또한 몇몇 교회에서 이성애자들의 결혼식에 해당하는 게이 커플들의 언약식이 거행되었다.[195]

1979년 사회적 책임을 위한 감리교 분과는 〈동성애에 대한 기독교적 이해〉라는 보고서에서 동성애 행위는 본질적으로 틀린 것이 아니라고 주장하면서, 모든 동성애 관계의 질은 이성애 관계에 적용되어 온 것과 동일한 기본범주에 의해 평가되어야 한다고 주장하였다. 또한 남성 및 여성 동생애자들이 가지는 사랑의 영구적 관계는 자신의 성을 표현하는 적절하고도 기독교적인 방식일 수 있다고 했다.[196]

---

193) 편집부, "동성연애에 대한 기독교 사회윤리적 이해", 『기독교사상』, 1991. 7, 71.

194) 이우찬, "동성애에 대한 기독교 윤리적 접근", 『대학과 복음』 4(2000), 161.

195) 같은 책, 157.

196) J. Stott, 『존 스토트의 동성애 논쟁』, 49.

성공회 특별 조사 위원회는 〈동성애 관계: 현재 논의에 대한 성공회의 입장〉이라는 보고서에서 어떤 경우에는 사람이 동반자 관계를 맺음으로써 성적 사랑을 나눌 대상을 찾는 일에서 결혼과 비슷한 동성애 관계를 선택할 수도 있음을 부인하기 어렵다고 생각한다고 언급하였다.[197]

그러나 교회가 동성애자들을 적극적으로 수용하는 것은 심각한 위험을 초래할 수 있다. 교회가 동성애자들을 적극적으로 포용하고 권장하게 되면 동성애자 및 양성애자들의 급격한 증가로 결혼이 본래의 의미를 잃어가게 되고, 가족은 해체될 위험에 직면하게 될 것이다.[198] 따라서 교회는 동성애적 성향과 행위를 동일화하는 위험성을 엄격히 경계하고, 양자를 구별하면서 현실적인 차원에서 동성애자들을 도울 필요가 있다.

❸ 동성애자들에 대한 현실적 접근

19세기 후반과 20세기 초의 의료 전문인들 대부분은 동성애를 치료받아야 할 질병으로 간주하였다. 동성애를 이성애로 만들기 위한 의료 시술들 가운데는 거세술(castration), 자궁 절제술, 뇌전두엽 절제술, 전기쇼크요법[199]이 있었다. 또한 심리치료술은 20세기 중반까지 동성애를 치료하는 가장 보편적인 방법이었다.[200] 그런데 동성애자들을 인위적으로 변

---

197) 같은 책, 50.

198) 미 의회에서는 동성애자 및 양성애자들의 급격한 증가로 결혼이 본래의 의미를 잃어갈 것을 우려하여 "결혼은 남성과 여성의 결합"임을 밝히는 것을 명문화하는 결혼법을 통과시킨 바 있다. Colin Wilson & Susan Tyburn, 정민, 『동성애자 해방운동의 역사』(서울: 연구사, 1998), 100.

199) 전기쇼크요법은 동성애자에게 동성애적인 자극과 동시에 혐오스러운 약물을 주거나 전기충격을 가하는 혐오치료법이다.

200) William Dudley, *Homosexuality* (San Diego: Greenhaven Press, 1993), 125.

화시키려는 이러한 시도들은 새로운 성학대가 되었다.[201] 동성애자들은 치료 혹은 치유라는 말을 단호하게 거부한다. 동성애자들의 입장에서 보면 그들은 변화의 필요를 느끼지 못하며 변화하고 싶어 하지도 않을 수 있다.

　그런데 동성애자들은 자신의 동성애적 취향이나 기질에 대해서는 도덕적 부담에서 어느 정도 자유로울 수 있을지 모르지만 자신들의 동성애 행위에 대한 책임은 면할 수가 없다는 점이다. 따라서 교회는 동성애자들이 자신의 행위에 대한 분명한 결정을 내리도록 이끌어야 하며 그들이 변화를 원할 경우 적극적으로 도와야 한다. 관건은 동성애자 자신들이 스스로 변화하려는 동기와 의지에 달려 있다.

　교회는 다음 세 가지 방법으로 접근할 수 있다. 첫째 방법은 동성애자 자신이 원할 경우, 교회는 동성애적 기질을 변화시키는 데 도움을 줄 수 있다. 교회는 동성애자들로 하여금 치유, 상담, 돌봄을 통해 동성애로부터 벗어나려는 의지를 갖도록 권고하고 도와줄 수 있다. 니콜로시(J. Nicolosi)는 동성애를 변화 가능한 조건으로 보고, 그러한 변화를 유발시키는 심리치료를 제안하였다. 그는 동성애의 원인은 어린 시절과 가족 문제로 거슬러 올라갈 수 있으며, 이는 남성성의 약한 감정에 의해 유발되기 때문에 그는 남성으로서의 정체성과 전인성을 보강하는 심리치료를 통해 동성애자들을 변화시킬 수 있다고 주장하였다.[202] 그러나 동성애적 성향은 복합적인 요인에 의해 형성되었기에 다각도로 접근해야 한다. 단

---

201) 독일의 히틀러 정권은 동성애 행위가 위대한 게르만 민족의 혈통을 부끄럽게 하는 열등한 행위로 간주하여 수많은 동성애자들을 유대인들과 마찬가지로 죽였다. 정종훈, 『기독교 사회윤리와 인권』 (서울: 대한기독교서회, 2003), 203.

202) J. Nicolosi, "Psychotherapy can change sexual orientation", William Dudley, *Homosexuality* (San Diego: Greenhaven Press, 1993), 126.

면적인 심리치료에만 의존할 경우 도리어 많은 동성애자들에게 회복될 수 없는 상처만 안겨줄 수 있다. 아이세이(R. A. Isay)는 동성애자들에 대한 치료의 목적은 그들의 동성애성을 받아들이는 것을 포함하여 그들의 전인적 삶을 고양시키는 것이어야 함을 강조하였다.[203] 한 개인의 성적 기질이나 취향은 개인의 내면 깊이 잠재된 복잡한 메커니즘으로 오랫동안 형성된 것이다. 따라서 이들을 도울 경우 단기간에 걸친 획기적인 변화를 꾀하려는 시도는 오히려 상처만 남길 수 있다.

쿡(C. Cook)은 동성애자로부터 이성애자로의 변화는 오직 하나님의 도우심으로 가능하며, 이러한 변화는 쉽지 않고, 느리며 어려운 과정 가운데서 일어난다고 주장하였다.[204] 실제로 수많은 종교 기관들이 성지향의 변화를 원하는 게이들을 돕고 있다. 중요한 것은 동성애적 성향을 지닌 사람들을 그 정도에 따라 구분하여 다각도로 접근하는 방법이 효과적이다. 20~30% 정도의 동성애적 경향을 지닌 사람들이 80~90%의 경향을 지닌 이들의 경우보다도 훨씬 쉽게 정상적인 이성관계로 '전향'될 수 있다.[205] 따라서 교회는 변화 가능한 동성애자들을 우선적으로 택하여 그들에게 지속적으로 도움의 손길을 내밀어야 한다.

두 번째 방법은 동성애적 기질을 변화시키는 것이 불가능할 경우

---

203) R. A. Isay, "Psychotherapy should help gay men accept their homosexuality", William Dudley, *Homosexuality* (San Diego: Greenhaven Press, 1993), 133.

204) Colin Cook, "Christianity can help gays change their sexual orientation", William Dudley, *Homosexuality* (San Diego: Greenhaven Press, 1993), 140.

205) 성적 지향의 변화가능성에 대한 최근의 통계는 1/3에서 2/3에 이르는 성공률을 보이고 있다. S. Grenz, 『성윤리학』, 403. 더글라스 후크(D. A. Houck)는 변화를 위한 4단계 프로그램을 발전시켰다. 첫째, 동성애 지향적인 사람은 자신의 행위를 변화시킴으로서 하나님의 복종에의 요구에 응답한다. 둘째, 하나님의 은총에 근거하고, 자기 수용을 내포하는 자부심 확립에 초점을 맞춘다. 셋째, 개인은 자신의 과거 속에서는 결여하고 있었던 동성 사랑의 필요에 대처하기 위하여 건강한 동성관계를 확립하려고 시도한다. 넷째 이성애로의 수용이다. 같은 책, 405.

독신생활을 권장하여 도덕적으로 순결한 삶을 살도록 이끌 수 있다. 이성과 합리성을 가진 사람에게는 자신의 성적인 성향을 억제할 수 있는 자기의지와 자제력이 있다. 비록 이성애자라고 하더라도 대면하고 있는 이성을 무조건 자신의 성 행위의 파트너로 삼아 동물적인 본능을 해소하는 것은 아니며, 상황에 따라서는 결혼이나 성과 상관없이 독신으로 지낼 수도 있다.[206] 따라서 교회는 이들로 하여금 동성애 성향이 행위로 표출되지 않도록 주변 환경과 여건을 조성하여 그들이 독신생활을 통해 순결한 삶을 살면서 동성애적 기질을 효과적으로 통제하도록 곁에서 배려하며 도울 수 있다.

세 번째 방법은 동성애적 기질이 고착화되어 어쩔 수 없이 동성애가 행위로 표출될 경우 그들을 정죄하기 보다는 그들의 편에서 감싸고 포용하는 자세가 필요하다. 우리는 행위로 인해 사람들을 비난할 수 있을지는 몰라도, 사람들의 존재를 이유로 비난해서는 안 된다. 따라서 동성애 행위를 기준으로 비난할 수 있지만, 그렇다고 해서 동성애자를 혐오하거나 정죄의 대상으로 간주해서는 안 된다. 반면에 동성애자들의 비도덕적인 성 행위를 묵인하거나 무조건적으로 용납해서도 안 된다. 교회는 이들에게 하나님의 용서를 전해줌과 동시에 이들이 비도덕적인 행위로부터 벗어날 수 있도록 제도적으로 배려해야 한다.

---

206) 정종훈, 『기독교 사회윤리와 인권』, 206.

❹ 동성애자들을 끌어안기 위한 교회의 태도

우리가 성별, 피부색, 인종, 혹은 계급으로 사람을 차별해서는 안되는 것처럼, 우리와 성적 기호나 성향이 다르다고 해서 사람을 차별해서는 안 된다. 성서의 하나님은 정의의 하나님이며, 정의를 사랑하고 불의를 미워하시는 하나님이시기 때문이다.[207] 그러므로 동성애자들을 더러운 존재, 역겨운 성도착자, 망할 죄인들로 보면서 모욕하는 것은 바람직하지 못한 태도이다. 호모포비아(homophobia)는 동성애자들에 대한 개인적인 반감으로서, 이는 비합리적인 공포, 적개심 그리고 심지어는 혐오감이 뒤섞인 감정이다. 그런데 우리는 종종 편견과 선입견으로 대다수 동성애자들에 대한 잘못을 범한다.

우리는 동성애자들을 멸시와 모욕의 대상, 두려움과 편견 그리고 억압의 대상으로 취급하기보다는 사랑과 관용의 자세로 이들을 대해야 한다. 동성애자들도 하나님의 사랑의 대상이며 이들도 배려를 받아야 할 대상이기 때문이다. 교회 안에 동성애자가 늘어나고 있는 현실을 고려한다면, 교회는 더 이상 동성애자들을 외면해서는 안 되며, 소외된 동성애자들을 포용하고 수용해야 한다.

그래험(L. K. Graham)은 기독교인은 동성애 문제를 율법보다는 사랑의 관점에서 접근해야 할 것을 강조하였다. 즉 기독교인은 어떤 행동이 허용되는가에 관심두기 보다는 동성애자인 내 이웃을 사랑한다는 것이 무슨 뜻인가에 관심을 두어야 한다. 이를 위해서 성경구절에 바탕을 둔 추상적 변론보다 동성애자의 구체적인 인격에 더 관심을 두어야 한다는

---

207) J. Stott, 『존 스토트의 동성애 논쟁』, 56.

점을 강조하였다.[208]

　　동성애 성향의 핵심에는 깊은 외로움, 상호적 사랑에 대한 인간의 본능적 갈증, 정체성의 추구 그리고 완전함에 대한 갈망이 있다.[209] 동성애자들은 자신들의 마음의 짐을 털어놓을 사람, 자신들을 경멸하거나 거절하지 않고 우정과 기도로 함께 할 친구들이 필요하다. 따라서 교회는 이들을 용납하고 환대해야 한다. 그런 점에서 사랑이 가장 기본적인 치료제이다.

　　이와 아울러 동성애 논쟁과 연관된 성서 구절들에 대하여 도덕적 길잡이가 될 수 있도록 열린 성서연구가 필요하다.[210] 성서를 문자 그대로 무비판적으로 해석하기보다는 열린 자세로 동성애자들을 향한 진리와 정의와 사랑의 요구가 무엇인지에 대한 진지한 성찰이 필요하다.

5 균형 잡힌 시각과 관용의 정신

　　동성애에 대한 논의는 균형 잡힌 시각과 열린 마음으로 접근하는 것이 필요하다. 단지 자신의 성적 지향과 일치하지 않는다고 해서 타인을 차별하거나 경멸하는 것은 바람직하지 못하다. 다양한 성담론이 혼재하는 이 시대에 교회가 해야 할 역할은 많다. 세리와 죄인들을 정죄하기보다는 그들의 진정한 친구로서 그들과 함께 했던 예수 그리스도의 마음을 본받아 교회는 그동안 인권의 사각지대에서 소외되고 상처받은 동성

---

208)　이경직, 『기독교와 동성애』(서울: UCN, 2006), 92.

209)　J. Stott, 『존 스토트의 동성애 논쟁』, 84.

210)　Eileen P. Flynn, "동성애 문제에 대한 가톨릭의 입장과 개인적 제안", 107.

애자들을 포용해야 할 중요한 사명이 있다. 이를 위해 다음 몇 가지를 제안하고자 한다.

먼저 동성애자들도 하나님의 관심의 대상이며, 하나님의 은혜를 경험할 필요가 있는 구원의 대상자라는 사실이다. 교회 공동체가 불완전한 세상에서 불완전한 모습으로서 동성애자들과 함께 살아가기 위해서는 서로의 연약함을 용납하는 사랑과 관용의 정신이 요구된다.

둘째, 동성애 예방 차원에서의 교육의 중요성을 간과해서는 안 될 것이다. 최근의 연구결과들은 동성애적 지향이 단순히 타고난 것만이 아니라 부분적으로는 사회화, 특히 왜곡된 부모관계의 산물이라는 점을 보고하고 있다. 따라서 이는 부모가 그들의 자녀들을 적절하게 교육하고 올바르게 양육할 책임이 있다는 점을 시사한다.

셋째, 교회는 동성애자들 대해서 보다 따뜻한 시각으로 그들을 바라보고 치유해야 할 책임이 있다. 이를 위해서는 다방면에서 정신적인 상담과 치유, 의료적인 지원이 뒤따라야 한다. 교회는 동성애자들이 사회의 그늘진 곳에서 외롭게 소외되기 보다는 그들을 보다 따뜻하게 맞이하고 그들이 올바른 성정체성을 회복하도록 함께 아파하고 도와주어야 할 것이다.

넷째, 학교 및 각종 교육기관을 통해 바람직한 성은 인격적 관계를 기초로 한 이성애적 결혼임을 교육해야 한다. 바로 이것이 성의 온전성을 회복하는 방식이라고 생각된다.

참고문헌

강권찬, "교체와 통합 양축으로 고용허가제 대표적 모델", 『민족연구』, 한국민족연구원, 2004.

고유미, "외국인력 고용 현황과 정책 변화", 『민족연구』, 한국민족연구원, 2004.

기독교사상편집부, "동성연애에 대한 기독교 사회윤리적 이해", 『기독교사상』, 1991년 7월

김진, 『동성애의 배려윤리적 고찰』, 울산: 울산대학교출판부, 2005.

김기순, "윤리적인 관점에서 본 사회정의의 이념", 숭실대학교社會科學論叢, 1983.

김문조 · 김철규 · 최은정, "미국 동성애운동의 역사, 현황 및 사회적 의의", 『한국사회』 2집 1999.

김윤규, "한국의 외국인 노동자가 겪는 폭력극복을 위한 대책", 한국기독교학회, 2005년.

김철운, "성과 금기 그리고 페미니즘", 양해림 · 유성선 · 김철운, 『성과 사랑의 철학』, 서울: 철학과
현실사, 2001.

김희수, "동성애에 대한 윤리적 고찰", 『기독교사회윤리』 13집, 2007년 6월.

맹용길, "동성애를 반대한다", 『기독교사상』, 1999년 7월.

박노권, "동성애에 대한 목회상담적 접근", 『한국기독교신학논총』28집, 2003년.

변영인, "우리사회의 이중적인 성 문화", 『기독교사상』, 2002년 2월.

석원정, "외국인 이주노동자들의 현실", 『민족연구』, 한국민족연구원, 2002.

설동훈, "일본과 한국의 외국인 노동자 정책비교", 현대일본학회, 2005.

설혜심, "더 풍부한 '섹슈얼리티의 역사'를 위해", 『역사비평』 75집, 2006년 여름.

송병준, 『외국인 노동자의 현실과 미래』, 미래인력연구센터, 1997.

신원하, 『교회가 꼭 대답해야 할 윤리 문제들』, 예영커뮤니케이션, 2002.

여수경, "한국체류 조선족의 갈등과 적응", 『인문연구』, 영남대 인문과학연구소, 2005.

유정석, "한국의 외국인 노동자 정책", 『민족연구』, 한국민족연구원, 2002.

윤가현, 『동성애의 심리학』, 서울: 학지사, 1999.

이경직, 『기독교와 동성애』, 서울: UCN, 2006.

이동재, "한국내 외국인 근로자와 관련된 법적연구", 『민족연구』, 한국민족연구원, 2004.

이명균, 외국인 노동자의 법적 보호방안에 관한 연구, 미간행 석사학위논문, 숭실대, 2003.

이문균, "동성애와 기독교", 『대학과 복음』 10, 2004.

이용일, "독일연방공화국의 노동조합과 외국인 노동자", 『역사학보』, 2006.

이우찬, "동성애에 대한 기독교 윤리적 접근", 『대학과복음』 4, 2000.

이종두, "외국인 노동자정책 변화와 시민단체 역할", 『민족연구』, 한국민족연구원, 2004.

이종원, "책임적 생명윤리", 『철학탐구』 18집, 중앙철학연구소, 2005년 11월.

장태한, 『흑인, 그들은 누구인가』, 서울: 한국경제신문사, 1993.

전영길, 『윤리학』, 서울: 민영사, 1995.

정종훈, 『기독교 사회윤리와 인권』, 서울: 대한기독교서회, 2003.

정현숙, "문화 간 커뮤니케이션 갈등에 대한 연구", 『커뮤니케이션학 연구』 제12권 3호, 2003년 가을.

조재현, "동성애에 관한 법적 고찰", 『헌법학연구』, 한국헌법학회, 2002년 10월.

추병완, 『정보사회와 윤리』, 서울: 울력, 2002.

한중식, 『기독교의 진수』, 서울: 숭실대학교출판부, 2002.

황경식, 『사회정의의 철학적 기초』, 서울: 문학과지성사, 1985.

국민일보 2006년 10월 16일자.

군포신문 2006년 6월 29일자. http://www.newsk.com/sub/view.asp?cate_id=4470000&n_id.

이데일리뉴스 2006년 10월 17일자.

http://www.edaily.co.kr/news/newsread.asp?newsid=01958166580013904&DirCode=0010
101&curtype=r.

인터넷 매일노동뉴스 http://www.labortoday.co.kr/news/view.asp?arid=66789.

인터넷 시민의신문. 2006년 8월 18일자.
    http://www.ngotimes.net/news_read.aspx?ano=39425.

문화일보 2006년 4월 11일자.

한겨레 2006년 10월 12일자.

Ake, Claude. "The Africa Context of Human Rights", May, Larry & Sharratt, Shari Collins.
    Applied Ethics, New Jersey: Englewood Cliffs, 1994.

Bahnsen, Greg L. *Homosexuality: A Biblical View*, Michigan: Grand Rapids, 1991.

Baird, Vanessa. 김고연주, 『성적 다양성, 두렵거나 혹은 모르거나』, 서울: 이후, 2007.

Balswick, Jack O. & Balswick, Judith K. *Authentic Human Sexuality* (홍병룡, 『진정한 성』, 서울:
    IVP, 2002).

Barinaga, M. "Differences in Brain Structure may cause Homosexuality", Dudley, William.
    Homosexuality, San Diego: Greenhaven Press, 1993.

Boxill, Bernard. "Black Progress and the Free Market", Milton Fisk ed, *Justice*, New Jersey: humanties press, 1993.

Close, Darly. & Meier, Nicholas. *Morality in Criminal Justice*, Belmont: Wadsworth, 1995.

Collins. *Applied Ethics*, New Jersey: Englewood Cliffs, 1994.

Cook, Colin. "Christianity can help gays change their sexual orientation", Dudley William ed, *Homosexuality*, San Diego: Greenhaven Press, 1993.

Corvino, J. "Why Shouldn't Tommy and Jim Have Sex?", Mappes T. A. & Zembaty, J. S. *Social Ethics: Morality and Social Policy*, New York: McGrew-Hill Company, 2002.

Davis, M. 『미국의 꿈에 갇힌 사람들』, 창작과 비평사, 1994.

Dudley, William. *Homosexuality*, San Diego: Greenhaven Press, 1993.

Eileen P. Flynn "동성애 문제에 대한 가톨릭의 입장과 개인적 제안", 『사목』, 2000년 11월.

Erickson, M. J. *Relativism in contemporary christian ethics*, Michigan: Grand Rapids, 1974.

Finnis, John. "Homosexual Conduct is Wrong", White, J. E. *Contemporary Moral Problems*, Belmont: Wadsworth Publishing Company, 2000.

Fisk, Milton, *Justice*, New Jersey: humanities press, 1993.

Garn, Stanly M. 權彛九, 『人種』, 서울: 探求堂, 1983.

Goldman, Alan. "Plain Sex", White, J. E. *Contemporary Moral Problems*, Belmont: Wadsworth Publishing Company, 2000.

Grenz, S. J. *Sexual Ethics: An Evangelical Perspective*, 남정우, 『성윤리학』, 서울: 살림, 2003.

Harris, Nigel. 배일룡, 『현대자본주의와 민족문제』, 서울: 갈무리, 1994.

Harrison, B. G. "The link between brain structure and homosexuality remains unproven", Dudley, William. *Homosexuality*, San Diego: Greenhaven Press, 1993.

Helminiak, D. A. *What the Bible really says about Homosexuality*, 김강일, 『성서가 말하는 동성애』, 서울: 해울, 2003.

Hoekma, Anthony A. *Created in God's Image*, Grand Rapids: Reformed Free Publishing, 1986.

Hospers, J. *Human Conduct Problems of Ethics*, 최용철, 『인간행위의 탐구』, 서울: 지성의 샘, 1996.

Isay, R. A. "Psychotherapy should help gay men accept their homosexuality", Dudley, William. ed, *Homosexuality*, San Diego: Greenhaven Press, 1993.

Kaplan, Leon. 박영구, 『모나리자 신드롬』, 고양: 자작, 2002.

Martin, Mike W. *Everyday Morality*, Belmont: Wadsworth/Thomson Learning, 2001.

Masters, Roy. "Poor Parent-Child relationships cause homosexuality", Dudley, William. *Homosexuality*, San Diego: Greenhaven Press, 1993.

Miller, D. A. & Waigandt, A. "The cause of homosexuality are uncertain", Dudley, William. *Homosexuality*, San Diego: Greenhaven Press, 1993.

Miller, David "Equality And Justice", Chadwick R. and Schroeder D. *Applied Ethics* VI -

politics, New York, Routledge, 2002.

Mohr, R. D. "Prejudice and Homosexuality", Mackinnon, B. *Ethics Theory and Contemporary Issues*, Belmont: Wadsworth/Thomson Learning, 2001.

Nelson, J. B. "Sources for Body Theology: Homosexuality as a Test Case", Jung, P. B. & Jung, S. *Moral Issues and Christian Response*, Belmont: Wadsworth/Thomson Learning, 2003.

Nelson, James. "The Liberal Approach to Sexual Ethics", Boulton, W. G. & Kennedy, T. D. & Verhey, A. *From Christ to the World*, Michigan: Grands Rapids, 1994.

Nicolosi, J. "Psychotherapy can change sexual orientation", Dudley, William. ed, *Homosexuality*, San Diego: Greenhaven Press, 1993.

Niebuhr, H. Richard. *The responsible Self*, New York: Harper & Publishers, 1963.

Nussbaum, Martin. "Homosexual Conduct is not Wrong", White, J. E. *Contemporary Moral Problems*, Belmont: Wadsworth Publishing Company, 2000.

Peters, Jeff. "Society should accept homosexuality", Dudley, William. *Homosexuality*, San Diego: Greenhaven Press, 1993.

Preuss, U. K. "National, Supranational And International Solidarity", Chadwick R. and Schroeder D. *Applied Ethics VI - politics*, New York, Routledge, 2002.

Rachels, James. 황경식, 『사회윤리의 제문제』, 서울: 서광사, 1984.

Rawls, John. 황경식 외, 『공정으로서의 정의』, 서울: 서광사, 1991.

Rawls, John. 황경식, 『정의론』, 서울: 이학사, 2003.

Rose S. 외, 『우리 안에 유전자가 없다』, 서울: 한울, 1993.

Schweiker, W. *Responsibility and Christian Ethics*, Cambridge: Cambridge University Press, 1995.

Singer, Peter. 『실천윤리학』, 서울: 철학과현실사, 1991.

Smedes, Lewis B. 안교신, 『크리스챤의 성』, 서울: 두란노, 1993.

Tamagne, Florence. 이상빈, 『동성애의 역사』, 서울: 이마고, 2007.

Wasserstrom, R. A. "Racism, sexism and preferential treatment: an approach to the topics" Chadwick R. and Schroeder D. *Applied Ethics VI - politics*, New York, Routledge, 2002.

Wilson Colin. & Tyburn, Susan. 정민, 『동성애자 해방운동의 역사』, 서울: 연구사, 1998.

전쟁과 테러리즘의
윤리적 문제

테러리즘의 도덕적 정당성

① 테러리즘, 무엇이 문제인가?

테러리즘은 오늘날 전 세계가 직면한 심각한 문제가 되었다.[1] 전 세계 어디에서나 테러의 위협에 노출되어 있으며, 언제 테러리스트들로부터 위협을 당할지 예측할 수도 없다.[2]

일반적인 폭력과는 달리 테러리즘은 폭력사용의 수단이나 과정, 그리고 결과의 측면에서 볼 때 사전에 치밀하게 계획되며, 무고한 사람

---

[1] 강봉구는 테러의 특성을 "글로벌 지하드"로 특징지웠는데, 이는 테러의 범위가 세계적이며, 갈등의 성격이 국제적이며, 정당화 기제의 특수성과 폭력의 비제한성, 정치적 목적의 비타협성, 자기희생을 통한 초월적 저항 등이 기존의 테러와는 전혀 다른 특성을 드러내기 때문이라고 보았다. 강봉구, "글로벌 지하드", 『한국정치학회보』 36집 4호, 2002년 12월, 141.

[2] 테러리즘의 위협은 국제 테러리스트 집단뿐 아니라 국내 테러리스트 집단들, 극우주의와 인종주의 그리고 반정부 집단들에 의해서도 큰 위협이 되고 있다. B. Mackinon, *Ethics* (Belmont: Wadsworth/Thomson Learning, 2001), 421.

들을 대상으로 극단적이면서도 무자비한 폭력을 사용한다는 점에서 도덕적으로 심각한 문제가 있다.[3]

카피탄(T. Kapitan)은 테러리즘을 정치적인 목적을 달성하기 위해 무고한 시민들에게 직접적인 위협을 가하거나 폭력을 의도적으로 사용하는 행위로 정의내렸다.[4] 테러리스트들은 조직적인 폭력이나 협박을 통하여 광범위하고도 극단적인 공포분위기를 조성하여 자신들의 목적을 달성하려고 한다.[5]

이때 테러 행위들은 정치적 신념에 의해 강하게 동기화되는데, 이러한 동기화된 행위가 신념을 갖고 있다는 사실 자체만으로는 도덕적으로 정당화될 수 없다.[6] 왜냐하면 그 신념이 바람직한 동기와 목적을 가지고 정당한 절차를 거쳐 실현되었는가에 따라 도덕적으로 평가되어야 하기 때문이다.

포이만(L. P. Pojman)은 테러가 무자비한 파괴로 또는 예측할 수 없는 방식으로 비전투원이나 무고한 시민들을 의도적으로 목표로 삼는다는 점에서 일종의 정치적 폭력으로 보았다.[7] 테러리즘은 첫째, 비전투원을

---

3) 주수기는 테러행위의 성격적인 측면에서 볼 때, 테러리즘은 계획적이며 고의적이며 냉혈적 잔인성을 띠는 비인간적인 폭력행위라고 보았다. 주수기, "현대 테러리즘과 매스미디어", 단국대학교 분쟁해결연구소, 『분쟁해결연구』 1권, 2003년 12월, 75.

4) Tomis Kapitan, "The Terrorism of Terrorism", James P. Sterba, *Terrorism and International Justice* (New York: Oxford University Press, 2003), 48.

5) 테러리스트들(terrorists)은 경우에 따라 특공대, 빨치산, 도시 게릴라, 건맨, 자유의 투사, 저항군 등으로 불린다. 최근의 테러리스트 조직은 각종 게릴라 단체를 포함하여 약 70개국에 500여 개 정도로 추산된다. 백종국, "9월의 테러와 문명충돌", 한국인문사회과학회, 『현상과 인식』 26권, 2002년 10월, 11.

6) B. T. Wilkins, *Terrorism and Collective Responsibility* (New York: Routledge, 1992), 1.

7) Louis P. Pojman, "The Moral Response to Terrorism and Cosmopolitanism," James P. Sterba, *Terrorism and International Justice*, 140. 윌킨슨은 테러리즘을 개인이나 재산에 대해서 폭력을 실제적으로 사용하거나 위협하는 행위를 통해서 정치적, 사회적, 경제적, 종교적 변화를 성취하려는 시도로 정의했다. B. T. Wilkins, *Terrorism and Collective Responsibility*, 2.

목표로 한다는 점에서[8] 둘째, 자신들의 목적을 위해 극단적인 공포심을 유발하는 폭력을 사용한다는 점에서 다른 형태의 폭력과는 구별된다.[9] 이러한 의도적인 공포심의 유발은 단순한 살인이나 암살과는 구별되는 테러리즘의 특징이라 할 수 있다.

테러리즘은 동기, 대상, 범위, 주체, 이념 등의 포함여부, 그리고 테러리즘 자체를 보는 시각에 따라 다양한 해석이 가능하며 논란의 대상이 된다. 즉 동일한 사건을 보는 관점에 따라 테러리즘으로 규정하기도 하고, 어떤 경우에는 단순한 일반범죄로 취급하기도 하며, 다른 시각에서는 애국적인 행위로 평가하기도 한다.

현대사회에서의 테러리즘은 빠른 교통, 대량폭탄, 항공기, 생화학적 핵무기 등과 더불어 그 위협은 기하급수적으로 증가하고 있다.[10] 특히 생화학테러는 폭탄테러보다 더욱 광범위하고 치명적이라는 점에서 위협적이다.[11]

---

8) 유니세프(Unicef)에 따르면, 최근 테러리스트들의 공격에 따른 희생자들의 80%는 시민들이었으며, 주로 여자들과 어린이들이었다고 보고되었다. H. S. Wilson, "Terrorism and Religious", Patricia B. Jung, & S. Jung, *Moral Issues and Christian Responses* (Belmont, CA : Thomson, 2003), 363.

9) Jessica Stern, *The Ultimate Terrorists* (Harvard University Press, 1999), 11.

10) Louis P. Pojman, "The Moral Response to Terrorism and Cosmopolitanism", 141.

11) 1988년 3월 이라크가 이란을 지원하고 있는 쿠르드 반국의 거점인 할라브자(Halabja) 도시를 화학무기로 공격하여 4,000여 명의 쿠르드인을 살해하였는데, 이 사건을 계기로 생화학 무기사용에 대한 우려가 국제사회의 중요한 정치문제가 되었다. 홍순남, "국제정치와 중동 테러리즘," 91. 생화학적 무기는 다음과 같은 위험성을 지니고 있다. 첫째, 유독성이 강하다. 극소량의 생화학 무기로 많은 사람을 죽일 수 있다. 둘째, 생화학제는 천천히 작용한다. 징후가 나타나기 전에 생화학제는 희생자 안에서 증식하게 되는데, 그 과정은 수 시간에서 수 주에 걸릴 수도 있다. 그러나 독소는 즉각적으로 활동하기 때문에 치료는 증상이 나타나기 전에 시작되어야 한다. 셋째, 생화학제는 식물이나 인간이나 동물에게만 배타적으로 영향을 줄 수 있다는 점에서 특이하다. 넷째, 생화학제의 작용은 기상학적인 조건과 지형과 같은 통제하기 어려운 요인들에 높게 의존한다. 여행자들에 의해서 뿐 아니라 철새와 같은 동물들에 의해서도 유포될 수 있다. 다섯째, 생화학제는 대기 중에 오래 존재할 수는 없다. 그러나 포자형태의 탄저균은 토양이나 구조물에도 잔존한다. Jessica Stern, *The Ultimate Terrorists*, 21.

이 장에서는 테러리즘의 여러 유형들을 고찰하고, 테러리즘의 근본원인들을 사회 심리적 측면과 국제 정치적 측면, 그리고 경제적 측면에서 분석하면서 테러리즘의 정당성 문제를 고찰하고자 한다. 이러한 과정을 통하여 테러리즘 자체가 안고 있는 도덕적 문제점들을 지적하면서, 테러리즘을 해결하기 위한 현실적인 실천과제들을 논의하고자 한다.

② 테러리즘의 유형

테러리즘은 공포와 폭력을 최후의 수단으로 생각하는 데서 출발한다. 테러(Terror)란 원래 라틴어로 '커다란 공포'를 뜻하는 말이지만 지금은 테러행위, 즉 테러리즘을 가리키는 말로 굳어졌다.[12] 테러리즘이라는 말은 프랑스 혁명 이후 자코뱅 당의 왕당파에 대한 공포정치로 이용한 백색 테러리즘에서 시작되었다. 프랑스 혁명기인 1789-1799년까지의 10년 중 가장 난폭했던 시기를 로베스피에르의 공포시대(reign of terror)라고 부르는데, 당시 공화파 혁명정부가 왕권복귀를 꿈꾸던 왕당파를 반혁명분자로 처형하고 명분이 약할 땐 암살하는 공포정치가 계속되면서 테러는 급성장하게 되었다. 이때 혁명파의 테러는 적색테러라고 하고, 반혁명파의 보복은 백색테러라고 불렀다.[13] 테러리즘은 다음과 같이 여러 유형으로 분류된다.

---

12) 중앙일보 2001년 9월 13일.
13) 안영섭, "국제테러리즘과 국가안보," 『북한』 394호, 북한연구소, 2004년 10월, 96.

① 요인 암살(Assassination)

요인 암살은 역사적으로 가장 오래된 테러리즘의 한 형태로 특정 인물을 은밀한 방법으로 살해하는 행위이다. 요인 암살 수단으로는 주로 총기류와 포탄이 가장 널리 사용된다. 줄리어스 시저(Gaius Julius Caesar)에 대한 귀족계급들의 정치적인 목적의 암살이 대표적인 경우이다(B.C. 44년 3월 14일). 11-13세기에는 페르시아에 흩어져 있던 이슬람 과격종교단체들이 암살자를 고용하여 자신들의 종교적 자유를 위해 기독교 지도자들을 살해하여 공포분위기를 확산시키는 수단으로 이용했다. 이슬람의 암살자들은 철저한 비밀을 유지하면서 적대 세력의 지도자들을 암살했고, 이들의 투쟁은 영웅적으로 미화되었으며, 테러리즘에 투입되어 전사한 자들은 순교자로 추앙받았다.[14] 이러한 암살유형의 테러는 지금도 계속되고 있다.

② 인질 납치(Hostage Taking)

인질 납치는 남미의 혁명 분자들이 1960년대 초에 주로 사용했던 방법으로 현재는 테러리스트들이 항공기 납치만큼 즐겨 쓰는 방법이다. 작전에 참여했다가 체포되어 수감되어 있는 동료 테러리스트의 석방을 위한 방편으로 사용하거나 혹은 인질을 볼모로 하여 정치적 혹은 물질적인 양보, 그리고 정치적 선전 등과 같은 목적을 달성하기 위해 사용하는

---

14) 조영갑, 『테러와 전쟁』(서울: 북코리아, 2004), 19. 오스트리아의 왕위계승자 페르디난드 대공을 세르비아의 테러조직인 가블릴로 프린치키가 암살하여 제1차 세계대전의 도화선이 되었고, 1995년에는 이스라엘의 라빈(Y. Rabin) 총리가 암살된 것으로 비롯하여 세계적으로 수많은 국가 지도자들이 암살테러에 의해 희생되었다.

전술이다. 이는 위험부담이 아주 적으면서 정치적 선전효과는 상대적으로 높은 방법이라고 할 수 있다.[15]

❸ 자살폭탄 및 폭파테러

사람의 몸이나 차량에 폭탄을 지니고 목표지점에서 자폭하는 자살폭탄 테러와 국가통치시설, 정보 산업시설, 전력 교통설비, 국방시설, 댐 시설, 대형 건물 등 국가의 중요시설과 자원을 폭파 혹은 방화하는 테러행위가 있다. 이 방법은 테러리스트들이 시간과 장소를 용이하게 선택할 수 있어 사전에 경계 및 방어가 극히 어렵다는 특성이 있다. 또한 폭탄의 살상도와 파괴력이 급격히 확대되고 있어 그 피해규모도 크게 증가하고 있다.[16] 자살폭탄테러는 전혀 예측할 수 없는 상태에서 불특정 다수를 대상으로 무자비한 파괴를 일삼을 뿐만 아니라 테러리스트 자신의 생명까지도 희생한다는 점에서 무모하고 파괴적인 속성을 지닌다.

❹ 항공기납치 및 폭파 테러리즘(Aviation Terrorism)

항공기를 대상으로 삼는 테러는 테러리즘의 유형 중 가장 심각하다. 1968년 7월 조지 하바시가 이끄는 팔레스티안 해방인민전선 소속의 테러리스트들이 이스라엘 항공기 엘 알기를 공중 납치한 사건 이래로

---

15) 같은 책, 28-29.
16) 같은 책, 29.

항공기테러는 계속되고 있다.[17] 대표적인 유형으로는 항공기 납치(Aircraft Hijacking), 항공기의 공중폭파(Sabotage Bombing of Airborne Aircraft), 공항시설과 항공기 이용객에 대한 공격(Attacks against Airline Facilities and Their Users) 등의 유형들이 있는데, 2001년 9·11테러는 그 규모와 결과의 측면에서 따져 볼 때 상상을 초월하는 충격과 피해를 안겨 주었다.[18]

③ 테러리즘의 근본원인

급속도로 다변화하는 현대사회의 구조적 상황들은 테러를 더 쉽고 용이하게 만든다.[19] 도시집중화 현상, 과학기술의 발전에 따른 교통통신과 대중매체의 발달, 막강한 파괴력을 지닌 무기의 첨단화, 일부 테러에 대한 국가 차원의 묵인현상 등은 테러발생을 유도하는 현대사회의 환경적 특징들이라 할 수 있다.[20] 테러의 발생원인은 사회 심리적 측면과 국제 정치적 측면과 경제적 정의의 측면에서 분석해 볼 수 있는데, 이러한 원인들은 서로 복합적으로 맞물려 있다.

---

17) 같은 책, 20.

18) 최병두는 9·11테러사건을 전통적인 의미의 국가 간 전쟁이 아니라 국가 없는(stateless) 전쟁, 또는 비대칭적(asymmetric) 전쟁, 또한 제4세대 전쟁으로 특징지었다. 그는 9·11테러를 국경 없는 전쟁의 전주곡으로 간주하면서, 국경을 넘어선 상호의존성의 심화와 네트워크의 발달에 기초한 세계화의 공간에서 근대국가의 역할 및 그 영토의 개념은 점차 모호해지거나 무의미해졌다고 평가하고 있다. 최병두, "세계화와 초테러리즘의 지정학", 199.

19) 홍순남은 전 세계가 테러라는 지진대에 노출되었으며 사회모방범죄에도 테러가 이용될 수도 있다고 경고하였다. 홍순남, "국제정치와 중동 테러리즘", 한국중동학회, 『한국중동학회논총』 22권 2호, 2001년 12월, 97.

20) 조영갑, 『테러와 전쟁』, 26-27.

1 사회 심리적 측면

ⓐ 상대적 박탈감

테드 거(Ted R. Gurr)는 사회 심리적 측면에서 테러리즘의 원인을 상대적 박탈감으로 해석하였다.[21] 상대적 박탈감(Relative Deprivation)은 기대와 이익 간의 괴리 또는 가치 기대와 가치 능력 간의 차이가 클 때 유발된다. 즉 사회적 요구형성도가 사회적 만족도를 훨씬 초과할 경우 심리적 좌절감이 형성되고, 이 과정에서 상대적 박탈감의 돌파구를 폭력에서 찾게 되며, 결국 테러로 발전하게 된다.[22]

상대적 박탈감에 빠진 개인이나 집단은 자신들의 열등의식을 극단적인 폭력을 통해 표출하게 된다. 그들은 자신들의 비참한 상태를 그들 자신의 경쟁력 부족으로 보기보다는 기득권을 가진 자들의 착취적 침탈로 인한 것으로 규정하면서 자신들의 무차별적인 파괴행위를 정당화하려고 한다. 그들은 강대국이나 강자 등을 증오하면서 테러를 통해 돌파구를 찾으려 한다. 그들은 이러한 파괴를 통해 카타르시스(catharsis)를 맛보는 한편, 강대국들에 반감을 가진 세력들의 지지를 끌어내려 한다.[23]

그러나 이러한 극단적인 폭력을 통해 상대적 박탈감을 탈피하려는 시도들은 정당화될 수 없다. 무차별적인 폭력으로 말미암아 더 큰 비극과 상실감을 초래하게 될 뿐이다.

---

21) 좌절-공격 이론(Frustration - Aggression Theory)이라고도 한다.
22) 같은 책, 23-24.
23) 안영섭, "한국 테러안전지대 아니다", 북한연구소, 『북한』 405호, 2005년 9월, 86.

ⓑ **동일시 이론**

동일시 이론은 사회 심리적 측면에서 특정인이 다른 사람의 행위에 미치는 영향력에서 시작된다.[24] 테러리스트들은 자신들의 주장과 명분에 사회 구성원들의 주목을 끌어들여 하나의 세력을 투영시키고자 한다. 현실적으로 테러집단들은 수도 적고 영향력도 약하기에 그들의 열세적인 상황을 극복하기 위해 보다 잔인한 폭력을 통해 심리적 충격과 공포감을 극대화하려고 한다.[25]

동일시 이론은 매스 미디어의 영향력과 밀접한 관계가 있다. 매스 미디어를 통해 노출되는 지속적인 폭력은 더 큰 파급효과를 가져오게 된다. 이는 단순한 모방에 의한 공격과 폭력의 노출에 그치지 않고, 장기적인 측면에서 볼 때 공격적인 사고나 지식(인지의 틀)을 형성하게 만들거나 또는 기존의 공격, 폭력적인 사고를 활성화 내지 점화시킨다.[26]

그러나 동일시의 적용은 왜곡된 자아상의 투영일 뿐이다. 이는 테러리스트들의 왜곡된 영웅 심리의 극단적인 표현이기에 올바르게 바로잡을 필요가 있다.

---

24) 동일시는 다른 개인이나 단체와 같이 존재하거나 똑같이 되려는 희망이며, 좋든 싫든지 간에 자신과 동일시 대상 간에 존재하는 유사성을 인정하려는 것이다. 동일시는 한편으로는 희생자나 인질이 테러리스트들에게 연민을 느끼게 되는 공격자와의 동일시에서 찾을 수 있으며, 다른 한편으로는 대중매체를 통해 테러를 접하게 되는 대중은 희생자와 자신의 운명을 동일시하며, 감정이입에 의해 희생자의 고통을 공감하게 된다.

25) 주수기, "현대 테러리즘과 매스미디어", 76.

26) 같은 책, 85.

② 국제 정치적 측면

국제 정치적 측면에서 볼 때, 테러리즘은 정치적인 목적을 달성하기 위한 효과적인 도구로서 활용되는 경우가 많다. 상대적으로 힘이 약한 국가는 테러를 목적달성을 위한 최후수단으로 선택하게 된다. 이런 경우 동일한 폭력사용이 한쪽에서는 테러가 되지만, 다른 한쪽에서는 자유의 전사로 인식된다.[27] 이는 국가 간 테러리즘을 증가시키고 있고, 오늘날 국제 테러리즘의 발생에 밀접한 영향을 미치고 있다.

중동지역에 대한 미국의 빈번한 정치, 군사적 개입은 탈냉전 시대의 유일한 초강대국이라는 인식에서 자행된 것이었다. 미국은 냉전 체제 이후 세계의 정치, 경제, 군사, 문화의 전 영역에서 패권적 지위를 구가하면서 그 패권을 영속화하기 위한 조치를 취해 왔다. 미국이 주도한 정치적 개입의 산물은 수많은 약자들을 양산하였고, 그 결과 얼굴 없는 새로운 대항세력들과 맞서는 결과를 빚게 되었던 것이다.

③ 경제 정의의 측면

경제 정의의 측면에서 볼 때, 테러리즘은 신자유주의적 세계화의 산물이라고 할 수 있다. 미국 중심의 신자유주의적 세계화가 진전됨에 따라 전 세계적으로 경제적 불평등이 점차 심화되었다. 1996년 유엔 개발 보고서에 의하면, 1960-91년 사이 빈곤층의 비중은 전 세계 소득의 23%

---

27)   조영갑, 『테러와 전쟁』, 26.

에서 14%로 감소한 반면, 상위 20%의 비중은 70%에서 85%로 증가되었다. 1991년까지 85% 이상의 세계 인구가 단지 15%의 소득을 얻었으며, 수십억 달러에 이르는 최상위 부자 358명의 순자산은 세계 인구의 하위 45%(약23억 명)의 소득과 맞먹는 것이었다. 이러한 불평등은 1997년 동아시아의 경제위기 이후 더욱 확대되었다.[28] 세계화는 서구의 선진국에 혜택을 편중시켰으며, 제3세계의 국가들에게는 전통적 경제 영역의 쇠퇴와 부채 및 실업의 증가를 가중시켜 더욱 빈곤하게 만드는 결과를 낳았다. 그리하여 세계화는 신자유주의자들의 주장처럼 세계적 번영과 평등을 가져온 것이 아니라, 전 세계적으로 경제적 불평들을 오히려 심화시키는 결과를 빚게 되었던 것이다.

신자유주의적 경제 정책으로 인한 세계적 규모의 불평등은 특히 중동지역의 정치적, 경제적 불안정을 고조시키는 원인이 되었다. 자유무역과 민영화 정책은 중동 지역의 사회적 불평등을 심화시켰고, 수많은 빈민층을 양산하는 결과를 가져왔다. 그리하여 사회적 불안이 정치적 불안정으로 전환되는 것을 막기 위해 정치권력은 더 많은 억압조치를 취할 수밖에 없었고, 이러한 악순환은 테러라는 극단적인 수단을 사용하도록 만드는 계기가 되었던 것이다.

이러한 세계화의 그늘에서 무기와 마약의 불법 밀매, 범죄조직의 국제화, 국제적 테러리즘이 증대하게 되었다. 이와 동시에 인구와 자본의 자유로운 이동, 전 세계적인 정보 네트워크의 구축은 국제적 테러조직의 형성과 운영을 보다 용이하게 만드는 결과를 낳았다. 그리하여 테러 단체들이 국제 테러 네트워크를 형성함으로써 테러리즘의 세계화가 이루

---

28)   최병두, "세계화와 초테러리즘의 지정학", 194-195.

어지게 되었고, 초국가적 테러리스트들에 의한 대량살상무기의 사용가
능성도 높아지게 되었다.

④ 테러리즘은 도덕적으로 정당한가?

현대의 테러리즘은 상징적 측면이 강하며, 대량정보전달체제를
절대적으로 필요로 한다. 고전적 테러리즘이 군사적 필요로서 정당화의
구실을 찾았다면, 현대의 테러리즘은 정치적 필요와 심리적 필요로서 정
당화의 명분을 찾는다.[29]

앤드류 볼즈는 테러에 대해 원칙적으로 정당전쟁론의 요건을 적
용할 수 있다고 보면서 테러의 정당화가능성을 제기하였다. 그는 만약
국가 간의 전쟁이 정당화될 수 있다면 테러 또한 정당화될 수 있다고 보
았다. 즉, 국가 사이의 폭력 행사에 대해 일반적으로 정당전쟁론의 기준
이 적용되고 있듯이, 비국가집단들에 의한 폭력 행사를 저지하는 데 있
어서도 동일한 도덕적 근거를 적용할 수도 있으며, 정당전쟁론이 부과하
는 범위 내에서 제재를 가할 수도 있다는 것이다.[30]

만약 테러리즘이 본래부터 무차별적으로 자행되는 것이라는 생
각에 반대하여, 목표물을 구분하고 정당한 전쟁의 원칙에 근거한다면, 테

---

29)   테러리스트들의 행동과 인식 속에는 사회 심리적으로 그들에게 만족감과 성취감을 주는 언론보도
      의 역할이 강력한 변수로 자리 잡고 있다. 주수기, "현대 테러리즘과 매스미디어", 80.

30)   Andrew Valls ed, 김한식 · 박균열, 『국제정치에 윤리가 적용될 수 있는가』(서울: 철학과현실사,
      2004), 139.

러리즘은 비례적인 행위로서 그 정당성을 얻을 수 있다. 가령 테러리스트가 행한 폭력이 치명적이거나 파괴적으로 의도된 행동이 아닌 공적인 행동이라면, 또한 그 행위가 적법한 권한을 가지고 있는 공적인 실체에 의해서 이루어졌다면, 이는 정당하다고 볼 수 있다는 것이다.

그러나 문제는 테러리즘이 현실적으로 정당한 전쟁의 규칙을 지킬 수 있는가에 달려 있다. 테러는 도덕적, 법적 규범을 계획적으로 위반하고, 무자비하게 파괴적이며, 그 표적이 누가 될지 예측할 수 없는 정치적 폭력이다. 테러는 소름끼치는 폭력을 극대화하는 전략을 구사하고 있는데, 이는 종종 테러가 어떤 행위였는지 또는 테러리스트가 얼마나 오랫동안 실권을 행사했는지에 비례하지 않는다.[31] 따라서 테러행위의 특성상 테러행위가 공적인 권한을 가진 집단에 의해서 정당한 과정과 절차를 거쳐서 진행되는 것은 현실적으로 불가능하다.

① 테러는 결과에 근거하여 정당화될 수 있는가?

일부 테러리스트들은 소기의 정치적 목적을 달성하게 된 결과론적인 측면에서 테러행위를 정당화한다. 이는 결과론적이며 공리주의적인 측면에서 볼 때, 테러리즘을 합리화하는 근거가 되기도 한다.[32] 그러나 테러행위로 말미암은 혜택이나 선이 테러과정 중 초래된 해악이나 고통을 능가한다고 해서 테러 자체가 정당화될 수는 없다. 선한 결과 못지않게 그 과정과 절차 또한 정당해야 비로소 정당성을 확보할 수 있기 때

---

31)   같은 책, 210.
32)   B. Mackinon, *Ethics*, 422.

문이다. 따라서 테러 행위의 결과만으로는 정당성을 확보할 수 없다.

❷ 테러는 자기방어를 위한 도구로서 정당화될 수 있는가?

윌킨스는 단순한 범죄 행위들과 테러리스트의 행위를 구분하면서 테러리즘은 나치 치하에서 박해를 받았던 유대인의 경우처럼, 특정 상황에서는 자기방어의 수단으로서 정당화될 수 있다고 보았다.[33] 이러한 테러행위에서 테러의 목표는 무작위적이고 무차별적으로 선택되는데, 첫째, 테러리즘은 집단적으로 폭력의 죄를 범한 공동체의 구성원들에게 제한되어야 하며, 둘째, 가능한 한 테러리즘은 기본적 목표물로 제한되어야 하며 이차적인 목표를 선택할 가능성이 없어야 하며, 셋째, 테러리즘은 처음에는 폭력의 가해자에게 직접적으로 향해야 하고 다음으로는 그러한 폭력에 함께 참여했던 연루자에게 향해야 한다고 전제하였다.[34]

윌킨스의 주장처럼 자기방어의 수단으로서 테러를 사용한다는 것은 더 큰 폭력이나 피해를 막기 위한 기본적인 조건이기 때문에 정당화될 수 있다. 그러나 이러한 폭력의 사용도 윌킨스가 강조했듯이 제한적으로만 사용되어야 한다. 만약 폭력이 한계를 넘어 무차별적으로 자행

---

33) 유대인 박해의 경우에서 독일국민의 이름으로 행해진 범죄를 위하여 독일 정부에 의한 배상은 그 해악이 행해진 후에 도덕적으로 타당한 반응이 되지만, 유대인에 의한 자기 방어의 수단으로서 그러한 테러리즘은 해악이 그들에게 가해지는 과정 중에 있는 동안 도덕적으로 타당한 반응이 될 것이다. 윌킨스는 테러리즘이 자기 방어의 형태로서 정당화될 수 있는 것은 다음의 두 조건 하에서라고 보았다. 첫째, 모든 정치적 법적 처방이 고갈되거나 적용이 불가능할 때이다. 둘째, 집단적으로 폭력 사용의 죄를 범한 공동체나 집단의 구성원들에게로 향하게 될 때 테러리즘은 자기방어의 수단으로 고려될 수 있다. B. T. Wilkins, *Terrorism and Collective Responsibility*, 27-28.

34) 같은 책, 29-30.

된다면 보복의 악순환만 초래하게 되기 때문이다.

그런데 폭력 사용에서 한계를 정한다는 것은 현실적으로 불가능하다. 폭력 자체는 이미 폭력성이 갖고 있는 무한한 파괴적인 힘이 잠재하고 있기 때문이다. 따라서 폭력을 폭력으로 해결하려는 시도 자체가 위험하다. 실례로 이슬람 근본주의자들의 테러는 이스라엘 또는 친미세력을 대상으로 행해지고 있다. 이들의 테러는 극단적이어서 세계질서를 어지럽히고 불안하게 만들었다. 비록 그들은 자신들이 사용하는 폭력이 알라의 이름으로 정당화될 수 있다고 주장하지만, 그들은 평화를 위한다는 명분하에 또 다른 폭력을 낳아 보복과 폭력의 악순환을 초래하였다.

❸ 폭력은 정당성을 얻을 수 있는가?

테러는 약자의 무기로서 단순한 폭력이기 보다는 인정(recognition)과 주목(attention)을 획득하는 정치적 동기가 부가된 폭력이다. 이는 실제로 테러리즘이 지니는 선전 및 홍보기능의 중요한 측면이 된다. 이 때 사용되는 폭력은 극단적인 상황 하에서 최후수단으로 사용되는 경우 용인되기도 한다.[35] 폭력의 정당성을 지지하는 입장으로는 소렐(Georges Sorel)과 파농(Frantz Fanon)이 있다. 소렐은 폭력을 아픈 곳을 치료하는 효과적인 방법으로 생각하였고, 파농은 폭력을 하나의 정화시키는 해방의 힘으로 보았다. 파농은 폭력을 사람들로 하여금 열등의식으로부터 그리고 절망과 무위 상태로부터 자유롭게 하는 것으로, 사람으로 하여금 두려움이 없게 하며,

---

[35] 유럽문명과 기독교 전통을 수호하기 위해 히틀러 암살음모에 가담하였던 본 훼퍼의 경우가 이에 해당된다.

자기 존경을 회복하게 한다고 보았다.[36]

그러나 폭력이 치료하고 정화시키는 효과적인 힘이며, 인정과 주목을 끄는 주요한 수단이라고 해서 정당화될 수는 없다. 폭력 자체에는 이미 극단적이며 무차별적인 해악의 위험이 내재하기 때문이다. 의무론적인 관점에서 볼 때, 법적으로 도덕적으로 아무 잘못도 없는 무고한 사람들을 죽이거나, 상처를 입히거나, 해롭게 하는 행위는 도덕적으로 잘못된 것이다.[37] 따라서 테러리즘은 무차별적인 폭력성을 지니며, 무고한 불특정 다수에게 피해를 입히고, 해악을 준다는 점에서 도덕적으로 많은 문제점이 있다. 아무리 목적이 정당하더라도 이를 성취하기 위한 수단이나 절차가 정당하지 못하기 때문에, 테러리즘은 그 정당성을 상실하게 된다.

또한 폭력만이 유일한 해결책이 될 수 없다. 마틴 루터 킹은 저항의 수단으로 비폭력을 선택하여 그가 의도했던 정치적 목적을 효과적으로 달성하였다. 그에 따르면 비폭력은 비겁한 자의 방법이 아니라 강자가 택하는 방법이며, 비폭력의 목적은 파멸이 아니라 화해와 양보였다. 또한 비폭력은 악을 행하는 자를 대상으로 삼기보다는, 악을 행하도록 하는 구조적인 악을 대상으로 삼고 이를 해결하는 효과적인 방법이었다.

---

36)   맹용길, 『폭력과 비폭력』(서울: 쿰란출판사, 1994), 11-12,

37)   Andrew Valls ed, *Ethics in International Affairs: Theories and Cases*, 166.

⑤ 테러리즘을 해결하기 위한 현실적인 방안들

1 평화와 공존의 패러다임 구축

영국의 역사가 홉스바움에 의하면 20세기는 극단주의의 역사였다. 제국주의, 공산주의, 민족주의, 인종차별주의, 이슬람근본주의 등 극단적 이데올로기와 세력들이 극성과 난동을 부렸던 시대였다. 20세기는 전쟁과 폭력으로 점철된 세기였다고 할 수 있다.[38]

그러나 21세기에는 이러한 전쟁과 극단주의를 청산하고 함께 사는 평화와 공동번영의 세계라는 새로운 패러다임을 구축해야 한다. 문명 간의 이해와 존경은 인류가 서로 돕고 공존하는 새로운 패러다임 구축의 기초가 된다. 한 문명이 다른 문명에 비해 우월하다는 것은 잘못된 선입견이다.[39] 이러한 선입견을 극복하기 위해서는 문명 간에 서로의 고유성을 존중하면서도 타자에 대한 낯선 경계를 넘어야 한다. 각자 고유의 정체성을 가지고 타자를 인정하게 될 때 지구촌의 평화를 위한 기초가 구축될 수 있게 된다. 또한 지구촌의 모든 인류가 공통된 삶의 터전에서 공생하고 있다는 운명공동체에 대한 인식은 서로 간의 갈등과 분쟁을 넘어 화해를 가능하게 만든다.

---

38) 이삼열, 『신앙세계』 2001년 11월호, 62. 1차 세계대전에서 1천만 명이 사망하였고, 2차 세계대전에서는 5천 5백만 명이 사망하였다. Andrew Valls ed, *Ethics in International Affairs: Theories and Cases*, 56.

39) 에드가 모랭(Edgar Morin)은 서구의 개인주의가 빚은 결과를 과도한 개인주의, 타자에 대한 연대성 상실, 열광적인 자기중심주의로 해석했다. Jean Baudrillard & Edgar Morin, 배영달, 『세계의 폭력』 (서울: 동문선, 2003), 61.

슈라이버는 서로 간의 갈등과 분쟁을 해결하는 개념으로서 용서의 윤리를 제안하였다. 그가 제안하는 용서는 가해자들에 대한 처벌은 요구하지만, 복수는 포기하는 것이다.[40] 진정한 용서는 증오가 낳은 분열을 적극적으로 치유하여 인간관계의 갱신을 목표로 하기에, 무제한적인 부당한 복수를 반대하며, 그러한 복수는 포기할 것을 강조하였다.[41]

데리다는 관용과 용서를 넘어 타자를 향한 참된 개방의 태도인 환대(hospitality)라는 개념을 제안하였다.[42] 그는 관용 개념이 갖고 있는 기독교적인 기반을 주목하면서 바로 이 점이 관용 개념을 겉보기보다는 중립성이 약한 정치적, 윤리적 개념으로 만든다고 보았다. 이러한 기독교적 기원은 관용 개념을 온정주의적 태도의 잔존물로 만드는데, 여기서는 타자가 평등한 상대방으로 받아들여지지 않고, 오히려 종속되며 동화되고 결국 타자가 지니고 있는 차이점이 제대로 이해되지 않는다고 지적한다.[43] 그에 따르면 관용은 늘 강자의 편에 서 있기 때문에 갈등과 분쟁에 대한 진정한 해결책이 될 수 없다는 것이다.

따라서 지구촌의 분쟁과 갈등에 대한 해결책은 순수하고 무조건적인 환대에서 찾을 수 있는데, 환대는 기대되지도 초대되지도 않은 모

---

40) 슈라이버는 쓰라린 과거의 악 앞에 마주 서되, 보복하겠다는 유혹에 저항하면서, 가해자와 피해자의 모든 입장을 이해하며, 고난 받은 자들의 편에서 가해자 및 그들의 정치적 후손들과 새로운 삶을 다시 시작할 진정한 의지를 갖는 것이 용서의 윤리적 용기라고 보았다. Donald W. Shriver, Jr, 서광선 · 장윤재, 『적을 위한 윤리』(서울: 이화여자대학교출판부, 2001), 494.

41) 같은 책, 26.

42) 데리다는 관용의 일방성은 극복할 방법이 없는 반면, 환대는 훨씬 유연한 개념으로 보았다. 데리다는 관용이라는 것은 우리가 자신의 조건 하에서, 우리의 권위, 법, 주권 하에서 타자를 받아들이는 것으로 보면서, 관용 자체 보다 훨씬 더 관용적인 환대라는 개념을 주장했다. Giovanna Borradori, 손철성 · 김은주 · 김준성, 『테러시대의 철학』(서울: 문학과지성사, 2004), 289-290.

43) 같은 책, 46. 데리다에 따르면 관용과 용서는 모두 아브라함적 원천으로서 확고한 주인의 자리에서 객에게 제한된 조건부 개방만이 주어지는데, 이는 절대적 타자성에 대한 저항을 드러내는 결과를 빚는다고 보았다.

든 자에게 사전에 미리 개방되어 있는 태도라고 할 수 있다. 따라서 참된 해결의 원리로서 제시되는 환대는 강자의 편에서 손을 내미는 용서와 관용의 차원을 넘어선다. 환대는 타자가 지니고 있는 차이점을 그대로 인정하고 존중하면서 타자의 자리를 미리 열어놓는다. 이러한 순수하고 무조건적인 환대를 통해 상호 간의 이해와 협력이 증진되고, 서로 간에 친밀한 연대감을 형성될 수 있게 된다.

❷ 고삐풀린 자본주의를 견제할 새로운 세계질서 구축

테러는 영향력을 빼앗긴 정치집단 또는 심지어 국가가 그들의 불만을 해소할 수 있는 대안의 부족으로 인해 찾게 되는 하나의 극단적인 돌파구라 할 수 있다. 이러한 극단적 폭력을 초래한 근본적인 원인은 테러리스트들에게 상대적 박탈감을 가져다 준 국제적 부정의와 불평등 때문이라고 할 수 있다.

보드리야르는 9 · 11테러를 승승장구하던 세계화의 덫에 걸린 것이라고 해석하였다.[44] 세계화는 세계적인 것의 폭력으로 지평을 확장하였으며, 세계화는 지배적인 완전한 시스템으로 그 지평을 확장하게 되었다고 보았다. 그는 이러한 세계화 과정에서 시스템은 암이고, 테러리즘은 암전이로 간주하였다.[45] 문제는 세계화를 이끌어가는 시스템의 폭력인데,

---

44) Jean Baudrillard & Edgar Morin, 『세계의 폭력』, 105.

45) 보드리야르의 견해에 따르면 테러리즘은 바이러스처럼 도처에 존재한다. 테러리즘은 마치 혈관 속으로 주입되듯이 전 세계적으로 퍼져나간다. 이러한 바이러스성 테러리즘은 은밀한 역전의 충격과 라고 해석하였다. 같은 책, 342.

그는 세계적인 시스템이 자신의 지배권을 확장함에 따라 테러리즘이 발생하게 된다고 보았다.[46]

하버마스는 전 지구적 테러리즘의 근본원인을 고삐 풀린 자본주의에서 찾고 있다. 고삐 풀린 자본주의가 세계를 황폐하게 만드는 계층화, 불평등화를 초래하였으며, 의사소통의 왜곡을 가져오고, 왜곡된 의사소통으로부터 폭력의 악순환이 시작된다고 보았다.

하버마스는 테러를 극복하기 위해서는 고삐 풀린 자본주의를 정치적으로 길들여야 한다고 강조하였다.[47] 그는 모든 정치적 구조들을 압도하는 시장의 전 지구적 확산을 견제할 정치적 대항세력을 형성해야 할 것을 강조하였다. 그는 유럽연합(EU), 북미자유무역협정(NAFTA), 동남아시아국가연합(ASEAN)과 같은 대륙적 차원의 동맹들에 희망을 걸었다.[48] 그는 이러한 국제기구들을 통해서 신자유주의적 세계화가 낳은 불평등의 산물을 해결할 수 있다고 본 것이다.

따라서 테러리즘을 해결하기 위해서는 그동안 세계화 과정으로 말미암은 국제적 불평등 구조를 속히 청산하고 평화와 공존의 지구촌 공동체를 만들어야 한다. 몰트만은 자유 민주주의는 모든 시민들의 평등에 기초한 반면, 신 자유주의적이며 공격적인 자본주의는 점점 더 많은 불평등을 생산하였다고 지적하였다.[49] 따라서 우리는 신자유주의적 자본주의가 초래한 잘못된 구조를 바로잡고, 상호존중에 기반을 둔 정의와

---

46) 이성백, 지오반나 보라도리, "테러시대의 철학", 철학문화연구소, 『철학과 현실』 65권, 2005년 5월, 225. 하버마스는 폭력을 야기하는 의사소통의 체계적 왜곡을 치료하는 것은 사람들 사이의 신뢰라는 근본적 연결고리를 다시 세우는 것에서 시작된다고 보았다.

47) Giovanna Borradori, 『테러시대의 철학』, 79.

48) 하버마스는 이러한 희망을 국제법이 점진적으로 세계시민주의적 질서로 전환되기를 바라면서, 유럽연합에 기대를 걸었다.

49) 몰트만, "종말론 지구촌화 그리고 테러리즘", 『기독교사상』, 2002년 6월, 207.

평등에 입각한 새로운 세계질서를 구축하여야 한다.

이와 아울러 세계화에 내재된 갈등이나 위기의 잠재적인 요인까지 해결할 수 있는 보다 실천적인 노력이 선행되어야 한다. 우선 소외된 지역에 의료지원과 더불어 기초생활권이 보장될 수 있도록 지원을 아끼지 않아야 한다. 또한 장기적인 전망에서 접근하여 이들이 경제적으로 자립할 수 있도록 사회 간접자본을 제공하고, 기초산업을 육성할 수 있도록 근본적인 지원을 병행하여야 한다.

❸ 정의로운 국제기구를 통한 조정과 협력

테러리즘해결을 위한 노력은 보복을 통한 응징이 아니라 국제 사회와 국제법을 통한 정의회복이 선행되어야 한다.[50] 노암 촘스키는『숙명의 트라이앵글(Fateful Triangle)』에서 그동안 중동문제에 깊이 개입해온 미국의 위선을 폭로하면서, 이스라엘을 옹호할 수밖에 없는 미국과 이스라엘과 공존할 수 없는 팔레스타인 간의 삼각관계의 틀에서 벗어나지 못하면 이들 세 당사자는 파멸할 수밖에 없다고 경고하였다. 그는 지식인, 정치인, 언론인 등은 이 삼각관계의 본질을 파악하고 극복하여 원한관계를 평화로운 공존의 관계로 변화시키는 노력을 해야 한다고 역설하였다.[51] 따라서 국제적 분쟁이나 갈등의 문제들은 정치적 영향력이나 군사적 강제력을 통한 방식이 아니라 서로 간의 대화와 양보를 통해 해결책을 찾

---

50) 소로스는 테러와의 전쟁은 국제사회에서 미국의 입지에 막대한 피해를 입혔고 내부적으로는 열린 사회인 미국을 혼돈에 빠뜨렸다고 지적하였다. Jeorge Soros, 전병준 외,『오류의 시대』(서울: 네모 북스, 2003), 26.

아야 한다. 아키부기와 영(Daniele Archibugi and Iris Marion Young)은 테러리즘에 대한 현실적인 해결책으로서 국제 정책을 이끌 다섯 가지 원리를 제시하였다. 첫째, 국제연합과 같은 국제기구를 합법화하고 더욱 강화한다. 둘째, 179명으로 구성된 국제경찰기구인 Interpol과 같은 기구의 구축을 통하여 법률 강화와 세계 기구들을 조정한다. 셋째, 세계의 환전에 대한 재정적 규제를 강화한다.[52] 넷째, 국제법정을 사용한다. 다섯째, 지구적 불평등을 좁힌다.[53]

　　지구촌 공동체를 파괴하는 가장 무서운 적은 복수이다. 폭력은 복수를 먹고 자라고, 복수는 폭력을 먹고 자란다.[54] 우리는 이러한 보복과 폭력의 악순환의 고리를 끊어야 한다. 따라서 테러리즘의 대한 현실적인 해결책은 힘을 앞세운 보복이나 응징이 아니라 테러리즘을 발생시키는 근본원인을 면밀히 분석하고 사전에 예방하는 데 있다. 강자는 지배적 담론구조를 장악하고 전 세계적으로 강력한 영향력을 행사한다. 그리하여 강자들의 테러는 테러행위로 인정하지 않고 오히려 자유와 정의의 이름으로 정당화된다. 우리는 이러한 강자 중심의 지배적 담론구조의 허상과 왜곡된 구조를 면밀하게 분석하고 정의로운 국제관계가 형성되도록

---

51) 구완서, "기독교 윤리에서 본 테러리즘", 『대학과복음』 5집, 대학복음화학회, 2001년 10월, 76-77.

52) 나폴레오니는 테러리스트 무장집단이 군사적 지원과 금융 조달을 서로 연계시키는 국제적 연결망을 가리키는 용어로서 테러의 신경제라고 규정하면서 오늘날 테러의 신경제는 급속히 성장하는 국제적 경제체제로 보았다. 이 경제의 연간 매출은 1조 5천억 달러에 이르는데, 이것은 영국 연간 GDP의 두 배에 달하는 규모라고 보고하였다. Loretta Napoleoni, 이종인, 『모던지하드; 테러, 그 보이지 않는 경제』(서울: 시대의창, 2004), 17-18.

53) Daniele Archibugi and Iris Marion Young, "Envisioning a Global Rule of Law", James P. Sterba, *Terrorism and International Justice*, 162-169. 미국의 경우, 미연방수사국(FBI), 미중앙정보국(CAI), 국방부, 주정부의 치안과 소방관련기구 등 47개 정부기관역할을 조정하여 대테러업무를 관장할 국가안전본부(Office of Homeland Srcurity)를 대통령직속 장관급부처기관으로 신설하여 대테러업무전담 부서를 강화하였다. 홍순남, "국제정치와 중동 테러리즘", 92.

54) Donald W. Shriver, Jr, 『적을 위한 윤리』, 491.

힘써야 한다.[55] 이기주의적 영토 확장과 자국 중심의 지배력의 강화보다는 상호 공존을 위한 가치관의 전환과 이를 구현하기 위한 실천적인 노력들이 요청된다.

또한 국제기구를 통한 권력의 견제와 균형을 구축하는 일은 중요하다. 또한 국제 협약을 존중하도록 하고, 국제적 정의가 요구하는 바와 같이 부유한 자로부터 가난한 자들에게로 자원의 공정한 분배가 이루어져야 한다.[56]

이와 아울러 평화를 실현하려는 현실적인 노력이 지속적으로 진행되어야 한다. 평화에의 의지가 없이는 평화를 위한 모든 수고와 노력들은 쓸모가 없다.[57] 평화를 위한 갈망은 모든 인류에게 보편적이다. 이를 위해 제3세계의 빈곤해소와 피억압자들에 대한 이해증진과 인권증진을 위한 다각적인 노력과 수고가 시급히 요청된다.

⑥ 폭력의 악순환을 끊고 평화로운 공존 모색하기

위에서 테러리즘의 여러 유형들을 고찰하고, 테러리즘의 근본원인들을 사회 심리적 측면과 국제정치적 측면, 그리고 경제적 측면에서 분석하면서 테러리즘의 정당성을 고찰하였다. 테러리즘의 정당성은 특

---

55) 신보수주의자들(Neo-Con)은 국제관계는 법이 아니라 힘에 의해 지배받는다는 입장을 취하고 있다. 소로스는 힘에 의해 지배되는 국제관계는 변해야 함을 강조하면서 지구적 열린사회를 위해서 지금보다 더 강한 국제법과 국제기구의 필요성을 역설하였다. Jeorge Soros, 『오류의 시대』, 15.

56) James P. Sterba, *Terrorism and International Justice*, 221.

57) R. H. Bainton, *Christian Attitudes toward War and Peace*, 259.

정 상황하에서 더 큰 폭력이나 피해를 막기 위하여 자기방어를 위한 최후의 수단으로서 제시된다. 그러나 이러한 정당성도 테러리즘 자체가 갖고 있는 폭력성 때문에 도덕적으로 문제가 많다. 테러리즘이 도구화하는 폭력은 극단적 공포를 유발시키면서 무고한 불특정다수의 희생을 초래할 뿐 아니라 전 사회 구성원에게 물질적 정신적으로 막대한 피해를 입힌다. 테러리스트들은 자신들과 아무 상관없는 무고한 시민들에게 극단적인 공포심을 유발하면서 자신들의 정치적 목적을 달성하려고 한다. 그리하여 구성원 전체에게 "당신도 희생자가 될 수 있다"라는 메시지를 전달하면서 그 메시지가 매스컴을 통해 널리 공표되어 사회적 파급효과를 유발하기를 기대한다. 이런 점에서 테러리즘은 수많은 폭력수단 중에서도 가장 비이성적일 뿐 아니라 가장 극단적인 파괴행위라고 할 수 있다.

테러리즘이 지닌 폭력성을 예방하고 극복하기 위해서는 폭력의 파괴력에 대한 진지한 성찰이 필요하다. 이와 함께 테러리즘으로 인한 희생자와 그들의 가족들에 대한 인간적인 배려가 선행되어야 한다. 또한 인간생명은 선의 근거이며 신성한 것이라는 생명존중사상이 강조되어야 한다.

폭력의 악순환을 끊기 위한 현실적인 해결은 신자유주의적 지구화로 말미암은 지구촌의 불평등과 불공평의 구조를 하루 빨리 청산하고 새로운 패러다임으로 전환하여야 한다. 또한 소외된 지역의 빈곤해소와 피억압자들의 인권증진을 위해 최선의 노력을 다해야 한다. 빈익빈 부익부의 왜곡된 구조를 극복하기 위해 외채를 탕감하고, 스스로 일어설 수 있도록 기반시설을 강화하고 토대를 구축할 수 있도록 적극적인 지원을 아끼지 않아야 한다.

테러 없는 환경을 만드는 일이 중요하지만 테러를 발생시키는 환경을 원천적으로 없애는 일은 현실적으로 불가능하다. 그동안 진행되어 온 잘못된 구조를 바로잡고 근본적인 문제들을 해결하기 위해서는 넘어야 할 산들이 너무나 많기 때문이다. 그럼에도 우리는 평화를 위한 실천적 의지를 인내심을 가지고 지속적으로 실천해 나가야 한다. 참된 평화는 더불어 살아가는 삶의 지혜를 터득함으로부터 시작되며, 진정한 안전은 전 세계인들과 진정한 친구가 되는 데서부터 시작된다는 사실을 잊지 말아야 할 것이다.

이슬람 테러리즘과
지하드의 윤리적 문제

① 이슬람 테러리즘과 9·11테러

테러리즘(Terrorism)은 정치적 혹은 군사적 측면에서 약자가 정당한 방식으로 당면 문제를 해결할 수 없을 때 사용하는 비정상적, 극단적인 폭력행위이다. 테러리스트(terrorist)들은 자신들의 정치적인 목적을 관철시키기 위해, 테러(terror)라는 기제를 사용한다. 정상적이고 윤리적인 상태에서는 결코 예상할 수 없는 극단적인 공포와 두려움, 그리고 불안심리를 자극함으로써 자신들의 정치적, 경제적 불만을 표출한다.

이슬람 근본주의자들에 의해 자행된 9·11테러는 상상을 초월하는 파괴력으로 전 세계에 충격과 공포를 안겨주었다. 9·11테러는 기존의 테러와는 달리 국제적인 조직망을 형성하여 장기간의 조직적이고 치밀한 계획 하에 민간인들을 표적으로 가공할 대량살상을 자행했다는 점에서 초국가적인 테러리즘의 서막으로 평가된다.[58] 이는 테러리즘이 얼마나 치명적이며 광범위하게 피해를 입힐 수 있는지를 보여주었다.

테러리즘의 양상은 불의한 소수의 정치적 목적달성을 위해 무고한 불특정 다수가 피해를 입고 희생이 된다는 점에서 비윤리적이라고 할 수 있다. 국제적 비난에도 불구하고 과격한 이슬람 테러리스트들은 자신들의 목적을 관철시키기 위해 반인륜적이고 무차별적인 폭력을 서슴지 않는다. 알 카에다의 지도자인 오사마 빈 라덴은 아랍어 위성방송 알-자지라를 통해 방영된 육성 테이프에서 "(2001) 9월 11일에 자행한 공격으로 적들에게 막대한 손실을 끼쳤다"고 도리어 그들의 행위를 치하했다. 이는 그들의 행위를 정당화하는 이데올로기가 작용하고 있기 때문이다.

이 장에서는 9·11테러를 중심으로 이슬람 근본주의자들이 자신들의 테러리즘을 정당화하는 이데올로기의 이론적 근거를 고찰하고, 그러한 이데올로기가 왜 정당성을 얻지 못하는지를 비판적으로 검토하고자 한다.

1 이슬람 테러리즘의 기원

이슬람 테러리즘의 기원은 십자군 전쟁 당시, 기독교 군대 대장과 미온적인 아랍 대장들에 대한 광신세력의 테러에서 찾을 수 있다. 당시

---

58) 최병두는 9·11테러를 초국가적 테러리즘의 전주곡 또는 새로운 지정학의 서막으로 평가하였다.
    최병두, "세계화와 초테러리즘의 지정학", 생각의나무, 『당대비평』 18호, 2002년 3월, 198.

이슬람 광신세력들은 테러범들에게 하쉬쉬(Hashishi)[59]라는 마리화나 일종인 마약을 먹여서 환각상태에서 암살하도록 했다.

현대의 이슬람 테러리즘은 팔레스타인의 생존권 보장이라는 정치적 명분으로 1940년대부터 시작되었다.[60] 소련의 붕괴 이후 아랍 국가들은 이스라엘과의 분쟁에서 지지기반을 잃었으며, 걸프전의 패배로 아랍 국가들은 자신들의 무능을 자각하게 되었다. 반면 미국을 중심으로 한 권력의 비대칭적 구도(Pax-Americana)는 이슬람 세력들에게 상대적 박탈감을 안겨 주었다. 그리하여 일부 극단적 근본주의자들은 서구세력과 미국에 대한 적대감정을 표현하는 수단으로 테러를 선택하게 되었다. 이들은 지하드(Jihard)라는 이름의 특공대를 조직하여 자살테러를 감행함으로써 자신들의 분노와 좌절감을 표출하였다. 그 대표적인 사건이 9·11테러이다.

❷ 9·11테러

9·11테러는 19명의 테러리스트가 4대의 민간 항공기를 납치하여 이 항공기를 뉴욕 세계무역센터와 워싱턴 국방부에 자살 충돌시켜 발생하였다. 이로 인해 세계 62개국의 무고한 시민 2,749명이 사망하고 7,000명 이상이 부상을 입었고, 세계무역센터 쌍둥이빌딩이 모두 붕괴되

---

59) '하쉬쉬'라는 어원에서 영어의 암살한다(assissinate)라는 말이 유래되었다.

60) 이슬람은 전 세계인구 62억의 21%에 달하는 13억의 교세를 가지고 있으며, 점점 더 증가하는 추세에 있다. 이슬람은 184개국에 분포되어 있으며, 서구 세력과 나란히 양대 세력권을 이루고 있다.

었으며 미 국방부도 큰 타격을 입었다.[61]

　이는 일본의 진주만 공습보다 더 큰 피해와 충격을 안겨 주었다.[62] 강봉구는 9·11테러는 납치한 비행기를 무기로 대량살상을 기획했다는 점에서 복합테러리즘(complex terrorism)의 성격을 지니며, 테러의 조직과 활동 무대가 국가의 경계를 넘어 치밀하게 계획되고 진행되었다는 점에서 초국가적 테러리즘(transnational terrorism)의 성격을 지닌다고 보았다.[63] 당시 사건을 도모한 테러리스트들은 극도의 적개심에 바탕을 두고 공격 대상을 가리지 않고 자살테러를 감행하였다. 이들은 미국 중심의 세계패권에 정면으로 도전하였으며, 이슬람 세력의 상대적 박탈감을 표출하는 수단으로 자살테러를 택했던 것이다.

　9·11테러는 미국의 안보와 안전에 대한 집단 심리와 자만심에 최대한의 충격을 가하여 테러리즘의 파괴력을 극대화시킨 충격적인 사건이었다. 사실 9·11테러 이전에는 대량살상테러의 가능성을 크게 고려하지 않았다.[64] 그러나 9·11테러로 인해 대량살상을 목격했고, 이제 어느 누구도 테러의 위협으로부터 안전하지 않다는 사실을 확인하게 되었다.

---

61)　안영섭, "국제테러리즘과 국가안보", 『북한』 394호, 북한연구소, 2004년 10월, 94. 최진태, 『알카에다와 국제테러조직』(서울: 대영문화사, 2006), 24. 휘발성이 큰 연료를 가득 채운 비행기는 엄청난 폭발력을 지닌 미사일처럼 사용될 수 있다는 점에 착안한 테러리스트들은 여객기를 탈취하여 세계무역센터에 돌진하는 자살테러를 감행하였다. Jonathan Barker, *The No-Nonsense Guide To Terrorism*, 이광수, 『테러리즘 폭력인가 저항인가』(서울: 이후, 2007), 27.

62)　9·11테러는 최소 4년 이상의 준비기간이 걸릴 정도로 신중하고도 은밀하게 준비되었다. 최진태, 『알카에다와 국제테러조직』, 59.

63)　강봉구, "글로벌 지하드", 『한국정치학회보』 36집 4호, 2002년 12월, 151.

64)　F. Fukuyama, "9·11테러사태 이후의 세계질서 문명의 충돌인가", 세계경제연구원 2003년 2월, 162. 9·11이전에는 테러로 인한 희생자가 많지 않았기 때문에, 테러에 의한 위협을 크게 주목하지 않았다.

9 · 11테러는 인간의 파괴본능이 얼마나 참혹한 결과를 낳는지 전 세계인들에게 각인시켰다. 이 사건 이후 테러리즘이 지닌 예측불가능성과 대담성으로 인해 9 · 11테러와 같은 대규모의 대량살상 테러리즘이 앞으로 빈번해지고 더 대담하게 전개될지도 모른다는 경각심을 일깨우는 계기가 되었다.

❸ 빈 라덴과 알 카에다

주요 이슬람근본주의 테러집단으로는 무슬림형제단(MB)[65], 자마드 이슬라미(이슬람협회)[66], 팔레스타인 원리주의 집단(헤즈볼라, 하마스)[67], 이슬람 구원전선(알제리) 등이 있는데, 이 중 가장 급진적이며 과격한 단체가 9 · 11테러를 일으킨 알 카에다이다.[68]

알 카에다는 1989년 사우디아라비아의 백만장자 오사마 빈 라덴

---

65) 1930년대 하산 알-반에 의해 이집트에서 시작하여 1940년대와 50년대에 엄청난 추종자들을 기반으로 이집트 전역에 테러를 확산시켰다. 지도자 앞드 알-살람 파라즈는 모든 무슬림들에게 지하드를 호소하였는데, 그는 쿠란과 하디스는 근본적으로 전쟁에 관한 책이라고 합리화하였다. 파라즈는 샤리아(이슬람법)가 가르치는 도덕적 의무에서 이탈하는 이는 누구든지 지하드의 대상으로 간주하였다.

66) 파키스탄이 인도로부터 독립할 때 마우두디에 의하여 시작된 운동이다. 마우두디는 무슬림들은 식민지 세력에 대항하여 혁명을 일으키는 것은 단순한 권리가 아니라 의무라면서 이슬람 해방신학을 제안하였다.

67) 레바논의 헤즈볼라는 이란으로부터 자금과 후원을 받으며 영토문제를 둘러싸고 유대인 원리주의자들과 대항해 싸우고 있다. 하마스는 단일 리더가 없이 몇 개의 운동들이 연합한 팔레스타인의 지하운동이다. 그들은 이스라엘 국가의 파멸을 알리고 '이스라엘이 다른 나라들을 전멸시켰듯이 이슬람이 이스라엘의 씨를 말릴 때까지 존재를 지속시킬 것이다'라고 선언하면서 공격적인 성향을 지닌 군사단체로서, 납치 살해 가공할 테러들에 가담하여 왔다.

68) 알 카에다는 아랍어 정관사 알(AL)과 "base, foundation, groundwork" 등의 뜻을 지닌 카에다(Qaeda)가 합쳐진 단어이다. 원래 빈 라덴의 개인 파일에 언급된 "Qaida-al-Jihad"를 미 연방수사국이 "알 카에다"로 부르게 되었다. 최진태, 『알카에다와 국제테러조직』(서울: 대영문화사, 2006), 13.

에 의해 세계 이슬람 정부를 설립할 목적으로 창설되었다.[69] 빈 라덴의 알 카에다는 1996년에 아프간에 탈레반 정권을 수립하기도 하였다. 미국은 아프간이 소련과 전쟁할 때 무신론적인 공산주의를 저지하기 위하여 유신론적 이슬람 과격파 단체인 알 카에다를 이용하였다. 그리하여 미국은 이들에게 고성능 무기, 자금, 정보를 제공하였다. 알 카에다 조직은 동남아 여러 나라에서 활동하였는데, 인도네시아에서 이슬람 근본주의자들이 기독교를 살해하고 박해하는데 일부 가담하기도 하였다. 알 카에다의 목표는 이슬람 테러 전술의 지원과 확산을 통하여 세속 정권을 전복하여 정통 이슬람 정권을 세우는 것이다.[70]

현재 알 카에다는 전 세계의 이슬람 테러단체와 긴밀한 상호협조 체제를 이루면서 거대한 테러리즘 네트워크의 중심역할을 하고 있다. 이들은 중동 지역뿐 아니라 동남아시아, 아프리카, 유럽과 미국 등 다양한 국적을 가지고 있으며, 그들은 전 지구를 무대로 해서 범 이슬람 국가를 세우는 것을 목표로 하고 있다. 이들은 자살폭탄테러를 신의 이름으로 종교적 순교로 미화하면서 호전적인 성향을 견지하고 있다.

---

69) 빈 라덴은 1980년대에 미국의 지원을 받아 소련의 아프가니스탄 침공에 대항하여 싸웠다. 그는 사우디아라비아로 돌아가서 1991년 추방될 때까지 사우디에서 반정부 운동을 하였다. 1996년에 아프가니스탄으로 가서 그의 재력을 이용하여 테러리스트를 모집하고 훈련시켰다.

70) 최진태, 『알카에다와 국제테러조직』, 27.

이슬람 테러리스트들은 이슬람 근본주의 신앙으로 확고하게 무장되어 있다. 자신들의 테러행위는 신으로부터 위임받았으며, 테러는 이슬람의 근본주의를 실현하는 수단이라고 확신하기 때문에 이들은 대량살상의 반인륜성이나 사람들의 도덕적 평가에 연연하지 않는다. 이들은 자신들의 주장대로 자신들의 테러행위가 정당성을 얻을 수 있는가 ?

① 이슬람 근본주의

빈 라덴과 알 카에다(al Qaeda)와 같은 급진적 이슬람 테러리스트들은 이슬람 근본주의 신앙으로 무장되어 있으며, 근본주의 신앙에 근거하여 자신들의 테러행위를 정당화한다.

ⓐ 이슬람 근본주의의 기원

이슬람적 생활방식의 엄격한 적용은 모든 무슬림들의 의무였다.[71]

이슬람 근본주의(Islamic Fundamentalism)란 쿠란의 가르침들을 지키고, 그것들을 일상생활 속에서 실천하려고 하는 생각이나 운동으로서,[72] 이슬람 율

---

71) 무슬림들은 다음 다섯 가지 의무를 지켜야 한다. 첫째, "알라 외에는 다른 신이 없으며 모하메드는 하나님의 사도이시다"는 신앙고백(Shahadah 샤하다)을 해야 한다. 둘째, 하루에 메카를 향해 다섯 번씩 기도해야 한다. 셋째, 자선의 의무(Zakah 자카)로서, 자신들보다 가난한 사람들을 위해 매년 수입의 1%를 구제에 사용해야 한다. 넷째, 라마단의 금식(Sawm 사움)으로, 이슬람 음력 9월(Ramadan) 한 달 동안 해 뜰 때부터 해 질 때까지 음식, 음료, 담배, 성관계, 욕설, 화내는 것을 금지해야 한다. 다섯째, 성지순례(Hajj 하지)로서, 평생에 한번은 성지 '메카'를 방문해야 한다.

72) '근본주의'라는 용어는 20세기 자연과학의 발달에 따라 전통 기독교 세계관이 붕괴되면서 나온

법(sharia)을 현실에 적용하고 이슬람의 정치, 사회 제도에 따른 이슬람국가를 수립하려는 운동이다. 근본주의는 예언자 무함마드에 의해서 계시되고 실천된 믿음의 원리(fundamentals), 즉 이슬람의 뿌리로 되돌아가는 것이다.

지난 세기 동안 이슬람 세계는 대내외적으로 많은 수난을 겪었는데, 이러한 이슬람 국가들의 점진적인 쇠퇴는 이슬람의 근본으로 되돌아가게 만드는 촉매제 역할을 하였다. 서구의 일방적인 경제적 영향과 문화적 침투로 인해 이슬람 세계는 새로운 변화를 갈망하는 입장과 전통적인 정체성을 유지하려는 입장 사이에 긴장과 갈등을 초래하였다. 이슬람의 정체성 상실의 위기에 직면하여 전통적 가치를 수호하려는 세력들은 미국과 서구적 가치관에 대한 강한 불안과 저항을 표출하면서 근본주의적 성향을 띠게 되었다. 70년대 호메이니의 이슬람 혁명은 근본주의가 표출되는 기폭제가 되었다. 호메이니는 선과 악의 전쟁이라는 명분으로 자신의 폭력을 정당화하였다. 그는 특히 기독교와 세속주의를 대적자 혹은 불경건한 세력으로 간주하였으며, 서구문명을 세속주의의 전형으로 간주하여 적대시하였다.[73)]

ⓑ 이슬람 근본주의의 특징

이슬람 근본주의자들은 이슬람의 본질을 오염시키는 지배자들을

개념이다. 1920년대 미국 복음주의자들 중에 성서를 문자대로 믿는 것을 넘어 세속적인 사회변화에 호전적으로 대항하는 자들을 지칭하는 개념이었다. 1940년대부터는 미국과 유럽의 학자들이 전통적이고 급진적인 무슬림을 이슬람 근본주의자로 부르게 되었다. 장병옥, "이슬람 원리주의와 테러리즘," 한국중동학회, 『한국중동학회논총』 23권 1호, 2002년 8월, 4. 이와 비슷한 개념들로는 이슬람 급진주의(Islamic Radicals,) 무슬림 근본주의자(Muslim Fundamentalists), 이슬람주의자(Isramists), 이슬람 개혁주의자(Isramic Revivalists) 등이 있다.

73) 후쿠야마에 의하면 근본주의자들은 서구의 정책에 비판적일 뿐만 아니라 현대화과정 전부를 폐쇄적으로 거부한다. F. Fukuyama, "9 · 11테러사태 이후의 세계질서 문명의 충돌인가", 세계경제연구원 2003년 2월, 169.

축출하고, 이슬람의 본질을 수호하는 새로운 지도자의 등장을 희망하였는데, 그들은 이를 위해 민주적인 절차에 의한 선거보다 폭력에 호소하는 것이 더 효과적이라고 생각하였다.[74] 그리하여 그들은 투쟁수단으로서 지하드를 선포하고 무차별적인 자살폭탄테러를 감행하였다. 그들은 비록 소수이지만 그들의 이념과 행동이 미치는 영향력은 엄청나다고 할 수 있다.[75]

이슬람 근본주의 운동의 경향은 다음과 같은 특징을 갖는다. 첫째, 식민지와 후기식민지적 서구의 헤게모니에 대한 저항적 전략의 한 부분으로 구현한다. 둘째, 자연 자원(특히 석유)과 정치적 입장(특히 이스라엘과 점령지역에 대한)과 지구화와 원조정책의 이름으로 진행된 경제 정책에 대한 서구의 헤게모니와 서구적으로 경도되어온 데 대한 저항에 정점을 이룬다. 셋째, 완전한 이슬람적 정책이 존재하는 예언자의 공동체에 의해 이행되는 황금시대 유토피아로 회귀하려고 한다. 넷째, 그들 정부의 실패에 실망하면서 국민들의 결핍과 물질적 필요에 반응하면서 정부에 의해 채워지지 않는 사회적 봉사들을 제공한다.[76]

장병옥은 현대 이슬람 근본주의의 특성을 침투성(pervasiveness), 다중심성(polycentrism), 영속성(persistence)을 띠는 호전성으로 분석하였다. 첫째, 침투성이 강하기 때문에 무슬림 종단의 크기나 정치, 경제, 문화적 환경에 관계없이 모든 무슬림 공동체에 침투한다. 둘째, 하나의 혁명적 리더십이

---

74) 정성원, "이라크의 자살폭탄테러-이슬람적 본질의 오염과 그 복원", 동양사회사상학회, 『동양사회사상』 11호, 2005년 5월, 165.

75) 장병옥, "이슬람 원리주의와 테러리즘", 한국중동학회, 『한국중동학회논총』 23권 1호, 2002년 8월. 5.

76) Zayn Kassam, "Can a Muslim Be a Terrorist?", James P. Sterba, *Terrorism and International Justice* (New York: Oxford University Press, 2003), 129-130.

나 조직적 구심점이 없이 여러 개의 리더십으로 나뉘어 여러 지역에 산재해 있다. 셋째, 사회 정치적 과정 속에 침투하여 순환하는 영속성을 갖는다.[77]

그런데 일부 이슬람 근본주의자들이 취하는 극단적인 폭력은 대부분의 무슬림들에게 환영받지 못하고 있다. 그들의 투쟁명분은 종교적이지만 사실은 권력을 쟁취하기 위한 하나의 정치적 운동이며 서구뿐 아니라 이슬람세계 자체 내에서도 위협이 되기 때문이다.

③ 지하드

1 지하드의 종류

테러리스트들은 자신들의 테러행위를 지하드(Jihad)와 동일시함으로 자신들의 행위를 정당화하려고 한다. 지하드는 초기 이슬람 역사에서 이슬람의 통치권과 가치를 전파하기 위하여 비 이슬람 지역으로 팽창해 나갈 때 정복과 방어를 목적으로 한 성스러운 전쟁(聖戰)을 의미한다.[78] 지하드는 유일신 알라의 이름으로 이교도들의 침략을 방어하거나, 이교

---

77) 장병옥, "이슬람 원리주의와 테러리즘", 9.

78) '지하드'라는 단어는 'jaahada'라는 동사의 동명사이고, '애씀, 노력 또는 불만, 불찬성 및 비난의 대상에 반대하여 투쟁하는데 자신의 힘을 최대한 활용하는 것'을 의미한다. 정성원, "이라크의 자살폭탄테러-이슬람적 본질의 오염과 그 복원", 159.

도들을 무슬림으로 개종시키려 할 때 사용하는 성스러운 무력수단이었다. 지하드는 불신자들과의 갈등과 투쟁 상황에 직면하게 될 때, 무력수단으로서 군사작전을 포함한 일종의 전쟁형태로 이해되었다. 이후 지하드는 이슬람의 무력투쟁을 정당화하는 근거가 되었고, 이슬람 근본주의자들은 자신들의 극단적이고도 무자비한 테러행위를 지하드로 보면서 정당화하고 있다.

그런데 지하드는 군사적인 투쟁만을 의미하는 것이 아니라 개인의 내적 변화를 위한 투쟁에 더 강조점이 있다. 카삼(Zayn Kassam)은 위대한 지하드를 의의 실천에 있어서 그 자신의 영혼과 대항하는 내적인 지하드(투쟁)로 해석하였다.[79] 지하드는 강렬한 노력(intense effort), 전적인 진력(total endeavor), 갈망(굶주림, starving)을 의미하는데, 강렬한 노력은 다음 네 가지 요소가 있다. 첫째, 마음의 노력으로서 내적인 영혼의 도덕적 투쟁을 나타내며, 즉 자아를 이기는 것이다. 둘째, 말의 노력은 이슬람 도덕의 가르침과 교훈을 나타낸다. 셋째, 손의 노력은 이슬람 공동체와 타인을 위해 선한 행동을 하는 것을 나타낸다. 넷째, 검의 노력은 신자들이 핍박당하거나 그들의 자유가 빼앗기는 상황에서 이슬람 공동체의 적들과 무력충돌이 수반되는 것을 가리킨다.[80]

위의 네 종류의 요소 중에서 무력투쟁은 최후에 사용되어야 할 수단이다. 무함마드에 의하면 무신론자와 다신론자가 신의 실체를 인정할 때까지 싸우는 것을 비롯하여 침략자에 대한 방어, 사회정의, 퇴폐추방 및 욕망에 대한 절제까지도 지하드라고 하였다. 그런데 무함마드는 가장

---

79)   Zayn Kassam, "Can a Muslim Be a Terrorist?", 115.

80)   H. S. Wilson, "Terrorism and Religious," Patricia B. Jung, & S. Jung, *Moral Issues and Christian Responses* (Belmont, CA : Thomson, 2003), 365.

훌륭한 지하드는 칼이나 무기를 사용하지 않고 위의 목적을 수행하는 것이라고 하였다.[81] 따라서 지하드의 근본 의미는 무력투쟁보다는 내적이며 영적인 투쟁에 더 비중이 있다.

② 지하드의 근본의미

지하드는 이슬람 공동체가 위기에 직면하게 되었을 때 그들을 일치단결시키는 근본이념이었다. 그런데 근본주의자들은 당면 위기를 극복하기 위해서는 테러라는 극단적인 행위도 불사한다는 급진 사상으로 지하드를 확대 해석하여 적용하였다. 그들은 지하드를 자신들에게 동조하지 않는 적을 제거하고 자신들의 정치적 목적을 실현하기 위한 수단으로 삼았다. 테러리스트들이 주장하는 지하드는 잔인한 피의 보복과 폭력의 악순환만을 초래하였을 뿐, 지하드가 근본적으로 추구하는 그 어떤 긍정적인 결과도 얻지 못하였다.

진정한 의미의 지하드는 극단적인 테러를 통해서가 아니라 사회적, 지적, 정치적 개혁운동을 통해 달성된다. 이슬람의 진정한 회복은 초기의 지하드 정신과 이슬람의 근본정신이 얼마나 일관성 있게 적용되느냐에 달려있다고 할 수 있다. 따라서 지하드는 이슬람 역사 속에서 초기 이슬람의 원리원칙에 대한 탈 역사적 영원성과 불변성의 개념으로 인식되어야 하며, 위와 같은 인식은 사회 전반에 대한 샤리아(이슬람 율법)와 지하드의 전면적 적용을 지향하고 있기 때문에 당연히 초기 이슬람의 부흥운동

---

81)   장병옥, "이슬람 원리주의와 테러리즘", 8.

으로 정의되어야 한다.[82] 따라서 이슬람 테러리스트들은 지하드의 폭력적인 측면만을 지나치게 강조하여 자신들의 테러행위를 종교적으로 정당화하는 근거로 삼고 있는데, 이는 지하드의 근본 의미를 왜곡하는 잘못을 범한 것이다.

---

82)   황병하, "20세기 지하드의 개념과 성격", 『한국중동학회논총』 16권 1996년 1월, 154.

3장

정당한 전쟁은 가능한가?

① 전쟁은 도덕적으로 용인될 수 있는가?

인류의 역사에서 전쟁이 없는 시대는 없었다. 전쟁은 발발할 때마다 참혹한 피해와 상처를 남긴 채 인간의 삶을 비극적으로 만들었다. 전쟁으로 인해 발생되는 피해의 규모는 상상을 넘어선다. 전쟁에 참가하는 전투원의 희생뿐 아니라 전쟁과는 무관한 무고한 민간인들도 그 피해자가 된다. 또한 무차별적인 폭격으로 인한 산업시설과 주변환경의 파괴는 상상을 초월하는 피해를 남긴다. 패자는 말할 것도 없거니와 승자의 입장에서 보더라도 전쟁을 통해 얻는 것보다는 잃은 것이 더 많다는 것을 알게 된다. 전쟁으로 인해 초토화된 삶의 환경을 복구하고, 황폐해진 자연환경을 복구하는 것은 오랜 시간과 노력 끝에 가능하다. 이러한 점들을 심사숙고한다면 전쟁은 가능한 하지 않는 것이 더 유익하다. 그럼에

도 전쟁은 계속되어 왔고, 최근 걸프전, 아프가니스탄전, 이라크전과 같
은 끔찍한 전쟁들이 연속적으로 일어났고, 현재까지 이라크에서는 근본
적인 문제를 해결하지 못한 채 끊임없는 테러와 갈등이 계속되고 있다.

클라우제비츠는 전쟁을 정치의 연장으로 보면서 전쟁은 한 집단
이 다른 집단에게 그 정치적 의사를 수용하도록 강요하는 행위로 정의하
였다.[83] 전쟁이 정치적인 행위임에는 틀림이 없으나 전쟁이라는 수단을
선택할 경우 전쟁과 연관된 수많은 윤리적 문제들이 발생하게 된다. 전
쟁준비에 드는 천문학적인 비용뿐 아니라 전쟁과정 중에 발생하는 무차
별적인 폭격과 살상, 방화, 파괴 등은 전쟁 당사자들의 희생뿐 아니라 전
쟁과 무관한 민간인들까지도 희생당하고 피해를 입는다는 점에서 심각
한 윤리적 문제가 제기된다.

전쟁으로 인해 수많은 문제들이 발생하지만 어쩔 수 없이 전쟁을
해야 할 때도 있다. 만약 전쟁이 피할 수 없는 현실이라면 전쟁으로 인한
피해를 최대한 줄이고 전쟁의 규모 또한 최소화하려는 방안으로 제시된
것이 정당전쟁론(Just War Theory)이다. 전쟁의 결정과 수행과정에 있어 준수
되어야 할 현실적인 기준들이 제시되었다. 그리하여 정당한 명분이 없는
전쟁은 도덕적으로 지탄을 받게 되었다. 비록 명목상이더라도 전쟁에는
타당한 명분이 선행되어야 한다.[84]

이로 볼 때 정당전쟁론은 전쟁의 현실을 인정하면서도 전쟁 자체

---

83) 클라우제비츠는 "전쟁이란 한층 더 규모가 큰 전투에 불과하다. 전쟁 당사자 각각은 물리적인 힘
을 사용해서 상대방을 물리치고, 상대방이 더 이상 저항할 수 없게 만든다. 전쟁이란 무력행위이고,
무력을 사용함에 있어서 한계란 없다."고 정의하였다. Von Clausewitz, *On War, in War, Politics and
Power*, 63-72. 리차드 와써스트롬, "전쟁의 도덕성: 예비적 고찰", 레이첼스, 『사회윤리의 제문제』,
357 재인용.
84) 미국이 걸프전이나 아프가니스탄전이나 이라크전에서 전쟁 전에 그에 합당한 국제적인 지지여론
을 환기시키는 경우도 바로 이러한 도덕적 문제들을 염두에 두었기 때문이다.

를 '윤리적'으로 정당화하기 위한 일련의 시도라고 할 수 있다. 그럼에도 정당전쟁론은 그 의도한바 대로 전쟁 자체를 정당화시킬 수 있을지는 의문이다.

이 장에서는 정당전쟁론의 기원과 역사, 그리고 정당전쟁론이 제시하는 윤리적 기준들을 고찰하면서, 정당전쟁론이 갖는 윤리적 한계에 대해서 비판적으로 검토하고자 한다. 이러한 과정을 통해서 전쟁을 억제하고 평화를 조성하기 위한 현실적인 대안을 찾고자 한다.

② 전쟁은 도덕을 필요로 하는가?

겹겹이 쌓인 시체들, 통곡하는 미망인들과 고아들, 굶주린 사람들, 불탄 마을, 끊어진 다리와 산업시설물들, 파괴되어 폐허로 변해 버린 도시 등과 같은 모습들은 전쟁이 빚은 참혹한 결과들이다. 전쟁은 상상을 초월할 정도의 파괴와 상처와 분노를 남긴다는 점에서 도덕적으로 문제가 많다. 평화주의자들은 전쟁을 부도덕하다(immoral)고 주장한다. 평화주의자들은 전쟁은 부도덕하기 때문에 어떠한 경우라도 전쟁은 금지되어야 한다고 본다. 또한 전쟁에는 살인, 폭행, 고문, 강간, 절도, 거짓말 등이 난무하는데, 이러한 부도덕성 때문에 평화주의자들은 어떠한 경우라도 전쟁에 참여하는 것은 결코 허용될 수 없다고 주장한다. 이러한 평화주의자들의 주장은 폭력과 전쟁으로는 결코 평화의 동반자가 될 수 없다는 인식에 기초하고 있다. 그러나 평화주의의 근본적 문제점은 만약 적국이 침공해서 전쟁이 발발할 경우 현실적으로 그 어떤 해결책도 제시하지 못하는 데 문제가 있다. 자유와 평화를 유린하는 악한 현실을 그대로 방관하게 된다는 점에서 무책임하다는 비판을 면치 못하게 된다.

이와 반대로 전쟁의 현실을 인정하는 현실주의자들은 전쟁은 도덕과 무관하다(nonmoral)고 주장한다. 즉 전쟁의 현실에서 도덕성을 논하는 것은 무의미하다는 것이다.[85]

전쟁이 도덕성과 무관하다는 주장은 다음 두 가지 근거로서 제시된다. 첫째, 한 사회나 국가 안에서 지켜야 할 도덕이 국제 관계에도 그대로 적용될 수는 없다는 것이다. 국제관계에서 국가들은 상호간 자연 상태에 놓여 있기에, 특히 전쟁과 같은 특수한 상황에 직면할 경우에는 다른 국가를 도덕적으로 고려할 필요가 없다는 것이다.[86] 양육강식이 지배하는 국제무대에서 살아남기 위해서 국가는 일말의 도덕성에 대한 고민 없이 자국의 이익에만 관심을 두어야 한다는 것은 당연한지도 모른다.

이에 대해서 래키는 비록 세계정부라는 것이 없고 국제적으로 갈등을 조정하고 분쟁을 화해로 이끄는 실제적인 기구가 빈약하다는 것이 사실이지만 국제무대에서도 따라야 할 윤리가 있다고 주장한다.[87] 만약 한 국가가 국제사회에서 지켜야 할 도덕적 기준을 무시하게 되면 국제사

---

85) 도덕성과 관계없다는 말은 nonmoral과 amoral이 있는데, 포션은 이 양자의 차이를 명확하게 구분하였다. amoral은 선과 악에 대한 도덕적 인식을 할 수 없는 개인에게 적용되는 개념이다. 반면 nonmoral은 도덕성과 전혀 관계없이 판단되는 행동개념이다. 실례로 국가적 · 개인적 수준에서 도덕적 표현을 사용하는 것은 적절하지만, 국제적 수준에서 도덕적 표현을 사용하는 것은 부적절하다는 것이다. 즉, 국제적 수준에서 도덕성이 적용될 수 없다는 점에서 nonmoral인 것이다. N. Fotion, "전쟁에 대한 세 가지 접근법: 평화주의, 현실주의, 정의전쟁론", Andrew Valls ed, 김한식 · 박균열, 『국제정치에 윤리가 적용될 수 있는가』(서울: 철학과현실사, 2004), 60.

86) 같은 책, 61.

87) Douglas P. Lackey, 최유신, 『전쟁과 평화의 윤리』(서울: 철학과 현실사, 2006), 23. 래키는 이에 대한 실례로 미국은 아프가니스탄전과 이라크전으로 인해 동맹국과 세계로부터 고립되게 되었고, 이 때문에 북한이나 이란의 핵무기 프로그램으로 야기되는 국제적 안보 위협을 제대로 처리할 능력을 상실하게 되었다는 점을 지적한다.

회에서 무시당하게 되고 그 결과로 안보의 위험이 더 커지게 되는 부담을 안게 된다. 또한 국제 간의 갈등을 조정하기 위한 기준이 없기 때문에 따라야 할 윤리적 규범이 없다고 주장하는 것은 잘못이다. 지난 수세기에 걸쳐 발전된 국제적 도덕과 기준이 있기 때문이다.[88] 비록 모든 나라들이 이 기준에 동의하는 것은 아니지만 공동적으로 합의할 수 있는 기준이 있다. 이러한 기준들은 국가 간의 긴장과 갈등을 조절하는 중요한 기준이 되어 왔던 것이다.

둘째, 일단 전쟁이 시작되면, 도덕적인 고려를 한다는 것은 사실상 불가능하다는 점이다. 교전 중인 국가는 전쟁방법 때문에 도덕적으로 비난받을 수 없다는 것이다. 따라서 부상당한 적군을 죽이거나, 구명보트에 타고 있는 적국의 선원들을 사살하거나, 포로들을 죽이거나, 민간인들을 공격하거나, 적국의 재산을 약탈하거나 다른 유사한 행동을 한다고 해도 교전 중이라는 특수한 상황에 있기 때문에 도덕적으로 허용될 수 있다는 것이다.[89]

그러나 아무리 전쟁이라는 특수한 상황이더라도 따라야 할 분명한 도덕적 규칙이나 규범은 필요하다. 만약 이러한 규칙이 없다면 전쟁은 더욱 잔인하게 되고 대학살과 같은 비극적인 결말을 피할 수 없게 된다. 따라서 전쟁에는 분명한 규약이 있어야 한다. 이러한 규약은 정당전쟁론으로 발전되었다.

---

88)   히틀러조차도 2차 대전 중에 전쟁포로에 대한 제네바협정을 지켰다. Douglas P. Lackey, 『전쟁과 평화의 윤리』, 25.

89)   N. Fotion, "전쟁에 대한 세 가지 접근법: 평화주의, 현실주의, 정의전쟁론", 61.

③ 정당전쟁론의 기원과 역사

전쟁의 정당성을 확보하는 시도는 정당전쟁론으로 발전되어 왔는데, 이는 전쟁을 정당한 전쟁과 부당한 전쟁으로 구분하고, 정당한 원인과 절차를 거친 전쟁만을 합법적인 전쟁으로 인정하려는 이론이다. 이는 전쟁의 엄격한 기준으로서 전쟁을 제한하여 평화를 조성하고자 하는 의도에서 비롯되었다.[90]

그리스 시대에 플라톤은 정당한 전쟁, 즉 자위전쟁을 당연한 것으로 보고 자위 군비의 필요를 주장한 바 있다.[91] 플라톤에게 있어서 정당한 전쟁의 목적은 평화의 회복이었고, 아리스토텔레스 역시 평화의 도덕적 가치는 개인과 국가를 위해 필요한 것이며, 전쟁은 평화를 보전하기 위한 수단임을 강조하였다.[92]

아우구스티누스(St. Augustinus)는 기독교가 국교화된 로마제국을 유지해야 하는 현실적 필요성에 직면하면서 정당한 전쟁의 윤리적 원칙을 체계화시켰다.[93] 아우구스티누스는 당시 로마제국이 이교도들의 공격을 받고 있었기 때문에 기독교인들이 전쟁에 참전하도록 현실적으로 독려

---

90) 신원하, "기독교 전쟁이론과 평화신학", 대한기독교서회, 『기독교사상』, 2004년 8월, 71.
91) 자위전쟁(自衛戰爭, self-defense war)는 타국으로부터 부당한 무력침공을 받은 국가가 자국의 권리를 수호하기 위하여 실시하는 방어전쟁이다. 1차 세계대전 후 국제법으로 모든 전쟁을 위법화하였으나, 자위전쟁만은 인정하였다. 2차 세계대전 이후에는 자위권을 한 국가로부터 집단적인 개념으로 확대 해석하게 되었다. 따라서 정당전쟁론은 자위전쟁을 포함하는 보다 폭넓은 개념으로 해석된다.
92) 박인성, "전쟁의 도덕성: 이라크전쟁과 연관하여", 범한철학회, 『범한철학』 41집, 2006년 여름, 60.
93) 전쟁에 대한 기독교 윤리는 암브로스(St. Ambrose)에 의해 처음으로 형성되었고, 아우구스티누스에 의해 더욱 체계화되었다. 이들에게서 군복무에 대한 어떤 주저함도 찾기 어려운데, 전쟁에 참전하는 것은 기독교 신앙을 변호하는 것과 동일시되었기 때문이었다. R. H. Bainton, *Christian Attitudes toward War and Peace*, 89-90.

할 수밖에 없었다. 이러한 현실적인 요구에 직면해서 전쟁은 악에 대한 승리를 위해 선을 위한 수단이 될 수 있다고 보았다.[94] 즉 전쟁은 일종의 필요악으로서, 합법적 권위에 의한 전쟁은 불가피하기에 허용되어야 한다는 것이다. 그는 정당한 명분의 원칙과 적법한 권한의 원칙을 강조하면서 불가피하게 이루어진 전쟁이라면 교회는 국가가 수행하는 전쟁에 적극적으로 참여해야 된다고 주장하였다. 동시에 그는 악한 집단을 징벌하기 위해 전쟁을 할지라도 그 악한 집단을 개선시키고 악에서 구하려는 사랑의 동기가 선행되어야 할 것이라고 강조하였다.[95] 아우구스티누스는 고통 받는 이웃을 위한 사랑의 동기와 평화를 회복하기 위한 목적이라면 전쟁은 정당화될 수 있다고 보았던 것이다.[96]

그는 전쟁은 단지 필요악으로서만 수행되어야 하며, 하나님이 그 수단으로 사람들을 필요악으로부터 구하고 그들을 평화 안에 존재할 수 있도록 하기 위해서만 전쟁이 수행되어야 한다고 보았다.[97] 따라서 평화는 전쟁의 구실로 추구되어서는 안 되며, 평화를 획득하기 위하여 전쟁이 수행되어야 하며, 전쟁 과정에서도 평화의 정신을 소중히 간직할 것

---

94) Ben Lowe, *Imaging Peace* (Pennsylvania: The Pennsylvania State University Press, 1997), 17.

95) 아우구스티누스는 전쟁으로 얻은 평화는 승자와 패자가 공유해야 한다는 원칙 하에 전쟁이 정당화될 수 있다고 보았다. 불가피하게 적을 살해하고 폭력을 사용한 것인 만큼 승자도 패자와 화해하고 피차 평화를 공유해야 한다는 것이다. 강사문, "정당전쟁론에 대한 성서적 해석", 대한기독교서회, 『기독교사상』, 1991년 4월, 45.

96) 아우구스티누스에 따르면 전쟁을 통한 폭력사용의 정당성은 하나님의 사랑의 실현이라는 관점에서만 확보된다. 단순한 자기 보호나 이웃보호를 위한 폭력사용은 거부되고 오직 하나님의 사랑을 실천하기 위한 폭력만이 정당하다고 보았다. 박인성, "전쟁의 도덕성: 이라크전쟁과 연관하여", 범한철학회, 『범한철학』 41집, 2006년 여름. 62.

97) 아우구스티누스에 따르면 어떤 수단들은 더 큰 선을 성취하기 위해 사용될 수 있다. 또한 비전투원들에 대한 피해는 불가피하게 불행한 부작용(side effect)이다. 왜냐하면 지상의 도시는 항상 파멸된 채 남겨지게 될 것이며, 영원한 투쟁의 한 부분으로서 악에 대항하는 선한 싸움을 싸우게 될 사람들 가운데 전쟁은 영속적인 상태가 될 것이기 때문이다. Ben Lowe, *Imaging Peace*, 16.

을 강조하였다.[98] 전쟁은 혐오스러운 것임에도 평화와 정의를 위해서는 필연적이라는 점에서 기독교 현실주의적 입장에서 정당한 전쟁을 옹호하였다.

토마스 아퀴나스는 기독교의 교리와 전쟁을 조화시키기 위한 방편으로 아우구스티누스의 입장을 더욱 발전시켜 사회의 질서와 공동선을 이루기 위한 정의의 관점에서 접근하였다.[99] 아퀴나스는 신학대전(Summa theologica)에서 정당전쟁론을 네 부분으로 나누어 전개시켰다. 첫째, 어떤 전쟁이 허용가능한가, 둘째, 성직자도 전쟁에 참여할 수 있는가, 셋째, 전투원들은 속임수를 사용할 수 있는가, 넷째, 전쟁은 축제일을 지켜야 하는가 등이다.[100]

근세 초에 F. 수아레스, 그로티우스(Hugo Grotius) 등은 정당전쟁론을 더욱 세속적으로 구체화시켜 발전시켰는데, 그로티우스는 정당전쟁의 전통을 도덕 규칙에서 적극적인 국제법으로 변화시켰다.[101] 그러나 18세기에 접어들면서 주권국가의 세력균형으로 이루어진 유럽 국가의 성립과 함께, 국가를 초월하여 정당한 판정자가 있을 수 없다는 이유에서,

---

98) 아우구스티누스는 군인들은 명성이나 영광을 위해서나 보복을 위해서 싸워서는 안 될 것을 분명히 했다. 또한 그는 군사들과 지도자들에게 적에 대하여 신실할 것과 패배자들에게 긍휼(mercy)을 베풀 것을 권고했다. Paul Christopher, *The Ethics of War and Peace* (New Jersey: Prentice hall, Inc, 1994), 47.

99) 아우구스티누스와 아퀴나스의 입장은 루터와 칼빈을 거쳐 대부분 주류 개신교단과 로마 가톨릭 교회가 채택하게 되었다. 현대에 폴 램지, 제임스 터너 존슨에게 계승되었다. J. T. Johnson, *Can Modern War Be Just?* (New Haven: Yale University, 1984), 램지는 기독교 안에서 발전된 정당전쟁론은 폭력이나 공격 또는 폭군에 의해서 위협받고 있는 이웃들을 위한 사랑에서 시작된다고 보면서, 이러한 목적을 위해서는 군사력 사용의 합법성을 허용할 근거를 제공하게 됨과 동시에 이웃에 대한 사랑은 그러한 강제력이 제한되어야 함을 요구한다고 하였다. Paul Ramsey, *The Just War* (Boston: University Press of America, 1983), 144-145.

100) Ben Lowe, *Imaging Peace*, 32. 아퀴나스에게 있어서 정부는 그 주요 목적이 시민들의 공적인 복리를 증진시키는 적극적인 선(a positive good)이었다.

101) Paul Christopher, *The Ethics of War and Peace*, 69.

정당전쟁론은 한낱 관념론에 불과한 것으로 비판받게 되었다. 또한 전쟁당국 어느 쪽이든지 간단하게 정당 또는 부당하다고 판별할 수 없다고 하는 무차별 전쟁관이 지배하게 되었다.

제1차 세계대전 이후에 전쟁을 위법화하고 금지하려는 요구가 생겨나면서 정당전쟁론이 다시금 논의의 초점이 되었다.

④ 정당전쟁론의 윤리원칙

정당전쟁론은 자국민의 권리와 안전을 지키기 위해 국가에 의한 폭력 사용이 정당화될 수 있다면 전쟁에서의 폭력사용도 옹호될 수 있다는 입장이다. 정당전쟁론의 윤리 원칙은 '전쟁결정시 충분조건(Jus ad bellum - 전쟁 전의 정의의 규칙)'과 '전쟁수행조건(Jus in bello - 전쟁 중의 정의의 규칙)' 등의 두 가지로 크게 구분된다.[102]

---

102) Jus ad bellum(when to fight)은 언제 전쟁이 허용되는가를 결정하는 반면, Jus in bello(how to fight)는 일단 전쟁이 시작되면 어떻게 전쟁을 수행해야 하는지에 대한 규칙이다. Jus ad bellum은 정치지도자들에게 적용된다면, Jus in bello는 전쟁을 직접 수행하는 군인들이나 지휘관들에게 적용되는 규칙이다. Douglas P. Lackey, "Just War Theory", *Larry May, Applied Ethics* (New Jersey: Prentice hall, 1994), 201. 터너 존슨은 정당한 전쟁의 주요 개념들을 다음과 같이 세분하였다.

jus ad bellum 전쟁 개전시의 정의	jus in bello 전쟁 수행상의 정의
just cause 정당한 명분	proprtionality 비례성 (악을 능가하는 선이라는 의미에서)
right authority 합법적인 권위	
right intent 올바른 의도	
proprtionality 비례성 (전체적인 선과 악의 예상과 연관하여)	discrimination, or noncombatant protection 차별성 또는 비전투원의 보호
the end of peace 평화라는 목적	
last resort 최후의 수단	

J. T. Johnson, *Can Modern War Be Just?*, 18.

1 언제 전쟁이 가능한가(Jus ad Bellum)

이 원칙은 전쟁에 호소하는 것이 어떤 조건 아래에서 허용될 수
있는지를 규정한다.

ⓐ 정당한 명분(Just Cause)

전쟁은 무력의 행사이기 때문에 개전의 합당한 사유, 즉 정당한
명분이 있어야 한다.[103] 정당한 명분에서 중요한 윤리적 문제는 생존이
다. 생존권을 위협하는 적대세력에 대항해서 국가나 집단의 생존권 유
지를 위해 싸우는 것은 불가피하기에 그 정당성이 인정되어야 한다. 전
쟁에서 인정될 수 있는 명분은 첫째, 부당한 외부의 침략에 대항하여 자
국이나 다른 국가를 방어하기 위한 전쟁,[104] 둘째, 권리의 회복 즉 이전의
부당한 침략에 제대로 대항하지 못하였거나 대항하였지만 패배하여 상
실한 권리를 되찾기 위한 전쟁, 셋째, 다른 국가에서 정부의 권력남용으
로 기본 인권이 침해될 때 이를 막기 위한 전쟁, 넷째, 부당한 침략자를
처벌하기 위한 전쟁 등이다.[105]

정당한 명분에서 제기되는 윤리적 논점은 선제공격이 정당화될
수 있는가에 대한 것이다. 만약 상대국으로부터 명백한 위협이 있고, 그

---

103) 정당한 명분이라는 기준은 올바른 명분(righteous cause) 또는 정당화(justification) 또는 매우 충분한
이유(very good reasons) 등으로 해석될 수 있다. N. Fotion, "전쟁에 대한 세 가지 접근법: 평화주의,
현실주의, 정의전쟁론," 70. 아리스토텔레스에게 있어서 전쟁의 정당한 명분은 평화였다. 그는 정
치학(politics, 1333A)에서 평화를 위해서 전쟁을 수행해야 한다고 기록했다. 따라서 약탈은 전쟁의
타당한 명분으로서 항상 거부되었다. Douglas P. Lackey, "Just War Theory", 204.

104) NATO가 1999년 코소보 사태로 인해 유고슬라비아(세르비아)를 공격하였을 때 호소했던 기준이다.
N. Fotion, "전쟁에 대한 세 가지 접근법: 평화주의, 현실주의, 정의전쟁론", 71. 또한 이라크에 의한
쿠웨이트 침공으로 치뤄진 1차 걸프전도 이에 해당된다.

105) Jeff Mcmahan, "전쟁과 평화", 싱어, 『응용윤리』(서울: 철학과 현실사, 2005), 267-268.

위협이나 공격이 자국의 생존에 치명적인 경우라면 선제공격은 정당화될 수 있다. 이때 상대국의 위협에 대한 명백한 증거를 갖고 있어야 한다. 그럼에도 선제공격(preemptive strike)을 넘어서 자국의 권리와 평화가 침해당할 것을 예상해서 선제공격을 먼저 감행하는 예방적 공격(preventive strike)이 되어서는 안 된다.[106] 예방적 공격은 평화로운 세상을 만들기 위해서 무력을 사용할 수 있다는 주장이므로 정당한 명분의 한계를 넘어서기 때문이다.[107]

ⓑ 최후의 수단(Last Resort)

전쟁을 통한 무력의 행사는 어디까지나 최후수단이어야 한다. 이는 전쟁 전에 가능한 한 모든 평화로운 수단과 방법을 동원하여 갈등을 해결해야 한다. 즉, 전쟁 이전에 갈등이나 분쟁을 해결하기 위한 가시적이고도 평화적 수단이 선행되어야 한다. 예를 들어 외교적 협상이나 경제적 제재 등이 선행되어야 하고 그 온건한 방법으로는 도저히 문제의 해결점을 찾을 수 없다는 최종적인 결론에 도달한 연후에야 비로소 무력의 행사가 가능하다는 것이다. 그 어떤 방법이나 수단으로도 해결점을

---

106) N. Fotion, "전쟁에 대한 세 가지 접근법: 평화주의, 현실주의, 정의전쟁론", 71.

107) 이스라엘에 의해 시작된 6일 전쟁(1967)이 예방적 자기방어에 해당하는지에 대해서는 논란이 분분하다. 왈쩌(M. Walzer)는 시나이반도에 주둔해 있던 유엔평화유지군이 이집트의 요구에 따라 철수하자 이집트가 티란 해협(straits of tiran)을 봉쇄하면서 전시 체제로 급속히 진행되어 이스라엘의 생존을 군사적으로 위협하게 되었다. 따라서 이스라엘의 선제공격은 도덕적으로 정당화될 수 있다고 보았다. 반면 래키는 이집트의 봉쇄는 전쟁 행위로 볼 수 있기 때문에 이스라엘의 공격을 예방적 자기방어가 아니라 정당방위로 해석하였다. Douglas P. Lackey, *The Ethics of War and Peace*, 92-93. 그러나 이스라엘이 먼저 공격하지 않았다면 전쟁을 피할 수 있었던 점, 2만 명이나 되는 생명이 희생당하지 않았을 것이라는 점, 티란 해협의 봉쇄가 심각하였음에도 이스라엘의 생존을 위협할 정도는 아니었던 점 등으로 미루어볼 때 6일 전쟁은 예방적 공격으로 해석될 개연성이 많다. 또한 전쟁 결과 이스라엘은 4배나 더 큰 영토를 차지하게 되었던 사실로 미루어 볼 때 정당한 전쟁으로 해석될 수 있는지에 대해 많은 의문점이 있다.

찾을 수 없을 때 최후의 수단으로서 선택되어져야 한다.

ⓒ 합법적 권위(legitimate Authority)

전쟁행위에 대한 합법적인 결정권은 공인된 정부집단으로 제한한다. 아우구스티누스는 개인에 의한 강제력의 사용은 비도덕적인 것으로 간주되었다.[108] 정당방위든, 타국에 대한 침략방어이든, 전쟁을 수행할 자격은 오직 공적으로 인정된 합법적 권위에게만 주어져야 한다는 원칙이다.[109] 따라서 합법적인 국가만이 전쟁을 선포하고 교전을 승인했을 때에만 무력행사가 가능하다. 자칭 해방군이나 시민군 등과 같은 특정집단이나 개인에 의한 전투행위는 해당집단이나 개인의 이해에 따른 것이기 때문에 근본적으로 '불법'적인 행위로 간주된다.

ⓓ 올바른 의도(right intentions)

전쟁은 올바른 의도로 수행되어야 한다. 즉 정의로운 전쟁은 의(義, right)를 위해 싸우는, 의를 위한 전쟁이 되어야 한다.[110] 전쟁의 의도는 상대방에 대한 복수와 파멸이 아니라 파괴되고 왜곡된 평화를 회복하는 것이어야 한다. 전쟁의 진정한 의도는 분노의 표출이나 보복이 아니라 정의의 회복이 되어야 한다.

그런데 좋은 의도는 측정하기가 어렵다. 전쟁의 의도성은 전쟁이 원만히 진행된 이후이거나 대부분의 경우는 전쟁이 끝난 이후에만 판단

---

108) Douglas P. Lackey, "Just War Theory", 201.

109) 토마스 아퀴나스는 합법적인 권위를 가진 당사자에 의해 치러지는 전쟁은 공공복리를 도모하기 때문에 전쟁에서의 합법적인 권위의 원칙을 다른 원칙 보다 더 강조했다. 박인성, "전쟁의 도덕성: 이라크전쟁과 연관하여", 64.

110) Douglas P. Lackey, "Just War Theory", 203.

할 수 있기 때문이다.

ⓔ 확실한 성공 가능성(Reasonable Hope of Success)

전쟁에서의 승리에 대한 확실한 가능성이 있어야 한다. 즉, 전쟁을 수행함으로써 발생되는 해악과 고통을 훨씬 능가하는 선이 도출되어야 한다. 이는 전쟁 전에 치밀한 계산을 하여 성공적인 전쟁종결에 대한 높은 판단이 나올 때에만 전쟁을 해야 한다는 것을 의미한다. 아무리 목적이 숭고하고 도덕적이라 하더라도 전쟁을 통한 해결의 가능성이 높지 않거나 승리가 불투명하다면 자칫 전쟁은 무모한 행위가 될 수 있다. 따라서 전쟁에는 필연적으로 수반되는 엄청난 희생과 대가를 치르기 때문에 반드시 해당문제의 해결과 무력대결에서의 승리가 담보되어야 한다.

ⓕ 비례(균형)의 규칙(Proportionality)

비례의 규칙은 전쟁을 수행하는 데 예상되는 비용이나 손실이 전쟁의 결과 얻는 이득과 비교해서 타당해야 한다는 규칙이다. 전쟁으로 얻게 되는 이익이 전쟁으로 초래되는 해악이나 소실을 능가하지 못한다면 정당한 전쟁조건이 성립될 수 없기에 전쟁을 해서는 안 된다는 것이다. 따라서 비록 정당한 명분이 있다고 하더라도, 전쟁의 결과가 발생하게 된 해악을 도덕적으로 정당화시키지 못한다면 그 정당성은 상실되게 된다.

그런데 균형의 규칙은 현실적으로 적용하기가 쉽지 않다. 첫째, 전쟁으로 초래되는 해악을 무엇으로 볼 것인지에 대한 명확한 기준이 없다. 해악을 가치의 상실, 즉 죽음, 상해, 신체적 혹은 심리적 고통, 비참한 가난 등으로 해석할 경우 전쟁 자체가 지닌 파괴성을 감안할 때 그 어떤 정당한 명분에 의한 전쟁조차 정의롭지 못하게 된다. 둘째, 전쟁의 예상 비용도 가늠할 수 있을 뿐이지 현실적으로 정확하게 예측할 수는 없다. 전쟁이 예상대로 빨리 끝날 수도 있지만, 예상치 못한 변수로 인하여 장기전으로 전개될 경우 전쟁비용은 예상을 훨씬 뛰어넘게 될 것이기 때문이다. 셋째, 전쟁을 통해 얻는 이익이 해악보다 적은 경우를 부정의한 것으로 간주할 경우 너무 엄격한 기준이 된다. 따라서 이 규칙을 적용할 경우 전쟁의 예상비용뿐 아니라 그로 인해 발생되는 손실비용을 감안하여 전쟁은 하지 않는 것이 더욱 현명하다는 점을 일깨울 뿐이다.

⑨ 전쟁목적의 제한(Limited Objectives)

전쟁목적이 제한되어야 한다는 점이다. 전쟁의 목적은 기본적으로 해당침략행위와 특정불법행위의 저지를 통한 '평화의 수호'에 국한되어야 한다. 비록 침략을 당했다고 하여도 침략국 전체를 초토화하거나 그 국민의 몰살 등의 행위는 허용되지 않는다. 즉 무제한적인 보복은 허용될 수 없다.

❷ 전쟁은 어떻게 수행되어야 하는가(Jus in Bello)

이 규칙들은 전쟁에서의 법 즉 교전 중에 허용될 수 있는 행위의 한계를 규정한다.

ⓐ 차별성(Discrimination)

차별성의 원칙은 무력행사에 따른 민간인 피해가 없거나 최소화하려는 원칙으로서 전투요원과 비무장의 민간인은 반드시 공격으로부터 배제되어야 할 것을 강조한다. 이 원칙은 노인, 민간여성 및 아동은 전투의 목표가 되지 않도록 구별함으로써 전쟁과 무관한 사람들의 피해를 줄일 수 있다. 따라서 군사력에 의해 피해를 가할 가능성이 있는 적국이나 적대집단의 군사시설과 전투요원들은 공격의 대상이 되지만, 전투행위와는 무관한 비무장 민간인이나 민간시설은 공격의 대상이 될 수 없다. 또한 병원이나 민간인 거주지역에 대한 공격도 허용되지 않는다.

그러나 실제에 있어서는 차별성의 기준을 적용하기가 애매한 경우가 많다. 실제 전투에 투입되지 않는 군종 장교나 의료 요원들을 포함시켜야 할지, 또는 군사장비 및 양식을 직접 생산하고 조달하는 인부들이나 전선에 각종 전투장비와 양식을 운반하는 데 도움을 주는 철도 종업원들을 포함시켜야 할지에 대해서는 모호하다. 이런 경우 개인 및 집단들의 전쟁 참여 정도에 따라 차별화하여 적용할 수 있을 뿐이다.[111]

ⓑ 비례성(Proportionality)

수단과 목적 사이에 형평성이 있어야 한다. 평화의 수호, 또는 문제해결에 필요한 만큼의 무력 사용만이 정당한 무력의 행사라 할 수 있다. 이에 동반되는 파괴행위와 피해를 상쇄하거나 납득할만한 군사적 실효성이 전제되어야 한다. 예를 들어 기갑사단 하나로 성공 가능한 작전에 핵을 무차별적으로 사용하는 행위는 용납될 수 없다. 따라서 그 실효가 보장되지 않고 작전수행과 상관없는 대규모 파괴행위나 살상행위는 금지되는 것이 마땅하다.

---

111) N. Fotion, "전쟁에 대한 세 가지 접근법: 평화주의, 현실주의, 정의전쟁론", 77.

비례성의 원칙에는 두 가지 조건이 요구된다. 첫째, 최소폭력의 조건이다. 어떤 경우에라도 사용되는 폭력의 총계는 목적의 성취를 위하여 필요한 정도를 넘어서는 안 된다.[112] 따라서 전쟁에서 불필요한 파괴나 살상은 금지되어야 한다. 둘째, 비례의 조건이다. 전쟁에서 어떤 행위가 초래할 것으로 예상되는 나쁜 결과는 그 행위를 통해서 얻을 수 있을 것으로 예상되는 좋은 결과를 능가하거나 그보다 더욱 큰 것이어서는 안 된다.[113] 이 원칙은 전투 중 부상한 적군을 살려둠으로써 발생하는 비용 때문에 부상당한 적군을 죽일 수는 없다는 점을 분명히 한다. 또한 전쟁 포로에게 위해 행위를 할 수도 없다는 점을 강조한다. 포로들을 학대하거나 심지어 죽이는 것은 무장한 적군을 죽이는 것과는 다르기 때문이다.[114]

이러한 전쟁 수행상의 원칙들은 전쟁의 참사를 줄이고, 전쟁의 비도덕성을 제한하는 하나의 방편이 된다. 불가피한 전쟁 상황에서 전투원들에게 보다 많은 권한을 부여하는 것보다는 전쟁의 규모와 범위를 억제하는 데 강조점이 있다. 그리하여 피해규모를 줄이고, 대량살상을 줄이고, 무고한 민간인들의 피해를 줄일 수 있다.

---

112) Jeff Mcmahan, "전쟁과 평화", 268.

113) 같은 책.

114) N. Fotion, "전쟁에 대한 세 가지 접근법: 평화주의, 현실주의, 정의전쟁론", 76.

⑤ 정당전쟁론이 지닌 윤리적 문제점

위에서 제시된 정당전쟁론의 각 원칙은 어떤 원칙이 다른 원칙에 대해 우선순위를 갖거나 특별한 중요성을 갖는 명확한 기준은 없다. 그럼에도 정당한 명분과 최후의 수단이 다른 원칙보다 더 강조되어야 한다.

베인튼(R. H. Bainton)은 정당전쟁론의 우선적인 목적이 전쟁의 정당성을 입증하는 데 있었기에 정의로운 전쟁(Just War)으로 불리웠을 뿐이지, 사실 정당한 전쟁의 진정한 목적은 평화의 회복에 있었다는 점을 강조하였다.[115] 그런데 베이튼의 주장대로 정당전쟁론이 과연 정당하고 정의로운 전쟁인가 질문해 본다면 현실적으로 그렇지 못하다는 사실을 인정하게 된다. 정당전쟁론이 갖는 현실적인 한계는 다음과 같다.

❶ 이데올로기로 악용될 가능성

정당전쟁론은 전쟁을 제한하고 억제하려는 의도와는 상관없이 종종 전쟁을 일으키는 이데올로기로 악용될 가능성이 많다. 강력한 군사력을 보유한 국가의 경우, 분쟁을 평화적으로 해결하기 위해 노력하기보다는 군사력을 동원하여 힘으로 단번에 해결하려는 유혹을 받는 경우가 많다. 이때 정당전쟁론은 역으로 전쟁을 정당화시키는 이론으로 악용된다.[116]

---

115) R. H. Bainton, *Christian Attitudes toward War and Peace* (New York: Abingdon Press, 1960), 38.

116) 실제로 1991년 걸프전, 2001년 아프가니스탄과의 전쟁, 2003년 이라크전쟁 등과 같은 경우 미국은 정당전쟁론에 근거하여 그 정당성을 확보하려고 하였다. 이러한 전쟁들은 정당전쟁론이 악용된 대

❷ 폭력의 악순환

정당전쟁론의 문제는 악을 제거하기 위한 전쟁이 더 큰 악을 생산하게 된다는 점에서 한계가 있다. 아우구스티누스에 따르면 전쟁에서의 진정한 악은 폭력을 사랑하는 것이요 잔학한 복수심과 격렬하고 식을 줄 모르는 적대감, 난폭한 저항, 그리고 권력에 대한 탐욕과 같은 것들이라고 지적하였다.[117] 이러한 악은 고귀한 생명을 죽이는 것보다는 더욱 잔인하고 비극적인 결과를 초래하게 된다.

엘룰은 폭력을 다섯 가지 특성으로 분석하였다.[118] 첫째, 폭력은 계속성이 있다. 일단 폭력에서 출발하면 거기에서 떨어질 수 없다. 폭력은 정치적, 사회적 혹은 인간적 상황들을 단순화시키는 습관을 나타낸다. 그리하여 한번 폭력을 사용하게 되면 결코 끊을 수 없게 된다. 둘째, 상호성이다. 폭력은 일방적인 것이 아니라 보복을 특성으로 하는 상호성을 띤다. 셋째, 폭력의 동일성이다. 폭력은 어느 것이나 다른 폭력과 동일한 것이다. 그런 점에서 정당한 폭력과 부당한 폭력, 해방시키는 폭력과 예속시키는 폭력 사이에 구별이 불가능하게 된다. 폭력 그 자체는 본질적으로 같다는 인식이다. 넷째, 폭력은 또 다른 폭력을 낳는다. 흔히 전쟁은 폭력이라는 수단을 통하여 좋은 결과를 얻으려는 잘못된 이해에서 시작된다. 그러나 폭력은 폭력의 악순환을 초래할 뿐이다. 다섯째, 폭력을 사용하는 자들은 항상 폭력과 자기 자신을 정당화하려고 애쓴다. 결국 폭

표적 사례들로 보인다. 미국은 이러한 전쟁들에 대해서 그 정당성을 확보하지 못했지만 강행하여 많은 갈등을 일으키게 되었다.

117) Augustine, *Contra faustum Manichaum*, Ben Lowe, *Imaging Peace*, 16 재인용.
118) 자크 엘룰, 최종고, 『폭력 기독교적 반성과 전망』, 111. 이장형, "전쟁과 폭력에 대한 기독교 현실주의적 이해," 대학복음화학회, 『대학과 복음』 10집, 2004년 12월, 254-257 재인용.

력은 더 많은 폭력을 야기하는 폭력의 악순환을 초래하게 된다.

의도와 목적에 상관없이 일단 전쟁이 발발하게 되면 전쟁 과정 중
에 잔인한 폭력과 살해가 일어나게 되며, 폭력의 악순환은 시작된다. 비
록 평화를 수호하기 위한 전쟁이라도 폭력을 막기 위해 더 큰 폭력을 행
사하는 것과 같은 결과를 빚게 된다.

❸ 전쟁이 남긴 결과

전쟁은 항상 이득이나 장점보다 더 많은 해악과 피해를 끼친다.
앤스콤은 인간의 자만심, 악의 및 잔인성은 매우 흔한 것이어서 전쟁에
서는 대부분 양편 모두가 사악하다고 지적하였다.[119] 전쟁은 합법적으로
생명을 살해하는 잔인한 행위이기에 처음에는 선한 의도와 목적으로 시
작되지만 전쟁이 진행될수록 더 폭력적이며 잔인하게 변하게 될 가능성
이 많다. 따라서 전쟁의 결과적인 측면에서 본다면 패자는 말할 것도 없
거니와 승자의 입장에서도 전쟁으로 얻는 유익보다 해악이 더 많다는 것
을 부정하기는 어렵다.

하워드 진은 2차 세계대전을 직접 경험한 후에 전쟁에는 정당한
전쟁과 부당한 전쟁이 있다는 다소 전통적인 시각에서 벗어나 인류의 어
떤 문제를 푸는 데 있어서도 전쟁은 해결책이 아니라고 주장했다.[120] 참
전 용사들은 전쟁이라는 극단적인 상황 속에서 점점 비인간화되어가고,
잔인해지며 인간성 상실의 비극을 초래하게 되어, 전쟁 후에도 심각한

---

119) G. E. M 앤스콤, "전쟁과 살인", 335.
120) Howard Zinn, *On War*, 유강은, 『전쟁에 반대한다』(서울: 이후, 2003), 216.

정신적 고통에 시달리게 된다.[121]

４ 무고한 사람들의 겪는 피해

정당전쟁론의 근본목적은 악을 종식시키고 평화를 도모하기 위한 것이다. 그러나 군사적 강제력이 전쟁에 개입될 경우 무력충돌은 피할 수 없게 된다. 그로 인해 광범위한 피해와 살상이 일어나게 된다. 와써스트롬이 지적한 바와 같이 정당하다는 근거하에 여러 가지 형태의 폭력을 사용하는 일이 전쟁에는 거의 불가피하다.[122] 이러한 불가피한 상황에서 사용되는 폭력이 합법적으로 인정될 경우, 무고한 사람들이 희생될 가능성을 배제할 수 없다. 무고한 사람의 죽음이 단순한 과실에 의한 것이거나, 무분별로 인한 것인지, 아니면 의도적으로 초래한 것인지에 따라 판단할 수 있지만 전시라는 특수한 상황을 고려한다면 도덕적인 판단을 내리기가 쉽지 않다. 앤스콤은 전쟁 중에 일어나는 가장 사악한 일은 무고한 사람에 대한 살해인데, 때로는 이를 행하고도 처벌받지 않으며, 심지어는 명예로운 일로 여기는 경우조차 있다고 지적하였다.[123] 이러한 전쟁의 비도덕성을 주목했던 에라스무스는 전쟁을 '그 보다 더 사악하고, 그 보다 더 비참하고, 그 보다 더 많은 파괴를 가져오고, 그 보다 더 교묘

---

121) 베트남 전쟁을 배경으로 하여 올리버 스톤이 감독하여 제작한 〈플래툰〉이라는 영화는 전쟁이 인간을 얼마나 비인간적으로 잔인하고 비극적으로 만드는가를 잘 보여주고 있다.

122) 리차드 와써스트롬, "전쟁의 도덕성: 예비적 고찰," J. Rachels, *Moral Problems*, 황경식 외, 『사회윤리의 제문제』(서울: 서광사, 1984), 355.

123) G. E. M 앤스콤, "전쟁과 살인", J. Rachels, *Moral Problems*, 황경식 외, 『사회윤리의 제문제』(서울: 서광사, 1984), 335.

하게 집요하고, 그 보다 더 역겨운 것은 없다'고 표현했는지도 모른다.[124]

5 무차별 대량학살 무기의 등장

폴 램지는 전쟁은 도덕적일 수 있으며, 때로는 전쟁을 하는 것이 옳은 일이고 이를 반박하는 모든 논증은 설득력이 없다고 주장했다.[125] 그러나 램지의 주장을 반박하는 가장 강력한 논증은 수소 폭탄과 원자폭탄과 같은 대량살상무기의 발달로 인해서 전쟁의 피해부담이 상상을 초월할 정도로 커졌다는 것이다. 원자폭탄과 수소폭탄, 그리고 중성자탄과 생화학무기 등과 같은 대량살상무기의 발달은 전쟁에 대한 관점과 패러다임을 근본적으로 수정하게 만들었다.[126] 핵전쟁이 가능해짐으로 인해 기존의 재래식 무기를 사용하던 당시의 전쟁과는 피해의 정도와 범위, 그리고 지구촌에 미치는 영향력의 차원으로 볼 때 정당전쟁론의 한계를 넘어선다. 핵무기는 그 성격상 무제한적이고 무차별적이어서 민간인과 군인, 군사시설과 비군사시설을 구별하여 공격하는 것이 불가능하기 때문에 정당전쟁론의 현실적 한계를 넘어선다.

스테르바(J. P. Sterba)는 핵무기 사용으로 인해 무고한 시민들이 함께 희생당하기 때문에 핵무기 사용은 명백하게 비도덕적이라는 점을 거론

---

124) Howard Zinn, *On War*, 『전쟁에 반대한다』, 219.

125) 리차드 와써스트롬, "전쟁의 도덕성: 예비적 고찰", 354.

126) 20세기 초 헤이그와 제네바에서 열린 국제회의에서 전쟁에 관한 현실적인 합의를 이끌어 내었음에도 불구하고 전쟁은 더욱 통제 불가능하고 치명적으로 되었다. 1차 세계대전에서의 독가스 사용, 2차 세계대전에서의 도시 폭격과 원자폭탄 투하, 베트남전에서의 네이팜탄 사용, 1980년대 초 이란−이라크 전 당시 생화학무기가 사용되었다. Howard Zinn, *On War*, 『전쟁에 반대한다』, 221.

하면서도, 만약 그러한 살해가 더 큰 악을 막기 위해서라거나 더 큰 선을 보호하기 위해서라면 도덕적으로 정당화될 수 있다고 보았다. 이때 도덕적으로 정당화될 수 있는 조건은 막아야 할 악과 보호해야 할 선은 예상되는 악의 결과나 의도된 악한 수단들보다 커야 한다는 것이다.[127] 이러한 정당화를 전제로 스테르바는 도덕적 제한이 뒤따르는 핵방어 정책을 다음과 같이 주장하였다. 첫째, 오직 제한된 핵 보복의 형태만 예측할 수 있는 정도로 도덕적으로 정당화될 수 있다. 둘째, 현재 상태하에서 핵억제는 핵보복의 위협이나 엄포 없이 성취되어야 한다. 셋째, 첫 공격을 막는 데 필연적일 때에만 제한된 핵 보복의 위협이나 대량 핵 보복의 엄포는 도덕적으로 정당화될 수 있다.[128] 스테르바는 핵무기의 현실을 그대로 인정하면서 막아야 할 악과 보호해야 할 선은 예상되는 악의 결과나 의도된 악한 수단들 보다 커야 한다는 전제조건을 강조하고 있다.

그러나 일단 핵무기가 사용될 경우 핵무기의 특성상 막아야 할 악과 보호해야 할 선보다 더 큰 악과 더 큰 피해를 초래하게 된다. 또한 핵무기를 보유한 국가 간에는 의도적이건, 우발적이건 핵전쟁을 일으킬 가능성은 항상 있다. 만약의 경우 핵전쟁이 발발하게 되면 상당량의 핵무기가 무차별적으로 사용될 것이고, 그 피해대상은 무제한적으로 확장되기 때문에 상호파멸은 불가피하게 된다. 군사시설만 하더라도 한 곳에 모여 있는 것이 아니라 군데군데 흩어져 있으므로 많은 핵무기의 사용이 불가피하게 된다.[129] 따라서 핵전쟁에서는 모두가 피해자요 패자일 뿐

---

127) J. P. Sterba, "Between MAD and Counterforce" K. Kipnis & D. T. Meyers, *Political Realism & International Morality* (Boulder: Westview press, 1987), 123.

128) 같은 책, 134.

129) 신원하, "기독교 전쟁이론과 평화신학", 76.

그 누구도 승자가 될 수 없다. 그런 점에서 핵전쟁은 상호 간의 파괴를 확증하는 '미친(MAD-mutually assured destruction)' 전쟁임에 틀림이 없다.[130] 전멸의 위험이 너무나 크기 때문에 오늘날은 그 어떤 전쟁도 도덕적으로 정당성을 얻을 수 없게 된다.

⑥ 정당전쟁론을 넘어서야

위에서 정당전쟁론의 이론적 근거를 역사적으로 검토하면서 전쟁결정시 충분조건(Jus ad bellum)과 전쟁수행조건(Jus in bello)의 두 가지 큰 틀로 구분하여 정당전쟁론이 제시하는 윤리적 기준들을 고찰하여 보았다.

정당전쟁론은 전쟁의 현실을 인정하면서 전쟁 자체를 '윤리적'으로 정당화하기 위해 고안되었다. 만약 정당전쟁론의 이러한 기준들을 엄격하게 적용한다면 이 땅에서 전쟁은 거의 일어날 가능성이 없다. 그런 점에서 정의로운 전쟁은 약자들을 보호하고 억압받는 자들을 자유롭게 하고, 생존권을 위협받는 자들에게 삶의 자유와 회복을 보장하는 전쟁이라 할 수 있다.

그러나 역사적으로 볼 때 그 어떤 전쟁도 정당전쟁론의 규칙에 온전하게 부합한 전쟁은 없었다. 강대국이 정당전쟁론을 자의적으로 해석

---

130) 파싱은 홀로코스트와 히로시마의 원자폭탄투하 사건을 함께 연결시키면서 고치기 위해 죽이고, 살리기 위해서 죽이는(killing in order to heal and slaying ti make alive) 모순을 범하고 있다고 지적하면서 상호 간에 확실하게 파괴하는 미친 'MAD' 세상을 새로운 윤리적 이상으로 극복해야 할 것임을 강조하였다. Darrell J. Fasching, *The Ethical Challenge of Auschwitz and Hiroshima* (New York: State University of New York Press, 1993), 82-120.

하여 자국의 이기심을 충족시키기 위한 이데올로기로 이용하였다. 최근 미국에 의한 아프가니스탄전쟁, 이라크전쟁도 모두 정당한 전쟁의 규칙을 충족시키지 못했다. 이러한 현실을 감안할 때, 전쟁을 정당화시키려는 시도는 불순한 동기로 보여진다. 또한 핵무기와 생화학 무기와 같은 대량살상무기를 보유하고 있는 현실에서 전쟁을 정당화시키는 것은 시대착오적인 발상이라 할 수 있다. 그런 점에서 정당전쟁론이 부과하는 규칙들은 오늘날 더 이상 누릴 수 없는 가치가 되어 버렸다.

정당전쟁론은 원래 의도를 벗어나 오히려 폭력을 조장하고 전쟁을 합리화하는 데 이용될 뿐이지 진정한 평화를 가져올 수는 없다. 만약 전쟁의 진정한 목적이 평화의 회복에 있다고 한다면, 전쟁은 차라리 하지 않는 편이 더 유익할 것이다. 따라서 전쟁을 억제하고 지구촌의 진정한 평화를 조성하기 위해서는 정당전쟁론을 넘어서야 한다.

정당전쟁론을 넘어서 지구촌이 평화롭게 살기 위해서는 인류 모두가 함께 공존해야 할 사명을 자각하는 데서 출발한다.[131] 공존에 대한 자각은 평화를 향한 첫걸음이라 할 수 있다. 평화는 군사력과 전쟁을 통해서 현재의 기득권을 유지하려는 강대국의 이해관계에서 벗어나, 평화의 적극적 의미를 실현시키려는 가치관에서부터 시작되어야 한다.[132] 이와 더불어 강대국에 의한 이기주의적 영토확장과 자국 중심의 지배력 강

---

131) 그렌 스타트는 정의로운 평화조성을 위한 현실적인 방안을 다음과 같이 강조하였다. 첫째, 무기 개발과 실험을 우선적으로 줄이고 포기함으로써 상대 국가에게 무기 개발 유혹을 부추기지 않고 신뢰를 얻도록 하라. 둘째, 상대 국가와 인내하면서 끊임없이 대화하고 협상하라. 셋째, 상호 인권과 정의를 추구하되 특히 약소국을 더 배려해야 한다. 넷째, 군비경쟁이나 전쟁의 악순환에 대한 현실적인 가능성을 인정하고 이를 제거할 수 있는 실제적 평화조성방법을 추구하는데 함께 동참해야 한다. 우선 상호 무기를 감축하는 것이 가장 현실적인 방법이다. 다섯째, 상대에 대한 비난을 삼가고 구체적인 개선안을 만들고 제시해가야 한다. 여섯째, 상호 국민들에게 현실을 바로 알리고 평화조성을 위해 함께 토론하고 정책을 만들어가야 한다. 신원하, "기독교 전쟁이론과 평화신학", 79.
132) 이삼열, 『평화의 철학과 통일의 실천』(서울: 햇빛출판사, 1991), 42-43.

화보다는 상호 공존을 위한 가치관의 전환과 이를 구현하기 위한 실천적인 노력들이 요청된다.

　　온전한 의미에서의 평화는 단지 전쟁이 일어나지 않는 소극적 상태가 아니라 전쟁이 일어날 수 있는 모든 잠재적인 요인들까지 없어진 상태에서 실현될 수 있다. 그러므로 강대국의 이해관계를 벗어나 지구촌 공동체가 서로 공존하며 온전하게 평화를 누리기 위한 보다 구체적이고도 현실적인 노력들이 병행되어야 할 것이다.

4장

대테러전쟁은 정당화될 수 있는가?

테러로 인해 직접적인 타격을 입은 미국은 테러에 대응하기 위한 정치적 전략으로 전쟁을 택하였다. 미국을 중심으로 한 연합군은 아프가니스탄전과 이라크전을 승리로 이끌었다. 그러나 빈 라덴과 알 카에다 조직은 와해되지 않았으며 이라크에는 전쟁 전보다 더 많은 분쟁과 갈등이 계속되고 있다. 또한 아프간 전쟁 직후 미국에서는 탄저균이 퍼져 세균전, 생화학전에 대한 두려움이 확산되기도 했다.

테러에 대한 대응전략으로서 선택된 미국의 대(對)테러전쟁이 지닌 윤리적 문제점은 무엇인가? 이러한 문제점을 분석하면서 이슬람 테러리즘에 대해 보다 현실적으로 어떤 해결방안을 가지고 접근되어야 할까?

① 대테러전쟁과 미국의 패권주의

월리스(Wallis)는 테러 공격의 뿌리는 세계의 궁핍한 자들과 억압받는 자들을 위한 경제적 정의를 갈망하는 것이 아니라 오히려 자유, 평등, 민주주의, 인권의 가치들을 극단적으로 거부하는 것이며, 지역적이며 지구적 힘을 위한 왜곡된 종교적 근본주의자들의 야망으로 보았다.[133] 그는 9 · 11테러에서 우리가 목격한 악의 얼굴 안에 있는 어둠에 직면할 용기를 가질 것을 강조하면서 지구적 정의를 위해서는 잔혹한 악의 가해자들과의 화해와 양보, 협상이 아니라 그들의 비열한 목적을 분쇄시키는 공격이 되어야 한다고 주장하였다.[134]

미국은 테러에 대한 대응전략으로서 테러리스트들을 색출하고 궤멸시키고 응징하기 위해 전쟁을 일으켰다. 이러한 결정은 그동안 미국이 지향해온 패권주의와 긴밀히 연결되어 있다. 미국은 자국의 군사력을 최고 정점으로 강화하면서 적으로 간주되는 국가나 단체에 대해서는 무력으로 응징하는 것을 정책으로 삼았다. 이는 2002년 발간된 국가안보 보고서(National Security Report)에 포함된 '부시 독트린(Bush doctrine)'에서 잘 드러난다.[135] 이 보고서의 핵심은 첫째, 미국이 반드시 전 세계 어느 지역에서나 절대적 군사적 우월성을 지녀야 한다는 것과 둘째, 미국은 선제공격을 취할 수 있는 권리가 있다는 것이다. 그리하여 미국은 이라크와의 전

---

133) Jim Wallis, "A Light in the Darkness", Patricia B. Jung, & S. Jung, *Moral Issues and Christian Responses* (Belmont, CA : Thomson, 2003), 353.

134) 같은 책, 354.

135) Jeorge Soros, 전병준 외, 『오류의 시대』(서울: 네모북스, 2003), 168. 소로스는 부시 행정부를 움직이는 세 가지 이데올로기는 시장근본주의, 종교적 근본주의 그리고 미국 패권주의를 지지하는 신보수주의라고 지적하였다.

쟁에서 UN의 허가도 받지 않은 채 선제공격을 감행했던 것이다.

미국은 '테러와의 전쟁'을 정당전쟁론으로 정당화하려고 하였다. 그러나 전쟁 당사자가 내세우는 전쟁의 정당성은 어떠한 경우에도 신뢰할 수 없다는 것이 명백히 입증되었다. UN의 허가 없이 선제공격을 감행하여 미국 스스로 군사력을 합법적으로 행사하는 정당전쟁론의 전통을 무너뜨렸다. 뿐만 아니라 미군의 무차별적인 공습으로 테러리스들과 전혀 상관이 없는 수백 명의 민간인들이 희생된 점은 대테러 전쟁의 정당성을 희석시킨다.[136] 미국은 테러리스트들을 색출하고 응징하는 차원을 넘어 자국 중심의 세계질서를 구축하기 위한 하나의 전략으로 이 전쟁을 이용하였던 것이다.[137]

이라크는 개발되지 않은 석유가 압도적으로 많이 매장되어 있는 곳일 뿐 아니라 연간 석유 산출량보다 매장량의 비율이 월등히 높은 곳이다. 이라크에 매장된 풍부한 석유자원의 확보는 미국의 중요한 개전사유였음은 부인할 수 없는 사실이다.[138] 따라서 미국의 대테러전쟁은 그

---

136) 조너선 바커는 아프가니스탄전쟁의 비도덕성을 다음과 같이 지적하였다. "민간인 사망자 수가 미국의 공식 집계보다 훨씬 많으며 불발탄과 지뢰는 아직도 치명적으로 위험하다. 새 정부는 안정되지 않고 테러리스트 군벌들이 계속해서 테러를 저지를 수 있도록 권력을 유지시켜 주고 있다. 여성이 얻은 자유도 사실보다 과장된 것이며, 일상적 무법과 불안상태가 극적으로 증가하고 있다." Jonathan Barker, *The No-Nonsense Guide To Terrorism*, 이광수,『테러리즘 폭력인가 저항인가』(서울: 이후, 2007), 169.

137) 2002년 부시 행정부는 미사일 방어(MD) 체제 구축을 위해 탄도미사일방어제한협정(ABM Treaty)에서 탈퇴했는데, 이는 미국 중심의 세계질서 구축의 대표적 사례이다. 구춘권,『메가테러리즘과 미국의 세계질서전쟁』(서울: 책세상, 2005), 146.

138) 석유산출량 대 매장량의 비율은 사우디아라비아와 이란은 1:50, 쿠웨이트는 1:115인 반면, 이라크는 1:500이다. 또한 이라크의 석유자원은 지표면에 근접하여 매장되어 있기 때문에 채굴비용이 가장 적게 드는 곳이기도 하다. 같은 책, 151-152. 미국 내 석유매장량은 전 세계 매장량의 2%에 불과하며 미국은 매년 세계전체 석유생산량의 9%만을 생산하고 있다. 그럼에도 불구하고 미국은 전세계 유류소비량의 25%를 소비하고 있다. 이로 본다면 미국의 중동석유 의존도는 급격히 증가할 것이고 이로 인해 이슬람 근본주의와의 갈등도 한층 더 증폭될 것으로 예견된다. 여영무,『국제테러리즘연구』(서울: 한국해양전략연구소, 2006), 574-575.

어떤 면에서 보더라도 정당성을 확보하지 못했다고 볼 수 있다.[139]

② 테러와의 전쟁이 남긴 결과

미국은 이라크전쟁을 통해서 1,500명에 달하는 미군병사의 죽음, 1만 명 이상의 부상, 2,000억 달러의 전쟁비용을 치렀다.[140] 이는 전쟁으로 얻은 것보다 잃은 것이 더 많다는 사실을 보여주는 단적인 예이다. 대테러전쟁에서 미국이 승리했음에도 불구하고 전 세계 수많은 이슬람 테러리스트 단체에 의한 테러리즘을 더욱 확산시키는 결과를 낳았다. NBC 방송은 9·11테러 이후 2,929건의 테러가 발생했는데, 이 가운데 58%인 1,709건이 2004년에 발생한 것으로 집계되었다.[141] 또한 아프가니스탄전쟁은 잠재적인 테러리스트들을 훨씬 더 폭넓은 지역으로 분산시키는 결과를 낳았다. 이는 대테러전쟁이 테러억제보다는 테러확산을 가져왔다는 명백한 증거가 된다. 포이만은 대테러전의 취약성을 다음과 같이 지적하였는데, 첫째, 테러리스트들은 국가도 아니며, 자신들을 드러내는 공적인 빌딩이나 기구들을 갖고 있지도 않으며, 둘째, 그들은 침투하기 어려운 소규모의 반자율적인 세포조직으로 활동하기 때문에 하나의 테러리스트 캠프를 공격하면, 다른 지역으로 이동하여 저항을 계속하게 된

---

139) 미국의 이라크전쟁이 정당하지 못했다는 논의에 대해서는 박인성, "전쟁의 도덕성: 이라크전쟁과 연관하여", 69-71을 참고.

140) Richard Haass, *The opportunity*, 장성민, 『미국 외교정책의 대반격』(서울: 김영사, 2005), 202.

141) 최진태, 『알카에다와 국제테러조직』, 72.

다는 것이다.[142] 이러한 특성 때문에 이라크에는 현재까지도 테러리스트들과의 갈등과 무력충돌이 되풀이되고 있다. 또한 이라크 국민들의 반미감정은 점점 고조되고 있고, 테러로 인한 미군의 희생도 점점 늘어나고 있다. 결국 테러와의 전쟁은 수많은 민간인 희생자를 양산하게 되어 테러리스트들에게 가졌던 동일한 분노와 증오를 불러일으키는 결과를 낳게 되었다.

미 국방부의 '2005 4개년 국방전략검토보고서(Quadrennial Defense Review Report 2005)'에 의하면 향후 미국에 대한 주된 위협은 극단적 테러 네트워크로 정의하고, 테러와의 전쟁을 장기전(long war)으로 규정하였다.[143] 그러나 소로스는 테러가 드러내는 의미가 불명확하기 때문에 테러를 상대로 전쟁을 치르려는 생각은 상당히 위험한 발상이라고 보았다.[144] 소로스의 지적대로라면 테러와의 전쟁을 통해 자국의 절대패권을 강화하려는 미국의 전략은 오류를 범한 것이다. 테러와의 전쟁은 대테러라는 이름으로 국가차원에서의 테러조직을 유지하고 확장하는 변명거리를 제공할 뿐이다.

리차드 하스(Richard Haass)는 테러와의 전쟁을 외교적 최우선순위에 올려놓는 부시행정부의 외교정책이 잘못되었다고 지적하였다. 그는 미국 외교정책의 최우선목표는 강대국들과의 국제적 협력을 제도화하는 데 있다는 점을 강조하면서, 국제적 합의를 이끌기 위해 미국의 힘을 올

---

142) Louis P. Pojman, "The Moral Response to Terrorism and Cosmopolitanism", James P. Sterba, *Terrorism and International Justice* (New York: Oxford University Press, 2003), 142.

143) 평화문제연구실, "미국 QDR 2005의 주요내용과 그 함의-장기전이 된 테러와의 전쟁", 평화문제연구소, 『통일한국』 3월호, 2006년 3월, 23.

144) Jeorge Soros, 『오류의 시대』, 136.

바른 지도력으로 전환시켜야 할 것을 강조하였다.[145] 다른 나라들을 경쟁자로 보기보다는 협조자로 만들어 함께 협력하면서 당면문제를 해결해 나가는 것이 바람직하다는 것이다.

테러행위가 비윤리적이며 반인륜적인 범죄인 것과 마찬가지로 테러와의 전쟁 또한 비윤리적이다. 힘의 논리로 당면문제를 해결하려고 하는 자들은 특정 테러 행위나 대테러전쟁의 수단이 옳고 그른지에 대해서는 관심을 두지 않는다. 무엇을 이루었는지, 어떠한 이득이 있는지에 대한 관심뿐이다. 오직 결과에 따라 행위의 옳고 그름을 판단한다. 그러나 목적이 수단을 정당화시킬 수는 없다. 아무리 고상한 목적을 위해 전쟁을 일으켰다고 해도 전쟁은 무력행사이기 때문에 심각한 윤리적 문제를 일으키게 된다. 비록 전쟁에서 승리했더라도 그 수단이나 과정이 정당하지 못했다면 그 정당성은 상실된다.

전쟁을 통한 해결방식은 단기간의 성과를 거둘 수는 있을지 모르지만 장기적으로 볼 때 폭력의 악순환만을 낳게 된다. 또한 정당하지 못한 무력의 사용은 새로운 증오심을 만들어 갈등만을 지속시킬 뿐이다.

촘스키는 대테러전쟁 이후 이라크가 '네오살리피(neo-Salafi)'라 일컬어지는 극단적 이슬람 테러리스트들의 신병 모집장과 훈련장이 되었음을 지적하였다.[146] 결국 무력 사용이 새로운 테러리스트들을 양산하는 결과를 빚게 되었다.

세계는 힘과 무력만으로 지배할 수 없다. 군사력은 한 국가가 다른 국가에 영향력을 행사하는 다양한 요소 중 하나일 뿐이다. 폭력을 사용하

---

145) Richard Haass, 『미국 외교정책의 대반격』, 15-17.

146) Noam Chomsky, *Failed States*, 강주헌, 『촘스키, 실패한 국가 미국을 말하다』(서울: 황금나침반, 2007), 42.

는 것은 평화적인 수단이 고갈되었을 때 사용되는 최후의 수단이어야 한다.[147] 따라서 폭력에 의한 해결은 대항세력이 서로 부딪히면서 새로운 차원의 폭력을 발생시키게 되기 때문에 가능한 피하는 것이 바람직하다.

③ 이슬람 테러리즘에 대한 현실적인 해결책

■ 응징보다는 용서

테러리즘이나 이에 대한 응징차원에서의 전쟁은 더 큰 폭력과 갈등을 낳게 된다. 이러한 폭력의 악순환을 끊기 위해서는 보다 근본적인 차원에서의 해결이 필요하다. 용서의 윤리는 이에 대한 효과적인 대안이 된다.

용서의 윤리는 예수 그리스도가 가르친 윤리의 핵심이다. 예수는 십자가 위에서 자신을 저주하고 조롱하고 멸시하는 군중들에게 분노하거나 보복하지 않았다. 오히려 예수는 군중들의 무지를 안타까워하면서 그들의 속죄를 위하여 기도하였다.[148] 용서는 보복과 복수의 반대이

---

147) Martha Crenshow, "Responding to Terrorism", A. F. Lang & A. C. Pierce & J. H. Rosenthal, ed, *Ethics the Future of Conflict* (New Jersey, Prentice Hall, 2004), 41.

148) "아버지여 저희를 사하여 주옵소서 자기의 하는 것을 알지 못함이니이다" (누가복음 23:34) 또한 주기도문에서 "우리가 우리에게 죄지은 자를 용서하여 준 것같이 우리의 죄를 용서해 달라"고 기도할 것을 강조하였다. 또한 예수는 형제의 잘못을 무제한적으로-일흔 번씩 일곱 번이라도- 용서해야 할 것을 강조하면서 형제를 용서하지 못하여 신에게서 용서받지 못한 무자비한 종의 비유를 통해 용서의 중요성을 강조했다 (마태복음 18:21-35).

다. 용서는 결과에 대한 합리적 계산을 넘어서 생명에 대한 무조건적이며 즉각적인 표현이라는 점에서 절대적인 명령이라 할 수 있다.[149] 따라서 진정한 용서는 용서할 수 있는 것을 용서하는 차원을 넘어 용서할 수 없는 것도 용서하는 것이다. 그런 점에서 용서는 증오가 낳은 분열을 적극적으로 치유할 뿐만 아니라 깨어지고 분열된 관계를 회복시키는 힘이다. 용서는 무제한적인 부당한 복수를 반대하며, 그러한 복수를 포기하도록 이끈다. 따라서 테러리스트들의 극단적인 폭력에 맞서 그들을 응징하거나 보복하기보다 용서를 통해 깨어지고 분열된 관계를 회복해야 한다. 그렇게 할 때 폭력의 악순환을 끊을 수 있다.

② 복수보다는 관용

타리크 알리는 9·11테러를 미국과 이슬람 근본주의의 충돌, 즉 아메리코필리아(미국숭배증, americophilia)와 옥시덴탈리즘(occidentalism)의 충돌로 해석하였다. 아메리코필리아는 종교적 심성에 기초한 맹목적 애국주의인 미국숭배증이며, 옥시덴탈리즘은 동양에 의해 날조된 서양을 상정함으로써 미국인과 미국적인 것을 맹목적으로 증오하는 태도를 말하는데, 이는 아메리코필리아에 내재한 기독교의 근본주의적 폭력성과 옥시덴탈리즘에 내재한 이슬람의 정치적 폭력성이 전면적인 갈등국면에 이른 결과로 해석하였다.[150] 타리크 알리의 분석은 탁월하지만 갈등의 측면만 부각시킬 뿐 해결의 실마리는 찾을 수 없다.

---

149) C. R. Brakenhielm, *Forgiveness* (Minneapolis, Fortress Press, 1993), 43.

150) Tariq Ali, 『근본주의의 충돌』, 428-481.

이에 반해 에드워드 사이드는 동양은 서양보다 열등하다는 유럽 중심적 편견과 제국주의적 음모를 밝히면서, 다문화주의적인 관점에서 통합을 강조하였다.[151] 오리엔탈리즘에 대항하는 옥시덴탈리즘이나 제국주의 문화에 대항하는 탈식민주의 문화의 충돌이 아니라 통합의 관점에서 문제해결의 실마리를 찾았다. 또한 브레진스키는 테러라는 지구적 무질서의 딜레마를 극복하기 위해서는 전략적으로 접근하여 해결해야 할 것을 제안하면서 미국은 북대서양조약기구(NATO)를 통해서 유럽연합과의 대서양 연대를 강화할 것을 강조하였다.[152]

　　반다나 시바는 갈수록 심화되는 비인간화를 폭력의 뿌리로 보면서 동정심을 가지고 인간성을 회복하는 것을 평화를 향한 첫걸음으로 보았다.[153] 조나단 삭스(J. Sacks)는 종교는 그동안 불화의 원천이었지만 갈등해결의 중요한 자원이 된다는 점을 역설적으로 강조하였다. 그는 세계 도처에 존재하는 갈등과 반목을 해소하고 인류의 연대를 튼튼히 하기 위한 희망을 종교에서 찾을 수 있다고 보았다.[154] 종교는 평화를 안착시키는 데, 그리고 평화의 필수조건인 정의와 자비를 널리 퍼뜨리는 효과적인 수단이 된다.

　　기독교 윤리에서 강조하는 관용의 정신은 타종교와의 갈등이나 타문화와의 갈등을 해소하고 서로 간의 연대성을 강화하는 효과적인 자

---

151) 김준형, 『세계화의 현상과 대응』(서울: 일신사, 2004), 58. 사이드는 서구 근대사회를 이성과 광기의 이분법으로 분석한 푸코의 영향을 받아 서양과 동양의 이분법으로 재구성하여 서양인들이 동양인들을 광기의 타자로 간주하려는 경향을 비판하였다. 그에 의하면 진정한 동양의 문화와 사상은 서양인에 의해 왜곡되고 날조된 이미지로 남게 되었다는 것이다. 같은 책, 56.

152) Zbigniew Brzezinski, *The Choice*, 김명섭, 『제국의 선택』(서울: 황금가지, 2004), 17.

153) 반다나 시바, "카니발리즘으로서의 테러리즘-테러리즘의 생태학", 생각의나무, 『당대비평』 18호, 2002년 3월, 150. 시바는 평화는 무기나 전쟁, 폭탄이나 야만성에 의해 생겨나지 않는다고 보면서, 비폭력을 생존의 명령으로 해석하였다.

154) Jonathan Sacks, 임재서, 『차이의 존중』(서울: 말글빛냄, 2007), 20,

원이다. 바울은 "너희 관용을 모든 사람에게 알게 하라(빌 4:5)"고 강조하였다. 관용의 정신은 기독교인뿐 아니라 타종교인들까지도 포용하는 폭넓은 개념이다. 나와 다르다고 해서 틀린 것이 아니라 다른 것은 다를 뿐이다. 다름을 인정하고 타자를 용납하는 것이 진정한 관용의 정신이다.

필립(R. L. Phillips)은 다원주의 사회 안에서 종교는 더 이상 배타적일 수 없다는 점을 강조하면서 타종교와의 공통적인 선을 통해 해결책을 찾을 것을 제안하였다.[155] 우리는 대화를 통해서 공통의 선을 재구성함으로써 전통 이슬람 사회와 더 많은 공통분모를 찾을 수 있고, 갈등도 최소화할 수 있다. 대화는 나와 전혀 다른 사고방식으로 세상을 해석하는 타자들을 이해하고 용인하는 효과적인 방법이 된다.

지구촌은 다양한 문화와 종교를 가진 사람들이 상호작용하며 공존하는 복합적인 생명공동체이다. 이러한 공동체 안에서 근본주의 사상으로 무장한 채 타자를 용납하지 않고 다양성을 받아들이지 않는다면, 갈등과 분쟁만이 되풀이된다. 다양한 문화와 종교가 공존하는 지구촌 공동체 안에서 인류가 함께 살아가려면 타문화와 타종교에 대한 존중과 관용의 태도를 가져야 한다. 타종교에 대한 관용의 대표적 사례로 과거 오스만 제국의 밀레(Millet)제도를 들 수 있다. 오스만 제국은 기독교나 유대교의 종교적 전통을 지키도록 허용하는 밀레제도를 적극적으로 도입하였다.[156] 밀레제도와 같은 관용과 존중이 있는 곳에는 근본주의와 같은 극단적이고 배타적인 독선이 설 자리가 없게 된다. 따라서 관용의 윤리는 대립과 갈등을 극복하는 효과적인 대안이 된다.

---

155) James P. Sterba, *Terrorism and International Justice*, 16.
156) F. Fukuyama, "9 · 11테러사태 이후의 세계질서 문명의 충돌인가", 170.

❸ 샬롬에 기초한 적극적 평화실천

필러(Paul R. Pillar)는 테러리즘에 대한 기본정책을 다음 네 가지로 제안하였다. 첫째, 테러리스트들에게 양보하거나 협상하지 않는다. 둘째, 테러리스트들을 그들의 범죄에 대해 정의로 이끈다. 셋째, 테러리즘을 지원하는 국가들로 하여금 그들의 행동을 바꾸도록 고립시키거나 압력을 가한다. 넷째, 상호 지원하고 연합함으로써 대테러능력을 강화한다.[157] 필러가 제안하는 이러한 전략들은 테러리즘을 지원하는 통로를 봉쇄하고 대테러능력을 강화한다는 점에서 단기적으로는 매우 효과적인 전략이라 할 수 있다. 그러나 테러리즘을 해결하기 위한 근본적인 해결책은 될 수 없다.

카피탄은 테러리즘을 근본적으로 해결하기 위해서는 그 근본 원인을 검토하고 그러한 요인들을 제거하는 것이 선결과제임을 강조하였다.[158] 테러리즘으로 발생되는 폭력과 같은 현상적인 측면 보다 그 폭력이면에 자리하고 있는 왜곡된 구조적 모순과 갈등을 면밀하게 분석하여 제거하는 것이 더욱 중요하다는 것이다.

갈퉁은 폭력의 개념을 물리적인 폭력과 구조적인 폭력으로 나누었다. 물리적인 폭력은 사람에게 가해지는 육체적인 가해나 고문, 살상과 같이 직접적으로 보이는 폭력인 반면, 구조적인 폭력은 가해자가 잘

---

157) Paul R. Pillar, *Terrorism and U. S Foreign Policy* (Brookings Institute Press, 2001), Louis P. Pojman, "The Moral Response to Terrorism and Cosmopolitanism", 144쪽 재인용.

158) Tomis Kapitan, "The Terrorism of Terrorism", James P. Sterba, *Terrorism and International Justice* (New York: Oxford University Press, 2003), 60-61. 포이만은 무슬림 열광주의와 밀접하게 연관되어 있는 무지와 억압과 같은 잘못된 가치관들을 바로잡아야 할 것을 강조하였다. Louis P. Pojman, "The Moral Response to Terrorism and Cosmopolitanism", 142.

보이지 않고 어떤 개인에 의해 가해지는 것이 아니라, 사회구조 자체가 가하고 있는 폭력이라 할 수 있다.[159] 따라서 테러리즘을 해결하기 위해서는 물리적인 폭력뿐 아니라 구조적인 폭력을 철저하게 이해하고 제거하는 방법이 선결되어야 한다. 단지 테러리즘이 일어나지 않도록 갈등을 조정하거나 관리하는 차원을 넘어서야 한다.

덴시크는 갈등의 체제를 분석하면서 갈등의 양상을 네 가지로 나누어 명시적 갈등, 잠재적 갈등, 해소되지 않은 갈등, 해결된 갈등 등으로 구분하면서 반평화적인 갈등의 사회구조를 성격별, 양태별로 나누어 해결의 전략을 마련해야 한다고 주장하였다.[160] 우리가 주목하고 극복해야 할 갈등은 잠재적 갈등과 같은 근본적인 차원에서 발생되는 갈등이다. 이러한 갈등은 불평등한 구조 속에 뿌리깊이 박혀 있기 때문에 쉽게 드러나지 않으면서도 장기적으로 악영향을 미친다. 따라서 이러한 잠재적인 갈등요인들을 분석하고 근본적인 차원에서 해결책을 모색하는 것이 바람직하다.

이러한 해결책은 성서에서 제시하는 샬롬의 정신을 통해 구현될 수 있다. 성서에서 제시하는 샬롬의 정신은 단순히 전쟁의 반대만이 아닌, 안전, 건강, 복지, 사랑, 구원, 정의, 질서, 완전함 등 보다 적극적인 개념들을 내포하고 있다.[161] 따라서 평화는 단지 전쟁이나 폭력이 없는 상태로만 보는 소극적 차원을 넘어서서 보다 적극적이고 건설적인 개념을 갖는다.[162] 억압과 착취, 불평등, 소외를 극복함으로써 폭력과 전쟁의 원인

---

159) 이삼열, 『평화의 철학과 통일의 실천』(서울: 햇빛출판사, 1991), 43.

160) 같은 책, 68.

161) 이삼열, 『신앙세계』 2001년 11월호. 59.

162) 미국의 이라크에 대한 경제봉쇄는 한때 중동 지역 평균치를 웃도는 영양 상태와 교육 수준, 공공 서비스를 누리던 이라크 주민들을 끝없는 고통으로 몰아넣었다. 1990년 이전에 이라크의 일인당 국

자체를 없애는 것이 온전한 평화를 이룩하는 길이다.

샬롬에 기초한 적극적인 평화를 이루기 위한 구체적인 노력들은 이슬람 지역의 빈부격차의 해소와 정치의 안정, 서구의 대이슬람 정책에 달려 있다. 우선 테러리즘을 발생시키는 가난과 무지, 억압과 부정의와 같은 모순된 구조를 바꾸는 것이 선결과제이다. 또한 사회구조적인 폭력 즉 제도적인 억압과 착취, 불평등의 구조를 제거하고, 갈등과 분쟁, 적대감과 미움이 생길 수 있는 잠재적 요인까지 제거하여 온전한 평화를 이루어야 한다.[163] 이를 위한 구체적인 방안들로는 소외된 이슬람 지역에 대한 산업기반시설을 구축하여 경제개발이 이루어질 수 있도록 인도적인 차원에서 지원이 이루어져야 한다. 또한 이슬람 지역의 민주화의 온전한 정착, 그리고 사회 안정을 위한 장기적인 개발프로그램을 지원하고 지속적으로 원조해야 한다.

또한 테러리스트들이 무모하게 자살폭탄테러를 시도하지 않도록 생명존중사상에 기초하여 생명사랑을 교육하고 실천하여야 한다. 나의 생명이 귀중한 만큼 다른 이의 생명도 귀하다. 성서는 "한 생명이 천하보다 귀하다(마태 16:26)"고 말하고 있다. 생명은 그 무엇과도 바꿀 수 없는 절대적 가치를 가지고 있다. 따라서 지구촌 공동체가 생명존중사상을 되새

민소득은 3천 달러가 넘었다. 그런데 2000년에는 5백 달러 이하로 떨어져 가장 가난한 나라가 되었다. 유엔의 2001년 수치에 따르면, 60%에 가까운 이라크 국민들이 깨끗한 물을 마실 수 없게 되었으며, 학교 중 80%가 대폭 수리를 해야만 했다. 1997년 세계식량농업기구(FAO)는 이라크 국민 중 27%가 심각한 영양실조로 고생하고 있으며, 여성의 70%가 빈혈에 시달리고 있다고 전했다. Tariq Ali, *The Clash of Fundamentalisms*, 정철수, 『근본주의의 충돌』(서울: 미토, 2003), 265. 이러한 구조적인 폭력이 있는 한 테러리즘은 근본적으로 사라지지 않는다. 적대적인 반감과 증오를 불러일으키는 경제봉쇄와 착취를 풀고 스스로 문제를 해결할 수 있도록 도와주어야 한다.

163) 미국이 방대한 원조로 이집트를 범아랍 동맹에서 끌어낸 것이나 이스라엘을 압박하여 오슬로 회담에서 영토와 평화를 교환하게 한 것이 대표적인 사례들이다. 테러에 대한 보복이 아니라 마샬 플랜형의 대대적인 원조계획을 통해 서민들의 삶을 개선시키는 것이 급선무라고 할 수 있다. 백종국, "9월의 테러와 문명충돌", 한국인문사회과학회, 『현상과 인식』 26권, 15.

기고 생명사랑을 실천하면서 함께 공존할 수 있도록 지혜를 모아야 한다.

❹ 사랑과 정의에 기초한 세계질서 구축

이슬람 테러리즘은 그동안 서구 제국주의의 착취로 인한 결과라할 수 있다. 1차 세계대전 후 베르사이유 평화조약에서 승전국들이 임의로 중동의 영토를 분할하고 국경을 변경하였으며, 이스라엘의 독립에 적극적으로 후원하였다. 반면 이슬람 사회는 극도의 정치적 사회 경제적혼란에 휩싸이면서 갈등과 혼란을 겪었고, 서구 세력에 무기력하게 무너지면서 후기 식민세계로 종속되었다. 이러한 상황에서 호전적인 이슬람근본주의자들은 식민지적 종속으로부터 벗어나기 위해 테러라는 극단적인 탈출구를 찾게 되었던 것이다.

따라서 이슬람 근본주의에 뿌리내린 극단적 호전주의를 제거하고 이슬람 세계와 친밀하게 소통하기 위해서는 서구중심의 권력구도를개편하고 사랑과 정의가 중심이 되는 새로운 세계질서를 구축하여야 한다. 강자는 지배적 담론구조를 장악하고 전 세계적으로 강력한 영향력을행사한다. 강자들의 무력사용은 자유와 정의의 이름으로 정당화된다. 우리는 이러한 강자 중심의 지배적 담론구조의 허상과 왜곡된 구조를 면밀하게 분석하고 정의로운 국제관계가 형성되도록 힘써야 한다. 강대국 중심의 권력구도가 아니라 사랑과 정의가 중심이 되는 국제적 정의를 실현하여야 한다. 몰트만은 굶주림과 질병을 극복하기 위한 범지구적 실천,억압과 소외로부터의 해방, 문화적 정체성에 대한 범지구적 존중을 통한새로운 지구촌화를 시작해야 한다고 강조하였다. 그는 이러한 새로운 지

구촌화는 힘의 교만을 버리고 상처받고 고난당하는 민족을 불쌍히 여기는 가운데서 가능하다고 보았다.[164]

따라서 우리는 그동안 이슬람 근본주의자들을 극단적인 폭력으로 내몰았던 부정의한 세계질서를 바로 잡고, 함께 공존하고 상호 번영할 수 있는 길을 적극적으로 모색해야 한다.[165] 또한 소외된 이슬람 지역에 우선적인 관심을 갖고 장기적인 전망에서 경제적으로 자립할 수 있도록 국제적인 차원에서 지원을 아끼지 않아야 한다.

④ 공존과 상생을 위한 토대

테러는 적은 비용으로도 엄청난 피해를 초래할 수 있다. 테러행위는 인간 존엄성과 안전을 위협하며 지구촌의 안보와 번영을 붕괴시키는 반인류적 행위이다. 반면 테러와의 전쟁은 테러 보다 더 큰 피해와 폭력의 악순환을 초래한다. 테러나 대테러전쟁은 서로 간에 평화적 공존을 무너뜨릴 뿐 아니라 증오심만을 조장할 뿐이다.

이슬람 테러리즘에 대한 해결책은 이슬람 테러리스트들을 극단적인 폭력으로 몰아넣은 근본 원인에 대한 진지한 성찰에서 시작되어야 한다. 파괴적인 무기 대신 화해의 손을 먼저 내밀어야 하며, 궁핍하고 소

---

164) 몰트만, "종말론 지구촌화 그리고 테러리즘", 대한기독교서회, 『기독교사상』, 2002년 6월, 213.

165) 배인턴은 평화실현을 위한 현실적인 노력들로 첫째, 무장해제를 통해서 평화를 증진시키는 노력과 둘째, 문화적 교류를 통해 서로 간의 이해를 증진시키고 긴장을 해소시키는 방법을 제안하였다. R. H. Bainton, *Christian Attitudes toward War and Peace*, 256-257.

외된 이슬람 지역에 대한 호혜적인 원조가 지속되어야 한다. 이와 동시에 이슬람 근본주의와 지하드에 대한 서구적 편견과 선입견을 교정하는 것이 필요하다. 이를 위해서 이슬람의 신학과 역사 그리고 이슬람 학자들의 이론에 바탕을 두고 이슬람 근본주의의 본래 의미를 회복시키고, 그들의 문화적 관점에서 재조명해 볼 필요가 있다. 또한 이슬람의 교리를 왜곡하고 극단주의로 몰아가는 근본주의적 세력화를 사전에 차단하는 노력도 함께 병행되어야 한다.

　이슬람 테러리즘은 그동안 진행되어온 미국중심의 권력의 비대칭적 역학구도로 말미암아 생긴 결과라 할 수 있다. 이러한 문제를 해결하기 어려운 이유는 국제정치와 경제 구조 속에 너무나 깊이 박혀 있어 단순히 의지만으로는 현실을 바꿀 수 없기 때문이다. 따라서 광범위하고도 확고한 국제적 연대를 통해 점진적으로 해결해야 한다. 이를 위해 강대국들이 먼저 자국 이기주의를 벗어나 약소국들에게 양보하고 협의하며 국제적 연대와 관용을 베풀 필요가 있다.

　성서가 제시하는 샬롬의 정신은 단순히 전쟁이나 폭력이 없는 소극적인 상태를 넘어서 억압과 착취, 불평등과 소외를 극복하는 보다 적극적인 차원을 포함하고 있다. 따라서 샬롬의 정신을 구현하고 서로 열린 마음으로 평화공동체를 이루기 위해 함께 노력하는 데서 참된 평화가 실현될 수 있다. 모두가 오만과 독단을 버리고 사랑과 관용으로 섬길 때 샬롬은 실현될 수 있을 것이다.

참고문헌

강봉구, "글로벌 지하드", 『한국정치학회보』 36집 4호, 2002년 12월.

강사문, "정당전쟁론에 대한 성서적 해석", 대한기독교서회, 『기독교사상』 1991년 4월.

구완서, "기독교 윤리에서 본 테러리즘", 대학복음화학회, 『대학과복음』 5집, 2001년 10월.

구춘권, 『메가테러리즘과 미국의 세계질서전쟁』, 서울: 책세상, 2005.

김준형, 『세계화의 현상과 대응』, 서울: 일신사, 2004.

맹용길, 『폭력과 비폭력』, 서울: 쿰란출판사, 1994.

몰트만, "종말론 지구촌화 그리고 테러리즘", 대한기독교서회, 『기독교사상』, 2002년 6월.

박인성, "전쟁의 도덕성: 이라크전쟁과 연관하여", 범한철학회, 『범한철학』 제41집, 2006년 여름.

반다나 시바, "카니발리즘으로서의 테러리즘-테러리즘의 생태학", 생각의나무, 『당대비평』 18호,
    2002년.

백종국, "9월의 테러와 문명충돌", 한국인문사회과학회, 『현상과 인식』 26권. 2002년 10월.

신원하, "기독교 전쟁이론과 평화신학", 대한기독교서회, 『기독교사상』, 2004년 8월

안영섭, "국제테러리즘과 국가안보", 북한연구소, 『북한』 394호, 2004년 10월.

여영무, 『국제테러리즘연구』, 서울: 한국해양전략연구소, 2006.

이삼열, 『신앙세계』, 2001년 11월호.

이삼열, 『평화의 철학과 통일의 실천』, 서울: 햇빛출판사, 1991.

이성백, 지오반나 보라도리 "테러시대의 철학", 철학문화연구소, 『철학과 현실』 65권 2005년 5월.

이장형, "전쟁과 폭력에 대한 기독교 현실주의적 이해", 대학복음화학회, 『대학과 복음』 10집,
    2004년 12월.

장병옥, "이슬람 원리주의와 테러리즘," 한국중동학회, 『한국중동학회논총』 23권 1호, 2002년 8월.

정성원, "이라크의 자살폭탄테러-이슬람적 본질의 오염과 그 복원," 동양사회사상학회, 『동양사회

사상』 11호, 2005년 5월.

조영갑, 『테러와 전쟁』, 서울: 북코리아, 2004.

주수기, "현대 테러리즘과 매스미디어", 단국대학교 분쟁해결연구소, 『분쟁해결연구』 1권, 2003년 12월.

최병두, "세계화와 초테러리즘의 지정학", 생각의나무, 『당대비평』 18호, 2002년 3월.

최진태, 『알카에다와 국제테러조직』, 서울: 대영문화사, 2006.

평화문제연구실, "미국 QDR 2005의 주요내용과 그 함의-장기전이 된 테러와의 전쟁," 평화문제연구소, 『통일한국』 3월호, 2006년 3월.

홍순남, "국제정치와 중동 테러리즘", 한국중동학회, 『한국중동학회논총』 22권 2호, 2001년 12월.

황병하, "20세기 지하드의 개념과 성격," 『한국중동학회논총』 16권 1996년 1월.

Ali, Tariq. 정철수, 『근본주의의 충돌』, 서울: 미토, 2003.

Archibugi Daniele and Young, Iris Marion. "Envisioning a Global Rule of Law", Sterba, James P. *Terrorism and International Justice*, New York: Oxford University Press, 2003.

Bainton, R. H. *Christian Attitudes toward War and Peace*, New York: Abingdon Press, 1960.

Barker, Jonathan. 이광수, 『테러리즘 폭력인가 저항인가』, 서울: 이후, 2007.

Baudrillard Jean & Morin, 배영달, 『세계의 폭력』, 서울: 동문선, 2003.

Borradori, Giovanna. 손철성·김은주·김준성, 『테러시대의 철학』, 서울: 문학과지성사, 2004.

Brakenhielm, C. R. *Forgiveness*, Minneapolis, Fortress Press, 1993.

Brzezinski, Zbigniew. 김명섭, 『제국의 선택』, 서울: 황금가지, 2004.

Chomsky, Noam. 강주헌, 『촘스키, 실패한 국가 미국을 말하다』, 서울: 황금나침반, 2007.

Christopher, Paul. *The Ethics of War and Peace*, New Jersey: Prentice hall, Inc, 1994.

Crenshow, Martha. "Responding to Terrorism", Lang A. F. & Pierce A. C. & Rosenthal, J. H. ed, *Ethics the Future of Conflict*, New Jersey, Prentice Hall, 2004.

Fasching, Darrell J. *The Ethical Challenge of Auschwitz and Hiroshima*, New York: State University of New York Press, 1993.

Fotion, N. "전쟁에 대한 세 가지 접근법: 평화주의, 현실주의, 정의전쟁론", Valls Andrew ed, 김한식·박균열, 『국제정치에 윤리가 적용될 수 있는가』, 서울: 철학과현실사, 2004.

Fukuyama, F. "9·11테러사태 이후의 세계질서 문명의 충돌인가," 세계경제연구원 2003년 2월.

Haass, Richard. 장성민, 『미국 외교정책의 대반격』, 서울: 김영사, 2005.

Johnson, J. T. *Can Modern War Be Just?*, New Haven: Yale University, 1984.

Jung, Patricia B. & Jung, S. *Moral Issues and Christian Responses*, Belmont, CA : Thomson, 2003.

Kapitan, Tomis. "The Terrorism of Terrorism", Sterba, James P. *Terrorism and International Justice*, New York: Oxford University Press, 2003.

Kassam, Zayn. "Can a Muslim Be a Terrorist?", Sterba, James P. *Terrorism and International Justice*, New York: Oxford University Press, 2003.

Lackey, Douglas P. "Just War Theory", Larry May, *Applied Ethics*, New Jersey: Prentice hall, 1994.

Lackey, Douglas P. 최유신, 『전쟁과 평화의 윤리』, 서울: 철학과 현실사, 2006.

Lowe, Ben. *Imaging Peace*, Pennsylvania: The Pennsylvania State University Press, 1997.

Mackinon, B. *Ethics*, Belmont: Wadsworth/Thomson Learning, 2001.

Mcmahan, Jeff. 「전쟁과 평화」, P. Singer, 『응용윤리』, 서울: 철학과 현실사, 2005.

Napoleoni, Loretta, 이종인, 『모던지하드; 테러, 그 보이지 않는 경제』, 서울 : 시대의창, 2004.

Pojman, Louis P. "The Moral Response to Terrorism and Cosmopolitanism", Sterba, James P. *Terrorism and International Justice*, New York: Oxford University Press, 2003.

Rachels, J. 황경식 외, 『사회윤리의 제문제』, 서울: 서광사, 1984.

Ramsey, Paul. *The Just War*, Boston: University Press of America, 1983.

Shriver, Jr, Donald W. 서광선 · 장윤재, 『적을 위한 윤리』, 서울: 이화여자대학교출판부, 2001).

Soros, Jeorge. 전병준 외, 『오류의 시대』, 서울: 네모북스, 2003.

Sterba, J. P. "Between MAD and Counterforce", Kipnis K. & Meyers, D. T. *Political Realism & International Morality*, Boulder: Westview press, 1987.

Sterba, James P. *Terrorism and International Justice*, New York: Oxford University Press, 2003.

Stern, Jessica. *The Ultimate Terrorists*, Harvard University Press, 1999.

Valls Andrew ed, 김한식 · 박균열, 『국제정치에 윤리가 적용될 수 있는가』, 서울: 철학과현실사, 2004).

Wallis, Jim. "A Light in the Darkness", Jung, Patricia B. & Jung, S. *Moral Issues and Christian Responses*, Belmont, CA : Thomson, 2003.

Wilkins, B. T. *Terrorism and Collective Responsibility*, New York: Routledge, 1992.

Wilson, H. S. "Terrorism and Religious", Jung, Patricia B. & Jung, S. *Moral Issues and Christian Responses*, Belmont, CA : Thomson, 2003.

Wilson, H. S. "Terrorism and Religious", Patricia B. Jung, & S. Jung, *Moral Issues and Christian Responses*, Belmont, CA : Thomson, 2003.

Zinn, Howard. 유강은, 『전쟁에 반대한다』, 서울: 이후, 2003.

찾아보기